Alle Frauen sind Freaks

W0056535

Anja Egger

Alle Frauen
Sind Freaks

33 Männer berichten über wunderliche Eigenarten,
kuriose Spleens und schaurige weibliche Abgründe

SCHWARZKOPF & SCHWARZKOPF

Inhalt

Damen mit unerwartet seltsamen Eigenschaften

Vorwort von Anja Egger

Es gibt wohl kaum einen Mann, der sich nicht an die eine oder andere – aktuelle oder vergangene – Frauenbekanntschaft erinnert, in der die betreffende Dame plötzlich unerwartet seltsame Eigenschaften an den Tag gelegt hat. Aber wenn es sich um weibliche Wesen handelt, die keine Scheu davor haben, ihren Verflossenen einfach so an ihre Mutter weiterzureichen, die in puncto männlich-rüpelhaften Verhaltens mehr als nur über die Stränge schlagen oder sich gar ihren Hund als Liebesdiener halten, dann ist eines klar: Harmlose Spleens sind was anderes – hier ist ganz klar Freak-Alarm angesagt!

Nach der höchst amüsanten Lektüre von *Männer sind Freaks* manifestierten sich folgende Gedanken in meinem Kopf: Klare Sache – in der Männerwelt wimmelt es tatsächlich von freakigen Typen. Aber wenn ich an die Geschichten dachte, die ich von Männern in ihren schwachen Momenten, in purer Verzweiflung, teils mit Mitleid heischendem Hundeblick an der Theke hängend, bereits erzählt bekommen hatte, dann ließen diese eines erahnen: In der Frauenwelt sieht es nicht minder freakig aus. Zeit also, auf Geschichtensuche zu gehen, um die männlichen Freaks nicht ganz alleine dastehen zu lassen. Das hatten sie dann doch nicht verdient ...

Ich beschloss also, mir mehr erzählen zu lassen, und fragte mich durch meinen Freundes- und Bekanntenkreis. Und siehe da: Immer mehr Männer boten sich an, ihre Erfahrungen zum Besten zu geben. Nicht jede Geschichte war es schlussendlich wert, niedergeschrieben zu werden.

Aber hier das Ergebnis: ein Sammelsurium aus 33 ungewöhnlichen Storys, die im ersten Moment nur einen Gedanken aufkommen lassen: »Ist nicht wahr!« Ist es aber doch. Und summa summarum lässt sich eines sagen: Männer, für richtig schräge Frauen braucht ihr Nerven wie Drahtseile. Aber ihr werdet belohnt – nämlich mit unvergesslichen Erlebnissen, die euch auch in der Stammtisch-Runde die ungeteilte Aufmerksamkeit aller Zuhörer garantieren. AAABER (es ist doch ein Naturgesetz, dass zum Schluss immer noch ein Aber kommt): Bei einigen Geschichten wird sich der Leser fragen, ob hier nicht ein weibliches *und* ein männliches Freak-Exemplar aufeinander getroffen sind. Denn so wie die Jungs in den Geschichten teilweise ticken ... Aber ich will nicht zuviel verraten. All das liegt im Auge des Betrachters. Fakt ist: In diesem Buch stehen ganz klar die Mädels im Rampenlicht – und dass es auf beiden Seiten schräge Vögel gibt, ist eh kein Geheimnis.

PS: Alle Namen in diesen Geschichten sind geändert. Etwaige Namensähnlichkeiten sind reiner Zufall.

1. KAPITEL

Das Mutter-Mädchen

*Stefan (41), Programmierer, Klagenfurt,
über
Liane (39), Altenpflegerin, Klagenfurt*

Seit unserem Kennenlernen hatte es mich gewundert, wie eng verbandelt Liane mit ihrer Mutter zu sein schien. Auch wenn wir uns anfangs immer nur für ein paar Stunden trafen, kam es dabei kein einziges Mal vor, dass ihr Handy nicht bimmelte und wieder mal ihre Mutter dran war.

Um zu fragen, wie es Liane so gehe, ob ihre Halsschmerzen denn schon besser seien, wie es mit der Arbeit so laufe, ob die neue Frisur ihren Vorstellungen entspreche, bla bla bla, was weiß ich, Kinkerlitzchen. Liane beantwortete alles mit Geduld und bis ins letzte Detail. »Ja, Schnuti, dies, ja, Schnuti, das ...« Ja, richtig gelesen – sie nannte ihre Mutter Schnuti! SCHNUTI! Man muss dazu sagen, dass sie damals 29 war, die Mutter 46.

Aber als ob das nicht schon genug gewesen wäre – sie stellte ihrer Mutter Fragen derselben Art und entlockte mir damit jedes Mal wieder ein leichtes Kopfschütteln.

Wie es mit Erhard (dem zehn Jahre jüngeren Lebensgefährten der Mutter) denn so laufen würde, ob ihr der Nudelauflauf gut gelungen sei, ob sie denn den Wocheneinkauf schon hinter sich gebracht habe, wie sich der Installateur angestellt habe – ja, sogar, wie es um ihre Menstruationsschmerzen stehe! Die beiden wussten anscheinend alles voneinander und teilten sich jede noch so alltägliche Nichtigkeit mit. Im Schnitt so an die dreimal täglich, kombiniert mit mindestens drei wöchentlichen Besuchen.

Es hieß dann immer: »Nein, Schatz, ich hab heute keine Zeit, du weißt ja, ich muss bei Schnuti nach dem Rechten sehen ... wir haben ja schon so lange nicht mehr gequatscht ...« Oder: »Mama kommt heute vorbei auf ein Gläschen Wein ... weißt du, wir kochen zusammen und reden mal wieder.« In beiden Fällen suchte ich mir gerne eine Alternativbeschäftigung für den Abend.

Es wäre gelogen, wenn ich behaupten würde, dass all das nicht beängstigend auf mich gewirkt hätte. Mal ehrlich – welchem normalen Mann würde ein solch inniges Verhältnis zwischen Mutter und Tochter nicht zumindest ein wenig unheimlich sein? Mehr als einmal hatte ich mit intensiven Fluchtgedanken zu kämpfen. Die Vorstellung, mit einem Mama-Mädchen zusammen zu sein, ließ mein männliches Ego nicht gerade Purzelbäume schlagen.

Trotzdem – ich war verliebt in Liane. Und wer kennt das nicht: Die rosarote Brille des anfänglichen Hormonrausches lässt einen solche Mätzchen durchaus mit liebevoller Toleranz betrachten. Außerdem hatte Liane durchaus auch viele gute Seiten aufzuweisen. Jede Menge, um genau zu sein. Deshalb vermied ich es erst einmal, mich zu beschweren. Sie hatte mir obendrein auch schon bei einem unserer ersten Dates erklärt, dass das Verhältnis zu ihrer Mutter so intensiv sei, weil sie gemeinsam so viele schwere Zeiten

> Es wäre gelogen, wenn ich behaupten würde, dass all das nicht beängstigend auf mich gewirkt hätte.

durchgemacht hätten – ihr Vater habe sich, nachdem er ihre Ma aufs Schlimmste belogen und betrogen habe, aus dem Staub gemacht. Von da an seien sie auf sich gestellt gewesen, zumindest so lange, bis ihre Mutter einen neuen Lebensgefährten (diesen Erhard), der jetzt als Lianes Ersatzvater fungiere, gefunden habe.

Die gemeinsame Zeit habe die beiden Frauen zusammengeschweißt wie Pech und Schwefel, sie teilten sich alles, und ein Mann könne sich zwar dazugesellen, aber niemals ernsthaft dazwischenfunken. Was hätte ich darauf sagen sollen? Ich ignorierte die laut in meinem Hinterkopf bimmelnden Alarmglocken, schaltete diesbezüglich auf Durchzug und heuchelte Verständnis. Die Vorstellung, Lianes Mutter jemals persönlich kennenlernen zu müssen, hatte ich ohnehin längst in den hintersten Winkel meines Gehirns verbannt, wo sie zusammen mit all meinen anderen verdrängten Gedanken ein doch recht geselliges Dasein fristete.

Als Liane mir dann doch schon nach einigen Wochen Beziehung die Frage stellte, ob ich ihre Mutter kennenlernen wolle, war ich erst mal baff. So schnell hatte ich damit nicht gerechnet.

Trotz meiner Verdrängungstaktik hatte sich diese Mutter, die Schnuti, in meinen Visionen als nervtötende Glucke etabliert, ein kontrollsüchtiges Wesen, das seine Tochter mit mütterlichen Krallen umklammert hielt. Spooky, äußerst spooky, das Ganze. Außerdem – warum nur die Mutter alleine? Konnte mir nicht zumindest dieser Erhard bei dieser ersten Familienvorführung die Stange halten? Immerhin war er nur ein paar Jahre älter als ich.

Aber Liane wollte es einfach so – mit der Begründung, ihre Mutter würde ihr näher stehen und ihren Ersatzvater würde ich noch früh genug kennenlernen, als Ersatzvater war er vermutlich nicht wichtig genug, weshalb sie ihn wohl auch nur sporadisch erwähnte. Ehrlich gesagt, war ich auch einfach zu feige, etwas dagegen zu sagen und ihr diesen Wunsch abzuschlagen.

Einen Tag vor dem Treffen rotierten die ängstlichen Gedanken in meinem Schädel. Ich sah immer klarer vor mir, was da auf mich zukommen würde: Diese Mutter, die liebe Schnuti also, würde in mir nur jemanden sehen, der in der Beziehung zu ihrer Tochter in Konkurrenz zu ihr selbst stehen würde, einen Eindringling, der mit Argusaugen begutachtet und in seine Bestandteile zerlegt gehörte. Jemand, der als männliches Wesen ohnehin auf dieser Welt höchstens als »geduldet« gelten konnte und für den Liane, auch wenn er ihr die Welt zu Füßen legte, sowieso eine Liga zu hoch war und dem sie es tunlichst vermiesen würde, sich zwischen das weibliche Komplott zu drängen. Sie würde mich ausfragen und all meine Antworten so verdrehen, dass ich als Dummkopf dastehen würde. Ich schlief kaum in dieser Nacht.

Am nächsten Morgen hatte ich mich in die klischeehafteste Schwiegermutters-Liebling-Kluft gepackt, die die Tiefen meines Kleiderschranks hergegeben hatten: dunkelblauer Pulli mit V-Aus-schnitt, darunter ein fein kariertes Hemd, Bundfaltenhose mit

Gürtel. Dazu auf Hochglanz polierte Schnöselschuhe aus Leder. Die Haare mit Gel gebändigt und brav zur Seite gelegt. Ich sah aus wie ein Betriebswirt und fand mich selbst eher zum Würgen als herzeigenswert. Nun gut. Was tut man nicht alles aus Liebe ...

»Schahaaatz, bist du fertig?«

»Wofür?« Was für eine blöde Frage.

»Na für den Besuch bei Schnu... – Mama. Sie freut sich schon so und hat sich so viel Mühe gegeben mit dem Essen. Du weißt doch, dass sie nicht so gerne kocht. Genau wie ich! Hihi!«

»Hmpf.«

Auweia, das konnte ja heiter werden. Ich war nämlich etwas heikel, was Essen betraf, und wer weiß, was das Muttertier da auf dem Herd zusammengezaubert haben würde. Wenn sie so kochte wie meine Freundin, wäre es mir lieber gewesen, sie hätte sich die Mühe gespart und einfach den Pizzaservice angerufen. Aber was sollte es, mir würde nichts anderes übrig bleiben, als gute Miene zum bösen Spiel zu machen, sofern ich vorhatte, diese Zusammenkunft zu überleben.

»Gut siehst du übrigens aus. So geschniegelt!« Liane grinste mich verliebt an. Ich brachte ein gequältes Lächeln hervor.

»Gehen wir.«

»Vergiss nicht das Geschenk für Mama!«

»Na klar doch.« Die Verpackung der belgischen Nobelpralinen für Schnuti hatte ich feinsäuberlich mit einer großen rosaroten Schleife versehen, in der verzweifelten Hoffnung, das würde mir einen kleinen, besänftigenden Willkommensbonus verschaffen.

Das Häuschen, das Lianes Mutter mit Erhard bewohnte, lag am Stadtrand und machte von außen einen friedlichen und gemütlichen Eindruck. Trotzdem hatte ich feuchte und zitternde Hände, als wir vor der Eingangstür standen und meine Freundin dreimal kurz die Klingel drückte. »Das mache ich immer so beim Läuten ... dann weiß sie gleich, dass ich es bin«, teilte sie mir mit. Aha ... wie niedlich. Grins.

Die Tür öffnete sich – und mich traf fast der Schlag.

Vor uns stand ein Liane-Double. Diese Frau war genauso groß, genauso schlank, genauso blond, genauso geschminkt und genauso gekleidet wie meine Freundin. Die gleiche akkurate Bob-Frisur, die gleiche Lippenstift- und Nagellack-Farbe. Zwillings-Alarm! Mit einer gewissen Ähnlichkeit zwischen Mutter und Tochter hatte ich natürlich schon gerechnet. Aber diese beiden Frauen glichen sich beinahe wie ein Ei dem anderen. Beim genauen Hinsehen erkannte ich zwei, drei Fältchen mehr im Gesicht der Mutter, die dann doch auf einen kleinen Altersunterschied hindeuteten, aber das war es auch schon. Ich konnte gar nicht anders, als blöd zu starren.

> Diese Frau war genauso groß, genauso schlank, genauso blond, genauso geschminkt und genauso gekleidet wie meine Freundin.

Dem Himmel sei Dank, ich war nicht gleich mit der Begrüßung an der Reihe. Denn Liane und ihr Double stürzten einander in die Arme und taten, als hätten sie sich jahrelang nicht gesehen (dabei war ihr letztes Treffen meines Wissens gerade zwei Tage her). »Schnutiii! Oooh, ich freue mich so, dich zu sehen!«

»Schatzilein, wie sehr ich dich vermisst habe!« Die gleiche Stimme. War klar. »Komm, lass dich drücken! Wie schön, dass du endlich da bist!« Dass *ihr* endlich da seid, meinte sie wohl. Unhöfliche, ignorante Schnepfe!

Die Umarmung und das Gesäusel hielten noch etwa eine halbe Stunde an.

Ich musste vor lauter Starren wohl in einen tranceähnlichen Zustand verfallen sein, denn ich erschrak richtig, als Liane sich löste, sich in meine Richtung drehte und mich erwartungsvoll ansah, so nach dem Motto: Und jetzt du!

Ich tat allerdings nichts dergleichen, sondern glotzte weiter treudoof vor mich hin, sodass sie mich schließlich am Arm nahm und leicht rüttelte.

»Stefan! Steeefan! Was ist los? Sag doch mal Hallo. Das ist meine Mutter.« Welche auch leicht irritiert zu sein schien ob meines stupiden Mund-offen-ohne-Worte-Gesichtsausdrucks, mit dem ich das Geschehen verfolgt hatte.

Ich holte tief Luft. »Gu... guten Tag, Frau Winter. Ich bin Stefan ... der Freund Ihrer Tochter.«

»Davon wurde ich bereits unterrichtet. Willkommen in meinem Haus«, erwiderte das Liane-Double und musterte mich argwöhnisch. Was ich ihr aufgrund meiner Starrerei nicht einmal übel nehmen konnte. Die Pralinen, die ich ihr mit zittrigen Fingern überreichte, quittierte sie bloß mit einem kurzen: »Wie nett. Danke sehr.« So freundlich aber auch, die Frau.

Liane war offensichtlich irritiert und versuchte, die unangenehme Situation zu verkürzen, indem sie mich energisch ins Haus schob.

Das Innere des Hauses war jedoch schon das Nächste, was mich komplett überforderte. Ich kannte diesen Einrichtungsstil; all diese Teppiche, Möbel, Bilder waren mir bestens vertraut. Warum? Tja ... es waren exakt die gleichen, die ich schon aus Lianes Wohnung kannte. Hatten die etwa alles im Doppelpack bestellt? Partnertarif bei IKEA? Herr im Himmel, tu mir ein Loch im Erdboden auf oder lass gleich einen Fernsehtypen hinter der Couch hervorhüpfen, der mir verrät, dass ich bei der *Versteckten Kamera* gelandet bin! Bitte!!!

Aber nichts passierte. Ich versuchte, die Umgebung aus meinem Sichtfeld auszublenden, um nicht gleich wahnsinnig zu werden.

»Kommen Sie, Stefan. Ich hoffe, Sie haben Hunger! Ich habe mir die Mühe gemacht und ein dreigängiges Menü für uns gezaubert. Ich hoffe, es schmeckt. Wissen Sie, Kochen ist nicht meine Stärke.« Ja, nun, mich überraschte nichts mehr.

Eine versalzene Suppe, ein hundszähes Steak und ein staubtrockenes Kuchenstück später waren wir endlich beim Wein angelangt. Ich hoffte auf die entspannende Wirkung des Alkohols und darauf, mich zumindest ein paar Minuten lang nicht mit Höflichkeitslügen à la »Hmmmh, lecker. So gut habe ich schon lange nicht mehr gegessen!« über Wasser halten zu müssen.

Natürlich hatte ich mich zu früh gefreut. Stattdessen durfte ich ein Bombardement an unangenehmen Fragen von »Und wie sind Ihre beruflichen Perspektiven?« über »Wie stehen Sie eigentlich zum Thema Treue in einer Beziehung?« bis zu »In welchem Zeitrahmen haben Sie vor, eine Familie zu gründen?« über mich ergehen lassen. Wegbeamen war nicht, also antwortete ich so allgemein wir nur möglich. Sichtlich erschöpft, klammerte ich mich an mein drittes Glas Wein und hoffte, es würde jetzt nicht gleich mit »Wissen Sie eigentlich, dass Alkoholkonsum die Spermien schädigt?« weitergehen.

Offenbar waren meine Stoßgebete diesmal erhört worden, denn die Mutter und Tochter zogen es vor, sich weiter über ihr gegenseitiges Ergehen auszutauschen. Ich war aus dem Schneider, vorerst einmal.

»Und wie gehts dir mit Erhard?«

»Ja, so weit ganz gut. Aber du weißt ja, wie er ist. Seine Mätzchen hat er immer noch nicht ganz abgelegt. Der übermäßige Fernsehkonsum und die vielen Kohlenhydrate …«

»Ach Schnuti, ich kann dich verstehen. Das war doch auch bei mir damals nicht anders. Leider konnte ich es ihm nicht abgewöhnen.«

Hä? Was hatte Liane da gerade gesagt? *Bei mir damals*? Was meinte sie damit?

»Er ist halt doch noch ziemlich jung, weißt du. Vielleicht ein wenig zu jung für mich … ich weiß es auch nicht. Magst du ihm einmal ins Gewissen reden?«

»Ja, Schnuti. Ich werds versuchen.«

»Sag mal, wovon redet ihr denn bitte? Hab ich das richtig verstanden? Warst erst du mit Erhard zusammen und jetzt sie?

Hast du etwa einen Mann an deine Mutter weitergegeben oder was? Spinn ich? Bitte sag, dass das nicht wahr ist. Sag es!«

»Schatz, du verstehst das falsch ... nein, eigentlich nicht ... ja, irgendwie schon ...«

»Die Wahrheit will ich!«

Verschämtes Zu-Boden-Gucken ihrerseits. »Gut ... ja, ich war mit Erhard zusammen. Aber es hat nicht so gut funktioniert ... und es hat sich herausgestellt, dass er etwas zu alt für mich war, also unser Lebensstil, weißt du, das hat alles nicht so ganz zusammengepasst. Und Schnuti, also Mama, war damals so alleine und ich dachte mir, die beiden würden ganz gut zusammenpassen. Mama ist doch noch so jung geblieben und ich wusste ja, dass Erhard im Grunde genommen ein ganz guter Typ ist ... nur halt nicht ganz passend für mich. Ja, und so ...«

»Oh Gott ...« Ich röchelte vor Aufregung. »Sag, dass das nicht wahr ist. Wie kannst du deinen Ex als *Ersatzvater* bezeichnen? Nein, nein, nein ... das ist doch ... abartig!«

»Doch ... es ist wahr. Ich weiß aber auch nicht, was du hast! Was soll daran abartig sein? Mama und ich teilen halt viel miteinander! Das mit dem Ersatzvater war doch immer nur scherzhaft gemeint ... Und gute Männer gibt es nicht viele, verstehst du?«

»Nein, verstehe ich nicht! Wenn du mich nicht mehr »so ganz passend« findest, dann gibst du mich auch an deine Mutter weiter, oder wie? Das ist doch einfach nur abartig!«

»Wie du meinst. Dann kannst du ja gehen.«

Tja, was soll ich sagen? Ich bin geblieben. Man möge mich für verrückt halten, aber ich bin heute noch mit Liane zusammen; mittlerweile sind wir verheiratet und haben zwei Kinder. Bis jetzt hat sie also offensichtlich darauf verzichtet, mich an ihre Mutter »weiterzugeben«. Ganz ehrlich, dabei hätte ich natürlich niemals mitgespielt.

Die Tatsache, dass Erhard früher mit Liane zusammen war und jetzt sozusagen der »Opa« unserer Kids ist, bereitet mir zwar manchmal immer noch Magenschmerzen, aber ich komme ganz gut damit klar. Ich habe Liane allerdings verboten, ihn in meinem Beisein jemals wieder als ihren »Ersatzvater« zu bezeichnen. Bis jetzt hat sie sich ohne Murren daran gehalten. Puh ... was für ein Glück. Auch unsere Kids nennen ihn ganz normal Erhard – und nicht Opa oder so was. Außerdem ist er ganz nett zu mir und zu den Kindern. Ich meine, er und Liane, die wären doch nie im Leben kompatibel gewesen. Never ever. Der Knacker ist doch viel zu alt für meine Frau.

Tja, und welch Wunder – sogar Schnuti hat mich inzwischen ins Herz geschlossen, so wie ich sie. Sie ist eine gute Schwiegermutter und Oma – insofern kann ich niemandem etwas vorwerfen. Liane muss zwar jetzt damit leben, dass ich sie regelmäßig mit ihrem Mutter-Zwilling aufziehe, aber daran ist sie ja wohl selbst schuld!

2. KAPITEL

Aus drei mach zwei

Jürgen (33), Fahrradkurier, Villach,
über
Lena (32), Lehrerin, Villach,
und
Sarah (31), Reiseleiterin, Villach

Das Zusammenleben mit meiner Freundin Lena war in letzter Zeit etwas fad geworden. Zugegeben, seit unsere Tochter Nellie auf der Welt war, lief es im Bett nicht mehr sonderlich – hin und wieder Blümchensex war zwar noch drin, aber leidenschaftliche Horizontalgymnastik? Fehlanzeige. Klar war Lena mit unserem Kind ganz schön eingespannt, aber immerhin war die Geburt schon zwei Jahre her, Lena war fit und durchtrainiert wie eh und je. An irgendwelchen körperlichen Komplexen ihrerseits scheiterte es also nicht.

Nein, sie zeigte einfach kein großartiges Interesse mehr an mir. Vielleicht lag es auch an meinem – einmaligen – Seitensprung, den ich Idiot ihr damals, Gnade suchend und unter Tränen, gebeichtet hatte. Ich konnte sie sogar ein wenig verstehen, reagierte jedoch dennoch trotzig: Hatte ich nicht auch meine Bedürfnisse, die es zu befriedigen galt? Und Sanja war damals doch einfach zu unwiderstehlich gewesen … und ich bin meinen Hormonen gewissermaßen ausgeliefert gewesen … hach, das war schon eine geile Nacht …

Aber Schluss mit den Erinnerungen. So oder so, es war Zeit, etwas zu ändern – und zwar schleunigst. Lena hatte auch schon Andeutungen in die Richtung gemacht, deshalb hoffte ich auf Verständnis ihrerseits.

So nahm ich mir ein Herz und sprach sie eines Morgens darauf an. »Ich möchte heute Abend etwas mit dir besprechen, Süße. Ich koche was, und dann quatschen wir mal, o.k.?«

»Gut, ich freu mich«, meinte sie, ohne nachzufragen, worum es ging, und war auch schon aus der Tür. Das war doch schon mal ein vielversprechender Anfang! Also sprang ich nach der Arbeit noch schnell in den Supermarkt und kaufte alles ein, was man für einen schönen Abend zu zweit eben so braucht.

Zwei Stunden später war ich fertig. Kerzen brannten, der Wein hatte die perfekte Temperatur, das Essen – Spaghetti mit Meeresfrüchten (die ja angeblich aphrodisierend wirken sollen) – dampfte liebevoll dekoriert und duftend in den Tellern, drei pralle, frische rote Rosen prangten in einer Vase mitten auf dem Tisch. Man(n) will schließlich für die passende Atmosphäre sorgen. Wir aßen schweigend, das Besteck klirrte, Lena lobte kurz meine Kochkünste. Unser Gespräch kam mehr oder weniger stockend in Gang, und ich fühlte mich wie ein kleiner, nervöser Junge. Trotzdem, wenn ich bald mal wieder ein Boot versenken wollte, musste ich über meinen Schatten springen.

»Du, Süße, hör mal … ich und vor allem mein guter Freund da unten, also wir sind mittlerweile schon etwas, tja, wie soll ich sagen – eingerostet. Falls du verstehst, was ich meine.« Ich versuchte, ein unschuldiges und etwas verschämtes Grinsen zustande zu bringen. Zu meiner Überraschung war die Aufregung umsonst – denn Lena reagierte schnurrend wie ein Kätzchen. Träumte ich oder was? Mit einem verführerischen Schlafzimmerblick aus ihren mit langen Wimpern umrandeten grünen Augen raunte sie neckisch: »Ich weiß, Liebster, dass unser Sexleben sehr abgeflaut ist. Aber ich möchte das ändern … wir waren doch früher immer so scharf aufeinander, weißt du noch? Das will ich unbedingt wiederhaben …«

»Äh … was, echt? Ehrlich, Lena? Dir gehts auch so? Oh Mann … das ist ja … verdammt geil!«, rief ich glücklich und mein Herz sprang innerlich gleich mal nach unten in die Hose.

> »Du, Süße, hör mal … ich und vor allem mein guter Freund da unten, also wir sind mittlerweile schon etwas, tja, wie soll ich sagen – eingerostet.«

Bingo! Das war doch einfacher, als ich angenommen hatte! Lachend prosteten wir uns zu und blickten uns tief in die Augen. Da geht doch heute noch was, dachte ich und startete prompt meine »Aktion Sex«. Mit dem vollen Programm: Komplimente, Nackenkraulen, sanftes Nagen am Ohrläppchen. Der Duft ihrer Haut machte mich wahnsinnig geil, und in meinen Lenden herrschte Hochbetrieb.

Aber es sollte mir nicht vergönnt sein. Nicht heute. Warum auch immer, aber der Schuss ging nach hinten los. Plötzlich war Lena wie ausgewechselt und gab mir einen Korb – zwar nett, aber direkt.

»Ich brauch noch ein wenig Zeit«, meinte sie lapidar und wand sich aus meiner Umarmung.

»O… o.k.«, stotterte ich betreten. »Wie du meinst.«

Perplex, wie ich war, dachte ich nicht einmal daran, nach dem »Warum« zu fragen. Lena brachte nur ein mickriges Lächeln zustande, winkte mir zu wie einem kleinen Kind und verschwand wortlos im Schlafzimmer. Allein.

Na großartig! Wie ein begossener Pudel saß ich nun in der Küche. Ein guter Grund, sich mit billigem Whiskey zu betrinken. Was ich auch tat.

Am nächsten Tag war Männerabend angesagt. Noch leicht angeschlagen von meiner exzessiven Single-Whiskey-Session am Vortag schlurfte ich in unsere schäbige Stammkneipe, das »Monks«. Bernd saß bereits an der Theke und qualmte seine heiß geliebten Marlboros vor sich hin. Wir orderten ein Bier, von dem ich hoffte, dass es meine katerbedingten Kopfschmerzen übertünchen und mich wieder in Stimmung bringen würde. Bernd war mein bester Freund – und der einzige Mann, mit dem ich auch nur ansatzweise über das Thema Liebe spreche. Ich schilderte ihm meine Misere. Seine Antwort sorgte dafür, dass die ohnehin schon lauten Sex-Alarmglocken in meinem Kopf noch lauter vor sich hin zu schrillen begannen. »Die spielt doch Zuckerbrot und Peitsche mit dir. Das kann sie doch nicht machen. Ich meine, sollst du dir 'ne Gummipuppe zulegen? Oder impotent werden?«

»Nein, aber … hör mal, vielleicht will sie ja wirklich …« Ich kam gar nicht dazu, weiterzureden.

»Vielleicht was? Vielleicht lässt sie dich irgendwann wieder mal richtig ran? Wie lange geht das jetzt schon? Fünf Monate? Ganz ehrlich, vergiss es, Alter«, unterbrach mich Bernd mit einem verächtlich-mitleidigen Blick. »Das wird nix mehr, da kannst du den Hampelmann machen, aber die interessiert sich Nüsse für dich.«

Uff. Das war hart, aber ehrlich – und der Killer für jedes männliche Ego. Das limitierte meine Hoffnung ziemlich. Meine Wut auf Lena nahm zu. So konnte ich unmöglich zu Hause auftauchen! Also was tun? Sitzen bleiben und saufen.

Ich blieb auch noch sitzen, als Bernd den Heimweg antrat, und kippte weiter alles in mich rein, was der Barkeeper herausgab.

Kurz bevor mein Kopf auf die Theke knallte, spürte ich eine Hand auf meiner Schulter. Ein sanftes »Hey, gehts dir gut?« riss mich aus meiner alkoholischen Apathie. Ich blickte in zwei langwimprig umrahmte Nougataugen (ähnlich wie die von Lena, deren Anblick ich so sehr liebte, nur eben nugat statt meergrün) und ein Puppengesicht, umgeben von langem, schwarzem, glänzendem Haar.

»Bist du schlecht drauf? Du wirkst so traurig«, meinte das engelsgleiche Wesen mit dem Schlafzimmerblick. Ich konnte nur noch nicken, zu mehr war ich nicht fähig.

Es kam, wie es kommen musste. Trotz meines lädierten Zustands landete ich mit Sarah, so hieß das langwimprige schöne Wesen, im Bett. Der Sex glich einer Supernova. Es gab nichts, was sie nicht mit mir anstellte. Gütiger Himmel – gegen diese Frau war Lena ein Unschuldslamm und ihre

> Es kam, wie es kommen musste. Trotz meines lädierten Zustands landete ich mit Sarah, so hieß das langwimprige schöne Wesen, im Bett.

Praktiken machten das Kamasutra zu einer hausbackenen Gebrauchsanleitung für Spießer. Unvorstellbar, dachte ich noch am nächsten Morgen, als ich mit sexbedingtem Muskelkater in den Hüften und – den zweiten Tag in Folge – mit brummendem Schädel aufwachte. Zu diesem gesellte sich gleich eine Portion schlechten Gewissens, als sich meine kleine heile Familie in mein

Gehirn beamte. Shit! Schon wieder hatte ich mich nicht zurück-halten können und fremdgebumst – das durfte doch nicht wahr sein. Vor meinem inneren Auge sah ich nicht nur Lena, sondern auch meine geliebte Nellie mit erhobenem Zeigefinger vor mir stehen und mich böse anfunkeln. Ein Bild des Horrors, das ich sofort abzuschütteln versuchte. Sarah war glücklicherweise nir-gends aufzufinden – eine gute Gelegenheit, um schleunigst zu verschwinden.

Zu Hause angekommen, erwartete ich eine wutentbrannte, in Tränen aufgelöste Freundin und legte mir in Gedanken bereits eine Liste an blütenreinen Ausreden zurecht. Schlüssel vergessen, Handy verloren, bei Bernd auf der Couch gepennt, der übliche Kram. Aber Lena ignorierte mein nächtliches Fortbleiben kom-plett. Was nicht schwierig war, denn sie war nicht mal da. Und nicht nur sie, sondern auch Nellie war verschwunden. Leichte Panik überkam mich. Ach ja, heute war Großelternabend – der einzige Abend, den wir normalerweise als Pärchen verbrachten. Gut, gut.

Aber wo zum Teufel war meine Freundin? Die konnte doch nicht einfach so abhauen? Trotz meines persönlich stark aus-geprägten Freiheitsbedürfnisses mochte ich es überhaupt nicht, wenn sie alleine etwas unter-nahm – und schon gar nicht, wenn ich nicht wusste, wo sie sich aufhielt.

Shit! Schon wieder hatte ich mich nicht zurückhalten können und fremdgebumst.

Zur Beruhigung schnappte ich mir eine DVD und knallte mich aufs Sofa. In der Mitte des Films angelangt, hörte ich den Schlüssel im Schloss. Lena! Alle Ausreden wieder auf Abruf parat, stürmte ich zur Tür – und stockte.

Lena war nämlich nicht allein. Hinter ihr stand Sarah – *die Sarah von gestern* – und grinste verwegen. Oh verdammt. In wel-chem Film war ich denn hier gelandet?

»Ich hab eine Überraschung für dich mitgebracht – oder besser gesagt, für uns ...«, flüsterte Lena und zeigte triumphierend auf Sarah. »Deshalb wollte ich warten ... damit unser Sexleben gleich mit etwas ganz Besonderem wiederbeginnt ...«, flüsterte sie lasziv weiter, kam auf mich zu und biss mir sanft in den Hals, eine Geste, die mich normalerweise scharf wie eine Handgranate machte. Aber nun tat sich gar nichts, ich war wie im Schock. Das konnte ich nun fast nicht glauben. Deshalb hatte sie gestern so abgeblockt! Ein Dreier – das hatte sie wirklich für uns geplant? Schon oft hatte ich (vorsichtig) davon gesprochen und Lena hatte mir stets die rote Karte gezeigt. Aber offensichtlich hatte sie jetzt nichts mehr dagegen ...

Lena war nämlich nicht allein. Hinter ihr stand Sarah – die Sarah von gestern – und grinste verwegen.

»Wow ... ja also, ich weiß gar nicht, was ich sagen soll, Süße«, war das Einzige, was ich entgegnen konnte.

»Du brauchst auch nichts zu sagen«, schaltete sich Sarah nun ein. »Wir drei werden jetzt nämlich eine Menge Spaß haben.«

Ich musste erst mal schlucken. Sollte ich mich da etwa noch wehren? Die beiden nahmen mich in die Mitte und führten mich ins Schlafzimmer. Zum ersten Mal in meinem Leben befürchtete ich, keinen hochzukriegen, denn alles ging so schnell und kam mir so unwirklich vor wie im Film. Außerdem war es kein kleiner Auftrag, es zwei Frauen gleichzeitig zu besorgen.

Aber als die beiden zu strippen begannen, regte sich dann doch das Tier in mir. Fast rann mir der Sabber aus dem Mund. Ich riss mir die Kleider vom Leib. Dann zog ich Lena zu mir auf die Matratze, werkelte ein wenig rum und vögelte sie (sie hatte Heimvorteil), dann vögelte ich Sarah, dann wieder Lena, von vorne, von hinten, je nach Lust, hemmungslos.

Die Ladys verwöhnten mich und sich nach Strich und Faden, und ich ertappte mich bei dem Gedanken, womit ich dieses Märchen verdient hatte. Völlig egal! Ich würde Lena lieben bis an mein Lebensende für dieses Geschenk, so viel war sicher. Niemals hätte ich gedacht, dass sie solchen Spaß an derartigen Frivolitäten haben könnte ... aber es gefiel ihr augenscheinlich, denn sie stöhnte lustvoll und schien völlig in dem Moment aufzugehen. Dieser Liebesbeweis war durch nichts zu übertreffen, dachte ich und genoss die Lippen und Hände der beiden Frauen auf meiner Haut, um schließlich heftig zu kommen.

Erschöpft lagen wir schließlich auf den Kissen, schweißgebadet, befriedigt (zumindest ich) und ausgepowert. Ich war noch am Schnaufen, als ich plötzlich sanft schmatzende Geräusche vernahm. Lena und Sarah hatten begonnen, sich wieder zu küssen. Mich wunderte, dass die beiden immer noch nicht genug voneinander bekommen konnten. Eifersucht beschlich mich, ein Gefühl, das in der Ekstase des Sexualakts noch keine Chance gehabt hatte. Nach einigen Minuten des passiven Zusehens platzte ich fast vor Wut.

»Hört auf, was soll das? Ich bin hier der Mann!«, brüllte ich zornig. Die Mädels stoppten ihre Küsse und starrten mich unschuldig an. Stille.

Bis sich Lena aus dem Bett hievte und sich vor mir aufbaute. Sarah erhob ebenfalls ihren perfekten Körper, stellte sich neben meine Freundin und legte zärtlich den Arm um sie. Zwei Grazien, eng umschlungen, perfekte Brüste, perfekte Bäuche, schimmernde, zarte Haut, zerstrubbeltes, glänzendes Haar, einmal in Blond, einmal in Brünett. Eigentlich ein Bild für die Götter. Aber nicht für mich in diesem Moment. Lena grinste, und irgendwie bekam ihr Grinsen plötzlich etwas Teuflisches. Hatte ich sie etwa voreilig in den Himmel gelobt?

Lena und Sarah hatten begonnen, sich wieder zu küssen. Mich wunderte, dass die beiden immer noch nicht genug voneinander bekommen konnten.

Hatte ich. »Tom, ich sag dir jetzt was. Und ich sags auch nur einmal. Das hier ist der Grund, warum ich keinen Bock mehr auf dich habe«, sagte sie süffisant.

»Die Sache zwischen Sarah und mir läuft schon länger. Euer kleines Intermezzo gestern war von langer Hand geplant. Ich wollte wissen, ob du mich wieder betrügen würdest. Die Antwort haben wir ja nun.«

Ich war schockiert. »Aber Lena, Süße! Das … das kannst du doch nicht machen! Das ist doch hinterhältig! Du hast mich doch total hinters Licht geführt! Diese Aktion war doch geplant, das gibst du doch selbst zu!«

»Ob geplant oder nicht, ist doch piepegal«, warf Sarah dazwischen. »Du warst gestern weit entfernt davon, dich zu wehren. Notgeiler Drecksack!«

»Genauso ist es. Und mit einem notgeilen Drecksack will ich nicht zusammen sein«, kam es von Lena. »Nicht mehr. Deshalb habe ich meine Entscheidung bereits getroffen. Punkt.« Das saß.

Lena trennte sich sofort von mir, eine Woche später zog ich mit Sack und Pack aus und ließ Nellie schweren Herzens zurück. Sie hat nun zwei Mütter, denn Sarah ist bei Lena eingezogen und die beiden kümmern sich um Nellies Erziehung. Alle zwei Wochen darf ich meine Tochter sehen, und ich genieße jede Minute mit ihr. Wenn ich sie zurückbringe, leide ich wie ein Hund und würde alles dafür geben, wieder eine heile Familie zu haben. Aber diese Suppe habe ich mir selbst eingebrockt. Sie jetzt auszulöffeln, schmeckt bitter. Einer Frau habe ich seitdem nicht mehr über den Weg getraut – ich habe zwar hier und da meine Affären, aber wenn ich ehrlich bin, machen mich diese auch nicht glücklich.

Ob ich aus dieser Geschichte etwas gelernt habe? Auf jeden Fall, dass Rache süß ist – zumindest für den, der sich rächt. Und dass ich mich in meiner nächsten Beziehung – sofern ich je wieder eine haben sollte – wirklich mal in Treue üben sollte. Denn Frauen sind schlauer, als man denkt.

3. KAPITEL

Zu hoch gepokert

Christian (35), Versicherungskaufmann, München,
über
Celina (30), Unternehmensberaterin, München

Ich habe Celina auf einer Firmenweihnachtsfeier kennengelernt. Umringt von einer Horde brünstiger Anzugträger erzählte sie irgendetwas, schüchtern lächelnd, ein Glas Sekt in der schmalen Hand. Mit ihren kaum mehr als 1,50 Meter schien sie unter den Männern fast zu verschwinden. Die Brunfthorde, zum Teil aus meinen Kollegen bestehend, hing an ihren Lippen. Seltsam. Denn eigentlich war sie mehr ein Mauerblümchen. Ihr brünetter Pagenkopf mutete brav an, auch ihre Mimik und Gestik wirkten ruhig und unaufgeregt. Aber irgendetwas reizte meinen Jagdinstinkt. Ich konnte nicht verstehen, was sie redete, aber es musste etwas Besonderes sein, denn die Männer quasselten aufgeregt und durcheinander auf sie ein. Vielleicht schmutzige Witze?

Ich schlich mich von hinten an und boxte meinen Kumpel Ingo in die Seite, um mich zwischen ihn und seinen Balznachbarn, den ich nicht kannte, zu quetschen.

»He! Was soll 'n das?«

»Mach Platz, Alter.«

»Hmmmh.«

Mit meinem Auftauchen verstummte der Redefluss der Frau und mit ihr waren auch rundherum plötzlich alle still.

»Ist was?«, fragte ich erstaunt in die Runde.

»Nö, gar nicht«, entgegnete Ingo, drehte sich aber im gleichen Moment um und verschwand in Richtung Bar. Er sah ein wenig enttäuscht aus.

Auch der Rest der Menge löste sich schlagartig auf. Wie geprügelte Hunde zog die eben noch so testosteronlastige Horde von dannen. War ich hochgradig ansteckend oder was? Lepra, Pest, Genitalherpes?

Aber die sehr kleine, sehr zierliche Frau stand noch genauso da wie vorher. Und guckte mich belustigt an.

»Hä ...? Ähm ...Wieso sind denn jetzt alle weg? Hab ich gestört? Ich wollte nicht ...«

»Kein Problem«, unterbrach sie mich freundlich und mit erstaunlich tiefer Stimme. »Ich bin übrigens Celina. Trinken wir was?« Na logo.

Ich erfuhr, dass sie als Beraterin für unser Unternehmen arbeitete, dass sie ganz in meiner Nähe wohnte, dass sie Sport mochte und bei Vanillepudding und Chardonnay schwach wurde. Was das Thema des Gesprächs mit den Männern gewesen war, wollte Celina auf Biegen und Brechen nicht verraten. Geschickt lenkte sie davon ab, und irgendwann gab ich es auf, nachzufragen. Wir unterhielten uns gut und lachten viel miteinander, sodass wir beschlossen, uns wiederzusehen. Ein paar Wochen nach diesem Abend waren wir ein Paar. Es ergab sich schnell und reibungslos, und da ich in meinen vorangegangenen Beziehungen nicht viel Glück, dafür aber umso mehr Stress vonseiten meiner Exfreundinnen gehabt hatte, genoss ich die Zeit mit Celina sehr und zog bereits nach drei Monaten von meiner Zwergen-Garçonnière in ihr Vierzimmer-Penthouse um, das sie von ihrer schwerreichen Tante geerbt hatte. Die Bude war bis in jede Ecke durchdesignt und mit Philippe-Starck-Teilen eingerichtet; aber auf die Frage, wie sie sich das leisten konnte, bekam ich wieder einmal keine Antwort, sondern nur ein geheimnisvolles Grinsen.

Geheimnisse waren sowieso ein Faible von Celina – sie wollte auch unsere Beziehung unter dem Siegel der Verschwiegenheit halten, keiner sollte erfahren, dass sie mit einem »Kunden« zusammen war. Gut, dann eben nicht. Mir wars recht, solange wir miteinander glücklich waren. Und das waren wir – anfangs zumindest.

Streit gab es nämlich so gut wie nie, was aber hauptsächlich daran lag, dass Celina sich bei jeder aufkeimenden Meinungsverschiedenheit aus dem Staub machte. Ob es nun im Café, auf der Straße oder zu Hause zum Disput kam – noch bevor es richtig laut werden konnte, drehte sie auf dem Absatz um. »Es reicht, Christian. Adieu!« – und weg war sie. Mein bettelndes »Aber Celina, Liebste, warte doch!« stieß auf taube Ohren.

Dieses Fluchtverhalten kannte ich bislang nur von meinen männlichen Artgenossen, auch ich hatte es schon oft genug getan. Ich ärgerte mich zwar immer, wenn sie mein Betteln knallhart ignorierte und ich sie nach ihrem Verschwinden stundenlang nicht erreichte. Ich schrieb vor Schmalz triefende Textnachrichten, lief verzweifelt den Flur auf und ab, drückte auch mal ein paar Tränchen raus – und wedelte wie ein Hündchen mit dem Schwanz, wenn sie nach Stunden, oft auch erst nach zwei Tagen, wiederkam und sich gnädig bereit erklärte, wieder lieb zu mir zu sein.

Es beeindruckte mich ja irgendwie, dass sie mich so im Griff hatte. Im Gegensatz zu meinen früheren Beziehungen war ich nämlich diesmal derjenige, der um Aufmerksamkeit buhlen musste. Und das tat ich häufig, denn Celina war so oft unterwegs, dass für traute Zweisamkeit nur wenig Zeit blieb. Für meinen Geschmack sogar viel zu wenig! Montags Volleyball, dienstags Spanischunterricht, mittwochs Frauenabend, donnerstags Squash. Und so weiter und so fort. Christian-Time war nur dann angesagt, wenn nichts anderes auf dem Kalender stand.

Christian-Time war nur dann angesagt, wenn nichts anderes auf dem Kalender stand.

Es war nicht der Sex, der mir fehlte. Sex hatten wir so gut wie bei jeder Gelegenheit. Aber meist belief sich die Sache auf Quickies, wenn sie zwischen ihren »Terminen« mal zufällig zu Hause war.

»Schatz, ich bin total scharf auf dich!«, gurrte sie dann und griff mir offensiv zwischen die Beine. Und schon ging es zwischen

Tür und Angel zur Sache, wir rissen uns die Kleider vom Leib, vernaschten uns gierig wie die Raubtiere im Flur, auf dem Sofa oder mitten auf dem Küchentisch, und noch bevor es zu einem Nachspiel aus Kuscheln, Küssen und Liebesschwüren kommen konnte, war sie auch schon wieder angeoutfittet, schnappte sich ihre Tasche, drückte mir einen schnellen Kuss auf die Lippen und verschwand aus der Tür. Jedes Mal stand ich da wie ein begossener Pudel.

Nein, zu wenig Sex war nicht das Thema. Aber die Art und Weise! Ich fühlte mich ausgenutzt. Wie ein Putzlappen, den man nur benutzte, wenn man ihn gerade mal brauchte! Apropos Putzlappen, noch dazu schmiss ich mittlerweile den gesamten Haushalt, da Madame ja keine Zeit dafür hatte.

Nach ein paar Monaten stand mir das Theater bis zum Hals. Ich begann, immer mehr an Celinas Liebe zu mir zu zweifeln. In mir keimte das Bedürfnis, jemandem mein Leid zu klagen. Da mein bester Kumpel Ingo allerdings nichts von unserer Beziehung wissen durfte und auch alle meine anderen Männerfreunde Kollegen von mir sind, fielen diese Möglichkeiten weg. Also durchforstete ich mein Telefonbuch.

Marie, eine alte Schulfreundin von mir, war schon immer eine fähige Ansprechpartnerin in Sachen Beziehungsstress. Nicht umsonst war sie seit zehn Jahren mit Jürgen zusammen, davon sechs Jahre glücklich verheiratet, zwei Vorzeige-Kids.

»Komisch, du hast dich echt schon ewig nicht mehr gemeldet, Christian. Was liegt denn an? Ich tippe mal stark auf Frauenprobleme«, legte sie feixend los, nachdem wir das übliche »Na, wie gehts so, tolles Wetter, was läuft, bla bla«-Geplänkel hinter uns hatten. Wir verabredeten uns für den Abend im Biergarten.

Es war heiß, schweißtriefend saßen wir uns gegenüber. Ich nahm einen kräftigen Schluck von meinem Weißbier. Der Schaum blieb an meiner Oberlippe hängen. Ich leckte ihn ab, bevor ich mit meinem Monolog begann.

»Na ja, wie soll ich das erklären ... Da gibt es eine Frau. Sie raubt mir komplett den Verstand. Weißt du, es ist so ...« Ich rollte die letzten Monate auf und ließ keine Details aus, erzählte von unserem Kennenlernen über Celinas Terminkalender bis hin zu unserem Sexleben.

»Mann. Mannmannmann. Dieses Mädel hat dem Buben wohl ziemlich die Sicherungen rausgeworfen, hm?«, meinte Marie überrascht, als ich fertig war.

Aussichtslos. Sie verstand es offenbar nicht. Ich musste die Frage stellen. Atemlos brachte ich meine – bis zu diesem Zeitpunkt unausgesprochene – Vermutung zur Sprache: »Und jetzt bin ich mir nicht mehr sicher, ob nicht ein anderer Typ der Grund sein könnte.«

»Pfff ...« Marie pfiff Luft zwischen den Zähnen aus und verdrehte die Augen. Das machte sie nur, wenn die Lage ernst war. So gut kannte ich sie.

»Beantworte meine Frage.«

Lange Pause. Jetzt nahm sie einen großen Schluck von ihrem Bier. Zeit schinden.

»Joaaa ... schwierig. Möglich ist alles, also, ich meine, ich möchte dich ja nicht beunruhigen. Aber gut klingt das nicht.«

Ich musste schlucken.

»Denkst du, es wäre eine gute Idee, ihr nachzuspionieren?«, platzte ich schließlich heraus.

»Allerdings, wenn ihr so oft miteinander schlaft, wie du sagst ...«

»Ach Marie, sei doch mal ehrlich! Sag einfach, was du wirklich denkst, o.k.?«

Drückende Stille. Sie kaute an ihrer Unterlippe.

»Ja. Also ja, das kann durchaus sein.«

Na bravo. Das wollte ich dann doch nicht hören. In mir zog sich alles zusammen. Schweigend saßen wir da, in meinem Kopf ratterte es wie in einem Uhrwerk. Was sollte ich nun tun? Wie konnte ich die Wahrheit herausfinden?

»Denkst du, es wäre eine gute Idee, ihr nachzuspionieren?«, platzte ich schließlich heraus.

Marie starrte mich an. »Neeein! Das ist nie eine gute Idee. Christian, bitte! Echt letztklassig! Denk nicht mal dran!«

Beschämt schaute ich zu Boden. Wieder ewiges Schweigen.

»Was steht heute auf ihrem Programm?«

»Hä?«

»Celina. Was macht sie donnerstags?«

»Squash.«

»Wann?«

Ich schaute auf die Uhr. »Halbe Stunde.«

»Gut. Hast du eine Sonnenbrille dabei?«

Hatte ich.

Es war noch hell, was zumindest die Sonnenbrillen rechtfertigte, als wir hinter der Ecke des Wohnblocks warteten. Mit Zigarette in der Hand und flüsternd standen wir da wie Detektive in einem B-Movie.

»Du glaubst doch nicht wirklich, dass sie mich nicht erkennen würde, nur weil ich eine Sonnenbrille trage?«

»Natürlich nicht. Aber das macht es spannender.«

Großartig. Jetzt machte sich Marie auch noch einen Spaß aus der ganzen Sache.

Ich schaute auf die Uhr. Gleich halb acht. Ich spähte vorsichtig um die Ecke. Und da kam Celina auch schon aus der Tür, telefonierend, wie immer top angezogen. Ich wollte gar nicht wissen, wie viel sie monatlich für Klamotten ausgab. Aber das war jetzt nicht das Problem.

»Ist sie das?«, flüsterte Marie, die mir über die Schulter schaute.

»Vorsicht! Sie darf uns nicht entdecken!«

»Jaja. Ruhig, Brauner. Ich bin ja nicht ganz doof.«

Wir sahen zu, wie Celina sich auf den Weg machte. Sie liebte es, zu Fuß zu gehen.

»Los, ihr nach!«

Immer wieder hinter den Hausecken ausharrend, schlichen wir also meiner Freundin hinterher.

Wenn der Anlass nicht so traurig gewesen wäre, hätte ich es glatt noch witzig gefunden. Wir beobachteten, wie Celina auflegte und ihr Handy in ihrer großen Tasche verstaute. Sie bog um die Ecke.

Aber ... nein. Da war was faul. Das war ganz sicher nicht die Richtung, in der es zur Squash-Halle ging! Auweia. Ich gab einen leisen verzweifelten Laut von mir. Marie schaute mich fragend an. Ich winkte ab und deutete ihr, weiterzugehen. Jetzt war keine Zeit mehr für Späßchen. Ich wollte wissen, was Sache war, sofort!

Wir folgten ihr noch eine Weile, bis Celina schließlich an einem Eingang stehen blieb. Moment ... in diesem Haus wohnte doch ...

»Ingo!«

»Was?«

»Ingo wohnt in diesem Haus!«

»Ist nicht dein Ernst!«

»Doch!«

»Mist.«

Celina verschwand in der Tür. Ich schnaufte wie ein Bär und Marie versuchte gar nicht erst, mich zu beruhigen.

»Glaubst du wirklich, dass sie dir das antun würde? Oder Ingo?«

»Ihm könnte es egal sein. Er weiß ja nicht mal was von Celina und mir«, entgegnete ich wütend und startete in Richtung Hauseingang. Jetzt reichte es. Endgültig.

»Tus nicht, Christian ...«

Zu spät. Ich hatte die Klingel gedrückt und läutete Sturm. Das Surren des Türöffners ertönte, ohne dass jemand nachgefragt hatte, wer da war. Seltsam.

»Soll ich mitkommen?«

Ich überlegte kurz. »Ja.«

Auf dem Weg in den dritten Stock nahm ich jeweils zwei Stufen auf einmal, sodass Marie kaum nachkam. Ingos Tür stand offen. Was zum Teufel …

»Nur herein, nur herein! Das Bier ist schon kalt«, tönte Ingos Stimme aus der Wohnung. Offensichtlich erwarteten sie jemanden. Jetzt war ich nur mehr Beifahrer. Ich schaute Marie an, die mir einen Wink gab, Ingos Aufruf nachzukommen. »Ich warte hier.«

Ich tat, wie mir befohlen. Steuerte durch den mir gut bekannten Flur, nahm Stimmengewirr und Zigarettengeruch wahr. Frank Sinatra dudelte vor sich hin. Jemand sagte »Prost«, Flaschen klirrten.

Vor dem Wohnzimmer angekommen, konnte ich meinen Augen kaum trauen. Da saßen Ingo, Harry und Peter um einen runden Tisch, auf dem Pokerkarten und -chips, Bierflaschen, Aschenbecher und Knabberzeug verteilt waren.

»Oh, da sieh her. Hoher Besuch!«, rief Ingo aus. »Doch Lust auf die Pokerrunde bekommen? Na dann … willkommen!«

Die Pokerrunde. Jeden Donnerstag. Das hatte ich total vergessen. Schon oft hatte mich Ingo dazu eingeladen, aber ich hatte immer abgelehnt, weil ich den Sinn hinter dem ganzen Poker-Hype noch nie verstanden hatte.

Wie ferngesteuert setzte ich mich dazu. Harry öffnete zischend ein Bier und stellte es vor mich hin. In meinem Kopf hämmerte die Frage, wo Celina sein konnte, wenn nicht hier bei Ingo? Dazu gesellte sich aber auch ein wenig Erleichterung, denn wenn sie nicht hier war, dann betrog sie mich zumindest nicht mit meinem besten Freund. Gedanken-Kuddelmuddel pur.

Aber leider freut man sich im Leben oft zu früh. Denn plötzlich hörte ich eine Frauenstimme aus dem Nebenzimmer. »Fertig, Jungs! Gleich gehts los!« Celina. Kawumm.

Und da stand sie auch schon. Nur leider nicht so, wie ich sie kannte – sondern in einem sehr knappen Outfit aus Lack und Leder. Ihre Augen weiteten sich vor Schreck, als sie mich erblickte. Die Jungs schnallten offenbar noch nichts, denn Peter schnalzte anerkennend mit der Zunge, Ingo ließ ein erfreutes »Oh-la-la!« vom Stapel.

»Unsere allwöchentliche Poker-Strip-Show!«, erklärte er grinsend in meine Richtung. »Yeah, Jungs – let's present Naughty Ceeelina!«

»Ähm … ähm …«, ich brachte kein Wort mehr heraus. Ich konnte nur noch meine Freundin anstarren, *meine* Freundin, ihren spitzen Madonna-BH, die schwarzen Strapse, die Netzstrümpfe, die hochhackigen Nuttenpumps.

»Was …«, setzte Ingo verwirrt an, aber da hatte ich schon vor Wut meinen Stuhl zur Seite geschmissen und rannte brüllend aus der Wohnung.

Man kann sagen, Marie hat mir nach diesem Vorfall das Leben gerettet. Sie nahm mich mit nach Hause. Den ganzen Abend saß ich mit einer Familienpackung Taschentücher neben ihr und Jürgen auf der Couch und heulte mir die Seele aus dem Leib, während diese, sich dabei abwechselnd, ihre neugierigen Kinder davon abhalten mussten, ins Wohnzimmer zu stürmen, um herauszufinden, was mit dem armen weinenden Mann los war.

> Ich konnte nur noch meine Freundin anstarren, *meine* Freundin, ihren spitzen Madonna-BH, die schwarzen Strapse, die Netzstrümpfe, die hochhackigen Nuttenpumps.

Ich durfte bei den beiden auf dem Sofa schlafen. Am nächsten Morgen rief ich in der Bank an, nahm mir frei und verbrachte den Tag damit, all meine Sachen aus dem Penthouse zu holen. Ich habe Celina nie wieder gesehen.

Aber wenigstens konnte ich auf meine Freundschaft zu Ingo zählen. Nachdem ich ihm von Celina und mir erzählt hatte, war sie ihren anrüchigen Job sofort los. Von Ingo erfuhr ich, dass Celina sich schon seit zwei Jahren mit ihren »Auftritten« bei der Pokerrunde ihr Taschengeld aufbesserte. Da wundert mich das mit ihrer vielen Kohle auch nicht mehr. Und ich weiß nun, was die Brunfthorde bei unserem Kennenlernen zu bedeuten hatte. Sie alle waren bestehende – oder potenzielle – Kunden …

4. KAPITEL

Wer zu viel verrät ...

*Lukas (28), Mediendesigner, Wien,
über
Sonja (26), Kellnerin, Wien*

Geheimniskrämerei in einer Beziehung? Ganz normal. So dachte ich zumindest, bis eines Tages Sonja in mein Leben trat. Sie fesselte mich mit ihrem umwerfenden Aussehen und einem Charme, dem ich willenlos ausgeliefert war. So willenlos, dass ich, sobald sie mir ihrem raunenden »Duhuuu, Tiger … rrrh …« bei mir ankam, zwar sofort wusste, dass sie irgendetwas von mir wollte, aber mir bereits in diesem Moment klar war, dass ich es ihr auch geben würde – egal, was es war. Und sexy Sonja wollte viel.

Sie war – und das ist noch milde ausgedrückt – krankhaft shoppingsüchtig. Ich investierte jede Woche ein kleines Vermögen in unsere zahlreichen Einkaufstrips, bei denen ich wie ein höriges Hündchen hinter ihr her trottete und sie bergeweise Klamotten auf mir auftürmte, die ich dann für sie in Richtung Umkleide schleppen durfte.

»Süßer, steht mir das?«

»Ja, wunderbar, mein Engel.« Ihr stand sowieso alles.

»Und das?«

»Ja, supersexy. Nimm es!«

»Nimm es«, bedeutete für Sonja auch automatisch, dass ICH bezahlte.

> Sie war – und das ist noch milde ausgedrückt – krankhaft shoppingsüchtig.

Außerdem war Sonja auch extrem kontrollsüchtig und besitzergreifend. »Extrem« ist in diesem Falle eine maßlos untertriebene Definition dieser Eigenschaft, denn sie ertrug es nicht, auch nur über einen meiner Schritte nicht Bescheid zu wissen. Mein Handy lief auf Hochbetrieb. »Was machst du?«, »Wo bist du?«, »Wann kommst du?«, »Was guckst du so, findest du die etwa hübscher als mich?« – diese Fragen ließ sie in einer Dauerspirale, abwechselnd mit SMS-Mitteilungen oder Anrufen, auf mich ab. Also ich: »Schatz, ich bin arbeiten und werde pünktlich um sechs Uhr bei dir sein.« Und: »Nein, meine Süße, keine Frau auf dieser Welt ist hübscher als du.« Die alte Besänftigungs-Leier eben. Nervtötend war das schon. Trotzdem, ich machte alles bereitwillig mit, war ein ihr hinterhersabbernder Hampelmann, in meiner – ich gebs zu – blinden Verliebtheit und mit dem Gedanken, eine dermaßen gut aussehende Schnecke würde ich so schnell nicht wieder finden und ich sollte lieber stolz sein, dass sich so eine überhaupt mit mir abgab. Meine Freunde mussten ja nichts von ihrer Kontrollsucht wissen. Wäre mir auch peinlich gewesen.

Mit der Zeit traten ihre nervigen Angewohnheiten in immer stärker werdenden Ausmaßen ans Licht. Sie wollte keine Geheimnisse in unserer Beziehung. Absolut keine! Was bedeutete: Sie kontrollierte in regelmäßigen Abständen mein Mobiltelefon auf verdächtige Nachrichten. Klar, dass sie nichts fand. Alles, was verdächtig hätte scheinen können, hatte ich aus weiser Voraussicht – und aus Angst vor ihren Ausbrüchen – ohnehin gelöscht.

> »Nein, meine Süße, keine Frau auf dieser Welt ist hübscher als du.« Die alte Besänftigungs-Leier eben.

Aber es war nicht nur das: Sie kontrollierte sogar meine Mail-Accounts! Klar hatte ich es als megamäßig krank empfunden, als sie meine Passwörter haben wollte. Aber, mit viel Bitten, Betteln – und sexuellen Handlungen, ich gebe es zu – hatte sie mir die Passwörter abgeluchst.

Ich Dummbolzen … Aber Sonja redete mir ein, dass das in einer Beziehung halt einfach »so dazugehört«. Und ich war so grenzenlos verliebt – und geil auf sie. Wenn das Schwänzchen in der Hose wedelt, tust du als Mann vieles, was du in zurechnungsfähigem Zustand niemals tun würdest. Bei Sonja wedelte ich ständig. Kurz gesagt: Ich war dieser Frau sexuell verfallen. Also spurte ich, eifrig schwanzwedelnd, in der stupiden Hoffnung, ihre merkwürdigen Angewohnheiten würden sich irgendwann legen.

Nach zwei Monaten wusste sie alles über meine Ex-Beziehungen, über meine sämtlichen Sexerlebnisse und über alles, was ich jemals an halbwegs illegalen Dingen gedreht hatte. Sie hatte mich ausgehöhlt und machte nun ihrerseits kein Geheimnis daraus, dass sie mich mit all diesem Wissen völlig im Griff hatte. »Mach nichts Falsches, mein Tiger … ich weiß alles über dich!«, warf sie mir manchmal mit einem diabolischen Grinsen ins Gesicht, wenn ich mich wieder einmal »zu weit aus dem Fenster gelehnt« hatte – sprich, wenn ich irgendetwas gemacht hatte, ohne sie davor dreimal um Erlaubnis zu fragen.

Ich bin ein gutmütiger Mensch – aber auch meine Toleranz ist irgendwann einmal ausgereizt. Und dito war es auch mit meiner Faszination für Sonja. Ich konnte nicht mehr … selbst, wenn diese Sexbombe mir ihren perfekt gerundeten Pobacken vor mir rumwackelte, tat sich nichts mehr bei mir. Ihre Betteleien stießen bei mir auf taube Ohren. Meine Verliebtheit schrumpfte in sich zusammen, und meine Ratio saugte jegliches körperliche Verlangen in sich auf wie ein schwarzes Loch. In meiner Sturm-und-Drang-Zeit, in der ich damals nun mal war, sollte das wirklich etwas heißen.

Sonja hatte verspielt. Game over.

Ich verließ sie auf die unschöne Art – nämlich per E-Mail. Schon klar, dass man so etwas nicht macht. Aber ich hatte keine Energie mehr übrig für Diskussionen. Keine Lust auf ihre Schmeicheleien, keine Lust auf versaut gehauchte Angebote zum Versöhnungssex.

Meine Schlussmachmail wurde mit einer Mail beantwortet, die mit dem Status »Hohe Priorität« versehen war und nur ein paar Worte enthielt:

»WICHSER. Das wirst du noch bitter bereuen.«

Naiv, wie ich war, atmete ich durch und legte die Sache gedanklich einfach ad acta. In keinster Weise nahm ich ihre Drohung ernst, mir erschien das alles viel zu klischeehaft – eben eine typisch rachsüchtige, einem frisch gekränkten Frauen-Ego entspringende Aussage.

Und von Frauen hatte ich jetzt sowieso die Schnauze voll – die letzten Monate mit Sonja hatten meine Stresshormone zur Genüge in Wallung gebracht.

Grund genug, der Frauenwelt erst einmal abzuschwören und mich auf meinen gerade frisch ergatterten Job

> Nach zwei Monaten wusste sie alles über meine Ex-Beziehungen, über meine sämtlichen Sexerlebnisse und über alles, was ich jemals an halbwegs illegalen Dingen gedreht hatte.

als Mediendesigner in einer der renommiertesten Agenturen der Stadt zu konzentrieren.

Von Sonja kam kein Pieps mehr, was ich mit wohlwollender Erleichterung zur Kenntnis nahm. Puh, die Schnecke hatte ich also abgesäbelt. Ich verschwendete keine unnötigen Gedanken mehr an sie und fühlte mich einfach nur befreit.

Nach zwei Monaten hatte ich mich gut in meiner Arbeit eingelebt. Die Aufträge, die ich zugeteilt bekam, erledigte ich gewissenhaft und wurde auch immer wieder für meine Arbeit gelobt. Deshalb dachte ich auch an nichts Böses, als mich mein Chef eines Tages um ein Gespräch unter vier Augen bat. Als er mir in seinem monströsen, aus feinstem Leder gemachten Chefsessel gegenübersaß, mit seinen Fingern unruhig auf die Platte seines massiven Schreibtisches klopfte und es schien, als ob es ihm unangenehm wäre, mir in die Augen zu sehen, wurde mir allerdings etwas mulmig zumute. Da stimmte etwas nicht. Der Anlass für dieses Gespräch war wohl doch kein guter.

Er schnaufte laut aus. »Herr Berger ...«, begann er, ohne weiterzusprechen.

»Ja?«

»Herr Berger, wir haben da ein kleines Problem.«

»Hm, welches Problem denn? Hat es etwas mit meiner Arbeit zu tun?«

»Nicht direkt.« Wieder ein Schnaufen.

»Herr Berger, Herr Berger … wissen Sie, ich halte wirklich viel von Ihnen. Also, was die beruflichen Belange betrifft.«

»Ja?«

»Aber es gibt da etwas, das mich beunruhigt. Nein, lassen Sie es mich so sagen … es beunruhigt mich nicht nur. Es ist vielmehr ein No-go, was unser Arbeitsverhältnis betrifft.«

Ein No-go … hä? Ich verstand nur Bahnhof und dementsprechend fragend war auch mein Blick.

»Herr Berger … wieso lassen Sie sich Ihre perversen Sexspielzeug-Bestellungen ins Büro liefern?«

Hä? »Was? Wieso …?«

»Das geht nicht, das geht so einfach nicht! Wir sind doch kein Puff hier! Was bilden Sie sich überhaupt ein?«, brüllte er mir entgegen. Sein Schädel war mittlerweile vor Aufregung hochrot gefärbt.

Welches Sexspielzeug?

»Seit einer Woche kommen hier laufend Lieferungen rein, die ans Büro adressiert sind, und immer steht auf dem Lieferschein Ihr Name drauf! Als Rechnungsadresse! Dildos, Analstecker, Latexanzüge und der ganze Scheiß! Was weiß ich, was das alles sein soll! Als Krönung eine Ladung getragener Höschen von ich weiß nicht wem!«

Oh-mein-Gott.

»Mein … mein Name steht auf den Lieferscheinen? Das … das kann nicht sein!«

Als Antwort klatschte er mir wortlos, aber dafür mit einem weiteren Schnaufer, einen Stapel zusammengefalteter Zettel vor die Nase.

Mein Name. Meine Adresse. Schwarz-auf-weiß. Beate Uhse, Art-X-Versand, was weiß ich, was noch alles. Details spielen keine Rolle.

»Herr Berger … wieso lassen Sie sich Ihre perversen Sexspielzeug-Bestellungen ins Büro liefern?«

»Aber das hab ich nicht bestellt! Das hat jemand anders für mich bestellt ... das muss ...«

»BERGER! Hören Sie zu: Mir ist piepegal, wer das hier bestellt hat und wer nicht. Ihre sexuellen Neigungen interessieren mich nicht die Bohne. Was Sie in Ihren vier Wänden machen, ist Ihr Bier. Ich will es gar nicht wissen, pfui Teufel! Aber bezahlen Sie den Scheiß hier gefälligst. Sorgen Sie dafür, dass das niemals mehr passiert. NIEMALS mehr. Und machen Sie gefälligst keine Fehler in der Arbeit. Keine Fehler. KEINE! Ansonsten muss Ihnen klar sein, dass ich Sie hochkant rauswerfe. Ist das klar?«

»Ja«, piepste ich. Widerstand war sowieso zwecklos. Ich spürte, dass mein Chef gar nicht mit sich reden lassen wollte. Keine Chance. Ich war festgenagelt. Abgestempelt als kleiner Perverser. Ich schämte mich und fixierte eine Staubfluse am Boden, um nicht auszuflippen. Wer sollte mir denn schon den leisen Verdacht abnehmen, der sich soeben in meinem Kopf manifestiert hatte?

Sonja. Sonja. Sonja.

»Sonja, heb gefälligst ab, wenn ich dich anrufe. Ich weiß genau, dass du hinter der Sache mit den Bestellungen steckst. Was willst du? Komm schon, wir können über alles normal reden. Es tut mir leid, wenn ich dich verletzt habe. Ich entschuldige mich. Aber bitte hör auf mit deinem Rachefeldzug ... bitte! Ruf mich zurück. Bitte. Danke, Sonja.« Das war eine der geschätzten 27 Nachrichten, die ich ihr seit der Standpauke meines Chefs auf ihre Mailbox gesprochen hatte. Aber sie reagierte nicht. Weder auf diese Nachrichten noch auf SMS noch auf E-Mails. Dumme Kuh! Um höchstpersönlich bei ihr aufzukreuzen, fehlten mir die Eier. Ich wartete. Nichts passierte. Meine kranke Ex fand offensichtlich Spaß daran, mich mit Nichtachtung zu strafen.

Ich wartete weiter, weil ich vermeiden wollte, die Sache an die große Glocke zu hängen. Ich hatte keine Lust, mich zu erklären oder zu rechtfertigen. Nicht einmal während unserer Beziehung hatte ich jemandem von Sonjas Spleens erzählt, wer also sollte mir nun noch glauben? Sogar meine Freunde würden mich für verrückt erklären.

Die Rechnungen bei den ominösen Versandhäusern bezahlte ich, ohne weitere Nachforschungen anzustellen. Sie waren dreistellig – kaum zu glauben, wie teuer das billig anmutende Zeug aus Plastik und Gummi war. Ich unterdrückte jeglichen Ärger, um mich nicht noch verrückter zu machen. Was hätte es auch gebracht?

Nach einigen Wochen, in denen ich jeden Tag voller Panik an meinen Arbeitsplatz geschlichen war, in der Angst, mein Chef würde mich erneut zu sich rufen, um mich zusammenzustauchen, weil wieder irgendwelche Sextoys für Lukas Berger eingetroffen waren, war noch immer nichts passiert. Kein Pieps von Sonja, keine Lieferungen. Hatte sie jetzt genug? Ja, offensichtlich war Sonja der Spaß an ihrem Racheakt vergangen. Oder sie vergnügte sich längst mit einem anderen armen Schwein, das nun schwanzwedelnd ihre Befehle ausführte ... Ha! Der – imaginäre – Idiot hatte es auch verdient. Er würde schon sehen, wohin ihn seine Geilheit bringen würde. Ich hoffte, er würde nicht nur seine Kohle, sondern auch seine gesamte Privatsphäre und seine Würde bei Sonja ablegen, so wie ich damals ... Diese Vorstellung brachte eine kleine, gemeine Schadenfreude in mir zum Beben. Ich hatte kein schlechtes Gewissen dabei, vielmehr verspürte ich Erleichterung. Alles, was Sonja ablenkte, würde dazu führen, dass ich endgültig aus dem Schneider war – und wieder ruhig schlafen konnte.

Leider hatte ich mich geirrt. Gewaltig sogar! Die bittere Erkenntnis ereilte mich an dem Tag, als ich die fristlose Kündigung auf meinem Schreibtisch liegen hatte.

Als ich das Büro meines Chefs aufsuchte, erntete ich einen eiskalten Blick. Noch nie zuvor hatte mich jemand so verächtlich angefunkelt. Halleluja. Ich wollte etwas sagen, brachte aber nur ein Krächzen zustande.

»Halten Sie einfach die Klappe, Berger. Ich weiß zwar nicht, was in Ihrem kranken Schädel vorgeht, aber ich kann Ihnen nur eines sagen: Diesmal sind Sie zu weit gegangen. Das war ein schwerer Fehler. Wie viel Dummheit hat in einem einzigen Menschen eigentlich Platz?« Er musterte mich mit einem abschätzigen Grinsen von oben bis unten. Ich verstand nur Bahnhof.

»Wissen Sie, Berger ... ich habe zwar keinen blassen Schimmer, wie Sie auf die absurde Idee kommen, ich würde eine Schwuchtel sein ... aber auf jeden Fall: Nein, ich bin es nicht. Also hätten Sie Ihre lächerlichen Nacktfotos ruhig für sich behalten können. Dann hätten Sie zumindest noch Ihren Job. Und jetzt Abflug! Raus aus meinem Büro!«

Ein Check meiner gesendeten Mails ließ keinen Zweifel: In der Nacht davor waren zwei Mails von meinem Privataccount an die Geschäftsadresse meines Chefs gesendet worden. Im Anhang zwei Nacktbilder von mir, auf denen ich verführerisch in die Kamera grinste – ich erspare dem geneigten Leser nähere Details. Es mag amüsant klingen – für mich war es alles andere als das.

Ich heulte vor Scham, ich schäumte vor Wut. Es war nicht schwer zu erraten, wer die Bilder gemacht hatte: Natürlich stammten sie aus der Zeit mit Sonja. Sie war auch die Einzige außer mir, die all meine Passwörter kannte ... und ich war sogar selbst schuld daran.

Wutentbrannt rief ich sie immer wieder an – Mailbox. Wie ein Rohrspatz beschimpfte ich sie, schrieb ihr SMS-Nachrichten von flehend bis drohend. Wieder keine Reaktion. Genug ist genug. Diese Schlange hatte mein Leben zerstört! Sollte sie nun gefälligst für all das büßen, was sie getan hatte! Es reichte jetzt.

Ding-dong-ding-dong-ding-dong ...

»Ja, bitte? Kann ich Ihnen helfen?«

»Sonja … ich möchte zu Sonja …«

»Sonja? Hier wohnt keine Sonja.«

»Aber …«

»Ach, Sie meinen die Dame, die bis vor Kurzem noch hier gewohnt hat. Na, die ist ausgezogen.«

»Aha … hm … und wissen Sie zufällig auch wohin?«

»Nö.«

Aaaaaaaaaaaaaaaaaaaaaaaaaaaaaaaah!

Nach zwei Tagen, an denen ich mich alleine in meiner Wohnung verkrochen hatte und meinen Frust in zwei exzessiven Solo-Vollräuschen ertränkt hatte, beschloss ich, mich aufzuraffen und zumindest – in weiser Voraussicht auf eventuelle folgende Anschläge seitens der Sonja-Schlange – meine Passwörter zu ändern. Einspruch gegen meine Kündigung habe ich nicht erhoben – die Geschichte im Hintergrund war mir zu peinlich. Ich konnte nur hoffen, dass sie mit meinem Jobverlust nun endlich das erreicht hatte, was sie wollte … und offensichtlich war es so.

Ich konnte Sonja nicht mehr ausfindig machen. Sie hat auch nie zurückgerufen oder zurückgeschrieben. Mein Ex-Chef zeigte sich gnädig und hüllte sich ob der Vorfälle in Schweigen. Es wäre nicht schwer für ihn gewesen, meiner beruflichen Zukunft in dieser Stadt ein jähes Ende zu bereiten – aber ich fand schnell und problemlos einen Job in einer anderen Agentur.

Ob ich aus der Geschichte etwas gelernt habe? Jede Menge! Ich predige es heute noch gerne meinen Jungs am Stammtisch (die die Story mittlerweile auswendig kennen): Lass dich bloß nicht von Schönheit blenden … behalte deine Passwörter immer für dich … und lass dich nie-nie-never-ever-niemals nackig knipsen. Egal, wie scharf sie ist.

Wo ich bin, herrscht Chaos ...

*Gunnar (42), Werbefachmann, Wien,
über
Anne (36), Lebenskünstlerin, derzeitiger Wohnort unbekannt*

Danke, danke, danke! Ich bin euch so unendlich dankbar, dass ich vorübergehend bei euch wohnen darf, das könnt ihr euch gar nicht vorstellen! Ihr seid die Besten!«

Wer Anne damals in unsere Bude gebracht hatte, wurde nie eruiert. Nur, dass ihr Freund sie nach der Trennung aus der gemeinsamen Wohnung rausgeworfen hatte und sie deshalb auf der Straße stand, die arme Haut. Aber egal – einer mehr oder weniger fiel in unserer ziemlich amorphen Studenten-WG sowieso nicht auf. Da marschierten ständig irgendwelche Gestalten ein und aus – die Tür stand meistens offen und von vier bis zu vorübergehend 20 »Mitbewohnern« war alles möglich, so genau wusste keiner, wer zu wem gehörte, und so schnell die Leute gekommen waren, so schnell waren sie oft auch wieder weg. Keiner wunderte sich, wenn jemand Neues auftauchte – und ebenso fragte niemand nach, wenn wieder jemand von der Bildfläche verschwunden war. Wir sahen das nicht so eng – vielleicht die Gleichgültigkeit der Jugend, was weiß ich ...

Unsere Standard-WG-Besetzung, sprich die offizielle, bestand jedenfalls nur aus vier Personen. Doro, Schurl, Arno und ich – Gunnar alias Gecko. Doro als einziges Mädel hatte es mit uns Jungs oft nicht leicht, denn das Wort »Ordnung« konnten wir nicht einmal buchstabieren. Hätte man aus uns dreien eine Männer-WG gemacht, wir wären im Dreck erstickt, da bin ich mir sicher.

> Doro als einziges Mädel hatte es mit uns Jungs oft nicht leicht, denn das Wort »Ordnung« konnten wir nicht einmal buchstabieren.

Als Musiker – wir hatten eine Drei-Mann-Band – hielten wir uns für das fade Rumgewische nämlich für viel zu cool; wie sah denn das aus, ein aufstrebender Rockstar mit einem Fetzen in der Hand? Aber die gute Doro hatte wenig Nachsehen mit uns und kämpfte jeden Monat aufs Neue darum, dass wir uns zumindest ansatzweise an den ausgehängten Putzplan hielten. Sie war sonst eigentlich ganz locker – bestand aber auf einem Mindestmaß an Hygiene. Wenn einer von uns wieder mal vergessen hatte, dass er mit Saubermachen an der Reihe war, ertönte schon bald ein ungeduldiges Klopfen an der jeweiligen Zimmertür, ungeachtet unserer selbst gebastelten »Keep out«- und »Do not disturb«- Schilder, und so sehr wir uns auch mit Nichtachtung, dem Lauterdrehen der Stereoanlage, Kopfhörern oder sogar Ohropax dagegen wehrten – sie ließ nicht locker, bis man sich schließlich aufraffte, genervt die Tür öffnete und mit vernichtendem Blick wortlos einen Putzlappen in die Hand gedrückt bekam. Heute bin ich ihr dankbar – meine Frau hätte mir längst den Laufpass gegeben, hätte Doro mir damals nicht wenigstens die Basics der Haushaltsführung eingedrillt.

Zuerst war sie ganz froh über die weibliche Verstärkung in der »Bude«, wie wir unser fünf Zimmer und eine Wohnküche umfassendes Reich getauft hatten. Sie hoffte wohl, mit einer zweiten Frau im Haus würde sie in Sachen Ordnung etwas Unterstützung bekommen. Dass dem nicht so war, stellte sich ziemlich schnell heraus.

»Habt ihr das gesehen?«, kam es ärgerlich von Doro, als wir eines Abends beim obligatorischen Feierabend-Bier um unseren schäbigen Küchentisch saßen, der allover mit klebrigen Glasrändern und mit Edding hingekritzelten, halbstarken Lebensweisheiten wie »Trinke in der Zeit, dann lallst du in der Not« verziert war. Feierabend-Bier gab es täglich und zu jeder sich bietenden Gelegenheit – auch, wenn der Tag damals eher aus Bandproben, Herumlungern und Rauschausschlafen bestand als aus Vorlesungen. Aber egal.

»Was meinst du denn?«, fragte ich und nahm einen kräftigen Schluck.

»Geckooo … Annes Zimmer! Wie das aussieht … und überhaupt – ihre Sachen liegen in der ganzen Wohnung verteilt herum. Jungs, wenn ich es euch sage – die ist noch einen Tick unordentlicher, als ihr es seid!«

»Na stell dir vor«, gab Schurl gespielt betroffen zurück und grinste.

»So eine Böse aber auch!« Arno begann ebenfalls zu lachen, und ich stimmte mit ein.

»Ihr Deppen. Sehts euch doch selber an. Es stinkt in ihrem Zimmer und man sieht kaum mehr den Boden«, empörte sie sich und verließ grantelnd die Küche.

»Muss ich mir anschauen«, meinte Arno, schnappte sich sein Bier und startete in Richtung von Annes Zimmer – wir hatten unser ehemaliges Fernsehzimmer für sie leergeräumt. Das kleine TV-Gerät diente uns nun in der Küche dazu, uns laufend mit Fußballmatches oder diversen Serien – allen voran »McGyver« – den anstrengenden Studentenalltag zu versüßen.

»Bist du deppert ... gegen die sind wir wirklich ein Kindergarten«, staunte Arno, als er Annes Tür aufgestoßen hatte. Sie war in der Uni, und so konnten wir ungestört die Gelegenheit nutzen, alles zu inspizieren. Der Boden des kleinen Raumes war kaum mehr zu sehen – obwohl ein Schrank vorhanden war, lagen bergeweise Klamotten überall verteilt. Wir bahnten uns einen Weg durch die Kleiderhäufchen hindurch. Heiliger Bimbam, war das ein Schlachtfeld! Studienunterlagen neben Frauenmagazinen neben Kosmetika, Schuhschachteln, Gläsern, Flaschen, Jeans, T-Shirts, Unterwäsche, Socken. Eine Müllhalde par excellence.

Wir bahnten uns einen Weg durch die Kleiderhäufchen hindurch.

»Irgendwie riechts hier komisch«, bemerkte ich und rümpfte die Nase.

»Ja, stimmt ... Es stinkt wie Sau«, nickte auch Schurl. Arne hatte offensichtlich noch nichts bemerkt und war eben dabei, den Kleiderschrank zu öffnen. ZACK, RUMMS, BUMM! Wir rissen die Augen auf, als sich dessen gesamter Inhalt auf den Boden ergoss. Wieder das Gleiche: Wäsche, Magazine, CDs ...

»Hahaha … das gibts doch nicht! Ich glaub, die ist ein Messie … die arme Doro!«, grinste Schurl schadenfroh und hob seine Bierflasche. »Prost, Mannen … auf das totale Chaos!« Unsere Bierflaschen klirrten.

»Was zum Teufel macht ihr hier?« Im Türrahmen stand Anne, die Hände herausfordernd in die Hüften gestützt. Keine Ahnung, wie lange sie das Szenario schon beobachtet hatte.

»Äääh … äääh … wir haben nur …«

Anne verdrehte die Augen uns blitzte uns ärgerlich an. »Habt ihr auch ein Bier für mich? Ich hatte einen harten Tag.«

»Klaro.« Puh, zum Glück war sie offensichtlich nicht zickig.

»Was zum Teufel macht ihr hier?« Im Türrahmen stand Anne, die Hände herausfordernd in die Hüften gestützt.

Als wir mit ihr in der Küche saßen, kam es mir vor, als wäre der säuerliche Mief aus Annes Zimmer uns gefolgt. Er wollte einfach nicht verschwinden. Ich bildete mir sogar ein, er würde immer stärker werden. Als sie für kleine Mädchen musste, neigte sich Schurl in die Mitte und flüsterte: »Riecht ihr das auch?«

»Ja … ekelhaft! Was ist das?«

»Schweißfüße. Ganz eindeutig Schweißfüße«, erklärte Arno.

»Aber ich hatte noch nie Schweißfüße«, wies Schurl die Schuld vehement von sich.

»Ich ganz sicher auch nicht«, versicherte ich. Um uns zu überzeugen, hoben wir unsere Füße in die Höhe und schnüffelten. Nichts. Nur ganz normaler Sockengeruch.

»Dann muss *sie* es sein«, stellte ich fest.

Zustimmendes Nicken, verzogene Gesichter.

»Igitt, Frauen mit Schweißfüßen!«

Weiter kamen wir nicht, denn Anne war zurück. Es war unerträglich – der Geruch wurde intensiver und intensiver. Das Fenster zu öffnen war bei winterlichen minus 15 Grad und einer mehr als launischen Heizung keine Alternative. Anne hatte offenbar keine Lust, unserer Bierkonferenz ein Ende zu bereiten, stattdessen schickte sie sich an, etwas für uns zu kochen.

»Nein, danke ... das ist lieb, aber ich glaub, ich hau mich jetzt aufs Ohr«, warf Arno schnell ein.

»Ich auch!«

»Ja, ich bin dabei ...«

Und für kurze Zeit hatten wir es geschafft, der Hölle des Gestanks zu entkommen. Annes malträtierender Geruch hatte im Laufe der nächsten Tage bereits die gesamte Wohnung in Beschlag genommen. Es half alles nichts – der beißenden Kälte trotzend lüfteten wir, was das Zeug hielt. Der altbekannte Spruch »Erfroren sind schon viele, aber erstunken ist noch niemand« hatte in unserem Fall seine Gültigkeit verloren. Alleine Annes Schuhe, die sie zu unserem Leidwesen im Vorzimmer neben unseren parkte, verströmten den Geruch eines ganzen Tierfriedhofes. Aber das war noch nicht genug, denn unsere neue Mitbewohnerin beschränkte sich mit ihrem Sinn für Chaos nicht nur auf ihr Zimmer. Auch in der restlichen Bude übersäte sie den gesamten Boden mit ihren Sachen – inklusive Socken.

Eines Nachts kam ich nach einem feuchtfröhlichen Abend nach Hause und beschloss, mir um der Hygiene willen trotz meiner Zugedröhntheit noch die Zähne zu putzen. Als ich das Badezimmer betreten hatte und mir Zahnpasta aus der Tube drückte, schoss mir plötzlich ein Schwall säuerlicher Luft in die Nase, sodass ich vor Schreck die Zahnbürste fallen ließ und an mir herunter sah: Hatte ich mich etwa angekotzt und es nicht einmal mitbekommen? Es roch zumindest so. Nein, das konnte nicht sein. Ich blickte um mich – und schon stach mir der Urheber des üblen Duftes ins Auge: Eine Socke lag zusammengeknüllt neben der Badewanne. Zu wem diese Socke gehörte, war ja wohl klar.

Tja, ich hatte mich an diesem Abend bislang noch nicht übergeben – aber in diesem Moment überwältigte mich der miefbedingte Brechreiz doch noch.

Wir litten zusehends unter Annes Anwesenheit, und auch, wenn wir Männer es noch mit Fassung trugen – Doro hatte bald im wahrsten Sinne des Wortes die Nase voll. Schon seit einem halben Jahr beehrte Anne uns mittlerweile mit ihrem stinkenden Chaos und fühlte sich sichtlich wohl – zumindest machte sie keine Anstalten, sich nach einer neuen Unterkunft umzusehen. Auch die Zahl unserer Besucher war seit ihrem Einzug proportional zur Steigerung des Gestankslevels nach unten gesunken – wenn das so weiterging, würden wir bald selbst zu den brav studierenden Sozialphobikern gehören, über die wir uns sonst nur lustig machten.

»Wir müssen es ihr sagen … das mit den Schweißfüßen ist schon mies genug, aber die ganze Unordnung!«, klagte unsere ordnungsbewusste WG-Lady wieder einmal bei einem Feierabendbier, als Anne zum Glück ausgeflogen war.

»Aber das kannst du doch nicht machen«, warf Arno ein. »Das ist ihr doch überpeinlich. Und sonst ist sie ja total harmlos.«

»Schon, aber …«

»Ich weiß, was wir machen!«, unterbrach Schurl sie begeistert und sprang auf. Er schwankte ziemlich, denn aufgrund einer bestandenen Prüfung hatte er sich zur Feier des Tages einen fetten Joint genehmigt.

»Wir konservieren ihren Gestank in einer Gasgranate und verkaufen das Zeug. Biowaffen! Völlig unschädlich, aber megawirksam! Das ist *die* Idee! Damit sichern wir uns die Weltherrschaft!« Erwartungsvoll blickte er mit rotgeränderten Augen in die Runde, die Hand mit der Bierflasche triumphierend in die Höhe gereckt.

»Bin dabei!«, rief ich.

»Ich auch!«, kam es von Arno.

»Ihr Quatschköpfe. Stinkbomben gibts schon. Das Fernsehen macht euch noch richtig deppert! Außerdem ist das *überhaupt* nicht witzig!« Und mit einem lauten Knall hatte Doro die Tür hinter sich zugeworfen.

Es dauerte noch eine Woche, bis ihr endgültig der Kragen platzte und sie sich Anne zur Brust nahm. Diese war am Vorabend heimgekommen, um beim Betreten ihres Zimmers in lautes Schreien auszubrechen: »Scheiße! Verdammt!« Wir waren sofort zur Stelle, um zu sehen, was passiert war.

Die Zimmertür stand offen – aber es gab keine Möglichkeit mehr, den Raum zu betreten. Die zahlreichen Häufchen aus Annes Siebensachen, die anfänglich nur Teile des Bodens bedeckt hatten, waren mittlerweile zu einem undurchdringlichen, rund einen halben Meter hohen Berg angewachsen. So etwas hatte ich noch nie gesehen – und meine Mitbewohner offensichtlich auch nicht, denn alle standen mit offenen Mündern wie erstarrt davor. Wie hatte sie bloß all dieses Zeug in die Wohnung getragen, ohne dass es jemand bemerkt hatte? Und wie konnte sie in diesem Chaos überhaupt irgendwelche Kleidungsstücke finden?

Da verlor Doro die Nerven. »Anne! Du ... Du ... Ich will, dass du ausziehst! Das geht so nicht mehr ... und außerdem ... außerdem ... *stinkst du wie ein Iltis*!« Zeternd wie das Rumpelstilzchen sprang sie vor der peinlich berührten Anne herum und stampfte zwischendurch immer wieder wütend auf den Boden. Oh-oh ... Ich gab den Jungs ein Zeichen. Wir verschwanden unauffällig in der Küche und drehten das Radio auf Anschlag. Zickenterror schön und gut, aber wenn, dann bitte nur im Fernsehen.

Eine erleichterte Doro stieß später zu uns in die Küche. »Anne wird auf dem Balkon schlafen, bis sie etwas Neues gefunden hat.«

»Auf dem *Balkon*? Das meinst du nicht ernst ...«

> Wie hatte sie bloß all dieses Zeug in die Wohnung getragen, ohne dass es jemand bemerkt hatte?

»Doch. Sie hat es sogar selbst vorgeschlagen! Und wieso auch nicht, es ist ja Sommer. Sie wird schon nicht erfrieren. Außerdem, was soll sie machen, wenn sie nicht mehr in ihr Zimmer reinkommt? *Ich* räume bestimmt nicht für sie auf.«

So unglaublich es klingt – die Arme verbrachte die darauffolgenden Nächte wirklich auf dem Balkon. Schurl hatte ihr aus Mitleid seinen

Erst jetzt fiel mir auf, wie hübsch sie eigentlich war ... nein, nein, Gunnar, nicht mal dran denken. Diesen Gestank konnte Schönheit nicht aufwiegen.

alten Schlafsack geliehen, den er – in Anbetracht von Annes Schweißfüßen – danach umgehend entsorgen wollte, da er ohnehin nie zum Einsatz kam.

Kurze Zeit später war Anne dann doch gezwungen, sich durch ihr angehäuftes Ramschmeer zu wühlen, denn sie hatte ein Angebot für einen Übergangsjob in Wien bekommen. Da es mit ihrem Studium ohnehin nicht so blendend lief, hatte sie sich entschlossen, diese Chance zu ergreifen.

»Wisst ihr, das mit meinen Schweißfüßen tut mir wirklich total leid. Aber ich habe die schon immer, deshalb rieche ich sie selber gar nicht mehr. Wie bei Parfum, wenn man es länger verwendet ...«, erklärte sie beschämt, als wir ihren Abschied feierten. Doro, die sich nur widerwillig zu der kleinen Fete überreden hatte lassen, rollte genervt mit den Augen. »Trotzdem, ihr wart die beste WG, die ich je hatte«, schwärmte sie mit melancholischem Blick. Erst jetzt fiel mir auf, wie hübsch sie eigentlich war ... nein, nein, Gunnar, nicht mal dran denken. Diesen Gestank konnte Schönheit nicht aufwiegen.

Etwa ein Jahr danach, unsere Bude hatte inzwischen wieder den »Normalgeruch« von Bier und Zigaretten angenommen, hörte ich wieder von Anne. Sie hatte ihre Arbeit in Wien verloren – wegen ihrer Schlampigkeit, wie sie selbst zugab. Aber es schien sie nicht zu stören, denn sie hatte schon etwas Neues in Aussicht – einen lukrativen Job beim Kulturamt, bei dem sie dafür zuständig war, Künstlern aus aller Welt, die in unserer Stadt ein Projekt verfolgten, Wohnungen zu beschaffen und für die Möblierung dieser zu sorgen. Leider verlor sie auch diesen Posten wieder recht schnell, als einer der Künstler von ihr zwar eine Bleibe vermittelt bekam, sie aber vergessen hatte, sich um die dazugehörigen Möbel zu kümmern, woraufhin dieser wutentbrannt ihr Büro gestürmt und ihr vor ihrem Chef eine Szene geliefert hatte. Tja, manchen Menschen haftet das Chaos eben an wie Pech – oder intensiver Schweißgeruch.

6. KAPITEL

Big Bianca is watching me

Finn (19), Schüler, München,
über
Bianca (19), Schülerin, München

So groß, also so »big« ist sie eigentlich gar nicht, die Bianca. Aber der Titel triffts trotzdem. Manchmal zucke ich heute noch zusammen, wenn mein Handy klingelt und ihr Bild auf dem Display erscheint. Dann weiß ich, das wird jetzt wieder ein langes Gespräch – oder besser gesagt, ein langer Monolog ihrerseits, mit Inhalten, die mich nicht die Bohne interessieren. Aber ich will keinen Ärger, davon hatte ich mit ihr schon genug. Deshalb spiele ich mit und schenke ihr eben meine Aufmerksamkeit, jeden Tag aufs Neue, auch wenns nervt und ich mir ihr Gelabere gar nicht mehr anhöre, sondern immer nur an den hoffentlich richtigen Stellen ein »Ja« oder »Hmh« einwerfe. Ist bis jetzt jedes Mal gut gegangen. Hoffentlich fliege ich nicht mal auf, wenn ich im falschen Moment etwas bejahe. Das könnte böse ausgehen, da ist mit Bianca nicht zu spaßen. Bis zu ihrem Anruf bin ich immer leicht angespannt. Erst wenn ich das tägliche Pflichtgespräch mit meiner Ex hinter mir habe, weiß ich: »Für heute hab ich frei.« Und dann erst stellt sich ein angenehm relaxtes Gefühl bei mir ein.

Ein angenehmes Gefühl hatte ich bei ihr früher auch. Wir haben uns in der Schule kennengelernt und relativ flugs angefreundet. Sie ist eine echt coole Haut, lustig und hübsch, wenn auch ein wenig eingebildet. Was vielleicht daran liegt, dass ihre Eltern jede Menge Kohle auf dem Konto haben. Und das Töchterchen, noch dazu ein Einzelkind, wird da natürlich verwöhnt, was das Zeug hält – was sie bestellt, das wird geliefert, und zwar zack-zack: Die teuersten Abercrombie-Klamotten? Aber sicher, Schätzchen! Vatis Kreditkarte für einen No-Limit-Einkauf bei Hollister? Bitte, Spatzi, kein Problem! Friseurbesuch bei Bundy und Bundy? Für unser Prinzesschen nur das Beste! Da kann man eigentlich gar nicht anders als ein bisschen arrogant werden,

> Längere Zeit waren wir nur gute Freunde, bis ich merkte, dass sie offenbar mehr für mich zu empfinden schien.

oder? Obwohl, das ganze Pipapo mit Markenklamotten ist bei uns an der Schule eben auch so ein K.o.-Kriterium. Wer ganz vorne dabei sein will, hat sich schon auch dementsprechend zu kleiden. Teenager sind grausam, ob du dazugehörst, wird meist durch oberflächliche Faktoren bestimmt: Klamotten, Status der Eltern, Aussehen. Hart, aber Realität. Nein, das Schülerleben ist kein Ponyhof, vielmehr ist es ein Schlachtfeld der Eitelkeiten.

Aber Bianca hielt sich in der Hierarchie dieses Schlachtfeldes ganz gut, ebenso wie ich es tat. Wir zählen heute noch zur Hautevolee der Oberstufe, zu den Hippen, Coolen, die nichts zu befürchten haben und deren Meinung Gesetz ist. Längere Zeit waren wir nur gute Freunde, bis ich merkte, dass sie offenbar mehr für mich zu empfinden schien. Das zeigte sich darin, dass sie offensive Flirtsignale aussendete: Immer wieder ergaben sich Berührungen, die mir nicht mehr zufällig vorkamen. Intensive, wimpernklimpernde Blicke aus ihren hellblauen Augen, während sie mit ihren strohblonden, kinnlangen Haaren spielte, den Kopf schief hielt und so den Hals freilegte. Ich hatte genügend Jugend-Mags und Dr.-Sommer-Team-Tipps gelesen, um zu wissen, was diese Zeichen zu bedeuten hatten. Keine Frage: Die war scharf auf mich. Und ich fühlte mich geschmeichelt, denn Bianca war – und ist – mit Abstand das hübscheste Mädchen der Klasse. Es gab also keinen Grund, unsere freundschaftliche Beziehung nicht zu einer Liebesbeziehung umzuswitchen. Auch wenn es Teens vielleicht nachgesagt werden mag – das abgelutschte »Willst du mit mir gehen« haben wir uns dabei gespart. Ich schwöre! Ist doch Kinderkram! Geht gar nicht mehr! Stattdessen nutzte ich einfach die Gelegenheit, um Bianca bei einer Party an mich zu ziehen und sie zu küssen. Ganz nach dem Motto »Wer schmust, is' fix z'samm« gab es dann auch keine weitere Diskussion über unseren Beziehungsstatus.

Allerdings muss ich zugeben, dass ich damals noch nicht wissen konnte, was mich mit Bianca als fester Freundin erwarten würde.

Beziehungsabläufe waren mir zu diesem Zeitpunkt überhaupt noch nicht so geläufig. Ich genoss das Gefühl, eine feste Freundin zu haben, und spielte mit. Obwohl mir einige Dinge schon relativ schnell gegen den Strich gingen: ihre immense Eifersucht und ihr grenzenloser Egoismus zum Beispiel. »Du hast jetzt ganz schön lang zu Steffi rübergeschaut. Was soll das? Findest du die etwa geil?« So was bekam ich öfter zu hören, auch wenn ich eigentlich nur in die Luft geschaut und nicht mal registriert hatte, dass Steffi auch im Raum war! Who the f… ist Steffi überhaupt?

Oder: »Ich muss heute Nachmittag einen Shoppingbummel machen, mein Kleiderschrank gibt gar nichts mehr her. Und du kommst mit!«

»Aber Süße, ich muss lernen, übermorgen steht doch die Mathearbeit an.«

»A… aber das kannst du mir doch nicht antun! Ich hab nichts mehr zum Anziehen … sonst kann ich morgen nicht mal mehr zur Schule, ohne mich zu schämen … was sollen denn die anderen von mir denken …«, heulte sie schon fast. »O.k., Süße, ich komme mit.«

Was darin mündete, dass ich ihr, unter Klamottenbergen verschwindend, durch die Labyrinthe der hippsten Shops der Stadt hinterherhechelte. Das Lernen wurde dann in einer Nachtschicht erledigt, sodass ich tags darauf nicht selten gähnend mit dunklen Augenringen im Klassenzimmer eintrudelte. Bianca hingegen stelzte stolz eingehüllt in die Beute ihres jüngsten Shoppingtrips zu ihrem Platz, gab mir einen Kuss und säuselte: »Danke, mein liebster Einkaufsberater!« Dass mich das vor den anderen Jungs der Klasse zum Weichei machte, lässt sich, glaube ich, nachvollziehen. Auch, dass sie die ganze Zeit alle möglichen Einzelheiten aus der Beziehung mit ihrem Ex vor mir ausbreitete, kam mir spanisch vor. Wollte ich das alles wissen? Nein. Sie aber hielt es für nötig, da wir ja »keine Geheimnisse voreinander haben sollten«. Mein Kopfkino, das mich quälte, wenn ich mir die beiden innigst schmusend oder in noch intimeren Momenten vorstellte, war ihr schnurzpiepegal.

Nun, Bianca konnte es aber noch besser. Mit der Zeit fing sie an, mich immer stärker zu kontrollieren. Wenn wir nicht gerade zusammen waren, verging kaum eine Stunde, in der nicht mein Handy bimmelte und sie eine genaue Angabe darüber einforderte, was ich gerade machte, wo ich war und, vor allem, mit wem. Ignorierte ich das Bimmeln, folgte eine SMS. Wurde diese nicht innerhalb von zwei Minuten beantwortet, folgte die nächste – so lange, bis ich mich zurückmeldete. Und wehrte ich mich gegen ihre Kontrollsucht, gabs erst richtig Stunk! Ich durfte mir nicht den kleinsten Fehler erlauben und meine Angaben hatten gefälligst im Detail zu erfolgen. Wenn ich mit der »falschen« Person unterwegs war – jemand, den sie nicht mochte, oder gar ein Mädchen (da wars egal, ob sie dieses mochte oder nicht), spuckte sie Gift und Galle und drohte mit stichelnder, hoher Stimme, sie würde sofort Schluss machen, wenn ich nicht unmittelbar nach Hause gehen

> Mit der Zeit fing sie an, mich immer stärker zu kontrollieren.

oder zu ihr kommen würde. Diese Stimme, die sie da hatte … die wurde zum Dauerzustand. Wieso mir das nicht gleich von Anfang an aufgefallen war, kann ich mir eigentlich nicht erklären. Jedenfalls konnte ich die enervierend hohen Töne vor neun, zehn Uhr morgens nicht mehr ertragen und schützte mich zumindest in dieser Zeit davor, indem ich mein Telefon einfach ausschaltete. Obwohl ich das vorher nie getan hatte – komplett abgeschottet von der mobilen Welt könnte man schließlich etwas versäumen! Den Klang von Biancas Stimme versäumte ich jedoch mittlerweile gerne. Ich begann dann auch, einfach nicht mehr abzuheben, wenn sie mich terrorisierte. Aber selbst wenn ich es tat und ihr brav Bericht erstattete, hielt sie das nicht davon ab, danach trotzdem noch alle meine Freunde durchzutelefonieren und einen nach dem anderen zu fragen, ob es auch stimmte, dass da wirklich kein anderes Mädchen in der Nähe sei. Und ob wohl alles der Wahrheit entsprach, was ich ihr gerade noch am Telefon erzählt hatte? Ob ich überhaupt wirklich bei ihnen sei? Meine Kumpels und Kumpelinen schüttelten nur noch den Kopf darüber. »Kontrollalarm!!!«, hieß es immer, wenn sie mal wieder ihr Telefonbuch von vorne bis hinten durchcheckte. Und eine Feststellung, die ich mir in dieser Zeit sehr oft anhören durfte, lautete: »Finn, du arme Sau.«

Wie ich das ausgehalten habe? Na ja, ich bin mit einer guten Portion an Humor gesegnet. Lange Zeit wollte ich auch gar nicht wahrhaben, was für ein Mensch sie ist. Meistens habe ich deshalb nur über Biancas Sperenzchen gelacht und eben trotzdem getan, was ich wollte. Denn das, was ich wollte, hatte nie etwas mit Fremdgehen oder etwas Unanständigem zu tun, auch wenn sie mich dessen verdächtigte. Ich war doch verliebt in sie und mit ihr zusammen. Und wenn wir gerade keine Zeit miteinander verbringen konnten, wollte ich einfach nur Spaß mit meinen Freunden haben und mich frei bewegen können! Verstanden hat sie das leider nicht. Denn bei Bianca gilt sowieso nur eine Meinung: ihre eigene.

Die Leute aus meinem Freundeskreis waren die Ersten, die Biancas Kontrollsucht den Mittelfinger zeigten. Nach einer gewissen Zeit wollten vor allem die Mädels durch die Bank nichts mehr mit ihr zu tun haben. Und immer mehr von ihnen ließen das auch für mich gelten und meinten: »Finn, du bist wirklich ein guter Freund, aber mit dem Terror rund um Bianca ist mir das zu viel. Meld dich wieder, wenn die Sache vorbei ist.« Ich fühlte mich wie unschuldig zum Handkuss gekommen. Ich meine, man kann sich vorstellen, wie beschissen es sich anfühlt, wenn sich plötzlich der halbe Freundeskreis verdünnisiert! Und das nicht einmal, weil man selber etwas falsch gemacht hat … Ich klagte Bianca mein Leid, aber sie tat es als »unwichtig« ab. Ich glaube, sie lachte sich im Stillen sogar noch ins Fäustchen, weil sie sich wegen der »dummen Schlampen«, wie sie sie nannte, jetzt keine Gedanken mehr zu machen brauchte. Sie fand ihr eigenes Verhalten völlig normal, und wenn ich mit ihr darüber reden wollte, meinte sie nur, dass sich das eben so gehöre, sie mich total liebe und deshalb alles wissen wolle. Und dass sie Angst habe, mich an ein anderes Mädchen zu verlieren und deshalb so »streng« mit mir wäre. Eine total hirnrissige Einstellung. Trotz allem blieb ich weiterhin bei ihr. Ich wollte gar nicht wahrhaben, dass Beziehungen auch anders ablaufen konnten. Wie gesagt, ich bin ein sonniger Zeitgenosse und versuche, aus allem das Beste zu machen. Und Bianca wollte ich eben einfach so nehmen, wie sie war. Tut man das denn nicht in der Liebe so? Hm.

Aber selbst wenn man das in der Liebe so tut – irgendwann war es dann doch einmal genug. Es passierte am Geburtstag meiner Cousine, den wir jedes Jahr mit einer Homeparty bei ihr feiern, immer mit der gleichen Clique. Seit ich denken kann, war das immer ein großer Spaß. Letztes Jahr leider nicht so. Denn Bianca begleitete mich zu der Fete. Es waren schon alle da, nur Babs, eine langjährige Freundin von meiner Cousine und mir, fehlte. »Wo ist denn Babs? Sie kommt doch noch, oder?«, fragte ich deshalb gleich verwundert nach. Mei-

»Finn, du bist wirklich ein guter Freund, aber mit dem Terror rund um Bianca ist mir das zu viel. Meld dich wieder, wenn die Sache vorbei ist.«

ne Cousine fischte mich zur Seite: »Hör zu, ich glaub nicht, dass sie noch kommt. Außer, du kannst das regeln.«

»Was, wie denn?«

»Bianca ist letztens bei Babs angetanzt und hat ihr verboten, sich jemals wieder bei dir zu melden. Und dass sie hier ja nicht aufkreuzen soll, hat sie ihr auch gesagt.«

»Was?«

»Ja. Sie hat sogar mich angerufen und mir verboten, Babs einzuladen.«

»Das glaub ich nicht ...« Hilflose Verzweiflung machte sich in mir breit. So was konnte Bianca doch nicht bringen! Nein, die verarschte mich. Das war doch zu komisch. Mein Gehirn entschied sich, die Verzweiflung durch eine Ersatzhandlung zu kompensieren: Ich bog mich vor Lachen und konnte nicht mehr aufhören. Meine Cousine stand nur daneben und schüttelte den Kopf, und Bianca, die wohl mittlerweile geschnallt hatte, worum es gerade gegangen war, funkelte mich fuchsteufelswild an. Das ging etwa zehn Minuten lang so, bis sie meinem Lachkrampf ein jähes Ende setzte, indem sie mit ihren spitzen Stiefeln ausholte – und mir kräftigst in die Kniekehle trat. Ein stechender Schmerz durchfuhr mich. Vor meinen Augen tanzten Sternchen. Mit einem lauten »Aaaaaah« sank ich zusammen. Sie rollte nur mit den Augen und verließ die Party.

Am Tag darauf rief ich Bianca – zur Abwechslung wieder mal freiwillig – an und bat um ein persönliches Gespräch im Café. So konnte es nicht weitergehen. Dem Mädel war doch jeglicher Sinn für Realität abhandengekommen. Ich machte Schluss. Sie reagierte widerwillig, ich blieb jedoch hart. »Können wir wenigstens Freunde bleiben?«, fragte sie mit Tränen in den Augen. »Aber sicher.«

»Können wir wenigstens Freunde bleiben?«

Das war keine gute Idee. Denn was war das Ergebnis dieser Antwort? Die täglichen Anrufe! Selber schuld, Finn, du Pfeife!

Kurz nach der Trennung stand sie dann auch noch einmal eine gefühlte Stunde wie angewurzelt vor dem Geschäft meiner Mutter (einem Schneiderladen), in dem ich nach der Schule oft bin, und starrte durch die Schaufensterscheibe, ein kleines Päckchen in der Hand haltend. Meine Mutter wies mich darauf hin, dass ich offensichtlich Besuch hätte. Sie war bereits etwas angespannt: »Bitte schau, dass du sie da wegbringst, mein Sohn. Wie sieht denn das aus, wenn sie noch länger hier herumsteht? Ich fühl mich schon wie ein Affe im Zoo.« Als ich rausging und fragte, was denn los sei, überreichte mir Bianca das Paket mit den Worten: »Das hast du mir doch damals geborgt. Ich wollts nur zurückgeben.« Ich sah hinein – und zum Vorschein kam ein Taschenrechner. Den hatte ich ihr etwa vor zwei Jahren mal geliehen. Vor zwei Jahren! »Aber Bianca ... den hättest du mir auch morgen in der Schule geben können. Wir sehen uns dort doch jeden Tag ...?«, sagte ich ungläubig. »Ja, aber ich wollte das persönlich erledigen.«

»Alles klar, danke. Tschüss.«

»Duhuuu, Finn? Ich ruf dich nachher an.« Aaaaaah, nein, bitte nicht!

7. KAPITEL

Verfolgt von einer Pistenraupe

*Adam (39), Reisebürokaufmann, Graz,
über
Hanna (ca. 35), Beruf unbekannt, Eisenstadt*

Die Meute ging voll ab an diesem Abend in der Après-Ski-Hütte. Ich war mit meinen Jungs hier – ein ganzes Wochenende in einem Skiort, der als berühmt-berüchtigtes Party-Mekka bekannt war. Verschneite Hänge mit reichlich Powder zum Austoben, überall Hütten zum Aufwärmen mit kurzen, scharfen Getränken, deftiger Hausmannskost als Grundlage für die alkoholintensiven Abende und – nicht zu vergessen – jede Menge offenherzige Ski-Haserl. Unsere Runde bestand aus sechs hoch motivierten Männern im besten Alter. Wir waren mittendrin in der johlenden, sich im Takt der Musik wiegenden Menge. Was Besseres kann dir nicht passieren.

Ich quetschte mich in Richtung Bar, um Nachschub zu holen und damit der Gefahr zu entgehen, dass sich mein mühsam angegossener Promillepegel nach unten bewegte. Meine Laune befand sich gerade auf dem Zenit, ich fühlte mich aufgedreht und lustig, aber noch nicht allzu betrunken. »Ein großes Bier noch, bitte!«, bestellte ich also bei der drallen Barfrau, der die riesigen Brüste fast aus dem Ausschnitt quollen. Hier wusste man eben, wie man das perfekte Party-Umfeld inszenierte ... Ich ließ meinen Blick durch die Hütte schweifen, in der Hoffnung, vielleicht das eine oder andere potenzielle Flirtopfer in meinen Bann zu ziehen. Nichts in Sicht. »Und noch sechs Wodka-Feige dazu!« Lieber auf Nummer sicher gehen – es wurde langsam immer voller in der Hütte, und die Wartezeiten würden wahrscheinlich nicht kürzer werden.

Mit einem vollen Tablett drängte ich mich zurück zu meinen Kumpels. Ach, siehe da – wir hatten Zuwachs bekommen! Da hatte Peter, der Aufreißer, wohl wieder mal zugeschlagen. Arsch, dachte ich amüsiert und bugsierte das Tablett in die Mitte. »Nachschub! Wer ist das?«, fragte ich Gerald, der schon etwas taumelnd und mit leichtem Silberblick um sich sah. »Keine Ahnung ... irgendso ne' Tante, war auf einmal da ... Weiß nich', woher die kommt ...«

Ich begutachtete die »Tante« – gar nicht mal so übel. Kein Highlight, aber durchaus passabel. Lange, dunkle Haare, freundliches Gesicht, nette Figur, enges schwarzes Top, Jeans. Ein wenig zu viel Hintern für meinen Geschmack, aber sonst o.k.

Sie schien meine Blicke bemerkt zu haben, denn sie lächelte mich unverschämt an und nickte mir auffordernd zu.

Äh … na sooo scharf fand ich sie dann auch nicht. Eigentlich hätte ich mich gern noch nach einem besseren Aufriss umgesehen. Pech – diese Option war jetzt mal passé. Denn die Fremde ignorierte plötzlich, dass Peter ihr gerade etwas erzählte, tätschelte ihm mitleidsvoll die Wange und starrte zu mir. Peter schnallte es nicht einmal, denn er redete unbeirrt weiter, den Kopf zu Boden gesenkt und von einem Bein aufs andere schwankend.

»Hallo, scharfe Schnitte … ich bin Hanna«, stellte sie sich vor und betrachtete mich ungeniert von oben bis unten. *Schnitte?* Was für eine doofe Bezeichnung … so was von Achtziger … brrr, mich schüttelte es. Aber ich hatte gelernt, dass nur Höflichkeit einen im Leben weiterbringt, also stellte ich mich freundlich vor und wir prosteten uns zu. Hanna flirtete sehr offensiv mit mir – und nach zwei weiteren Bieren dachte ich, was solls, ist zwar keine Traumfrau, aber zumindest poliert sie mein Ego auf. Peter hatte mittlerweile gemerkt, dass Hanna die Stellung gewechselt hatte, und bedachte mich mit neidvollen Blicken.

Hanna entschuldigte sich, sie musste kurz auf die Toilette, und kaum war sie weg, stand auch schon Peter neben mir. »Die Kleine steht wohl auf dich, ha?«, lallte er, leicht angesäuert. »Kann ich doch nix dafür«, entgegnete ich schulterzuckend.

»Bei der musst du aber eh aufpassen«, meinte er weiter. »Die is' einfach hierhergefahren, ohne ein Zimmer oder so. Hat gesagt, sie weiß nicht einmal, wo sie heute schlafen wird – aber

Sie schien meine Blicke bemerkt zu haben, denn sie lächelte mich unverschämt an und nickte mir auffordernd zu.

das wird sich schon noch rausstellen ... schräger Hase, oder?«, grunzte er und schlug mir bestätigend die Hand auf den Rücken. Das war allerdings schräg. Und es sah nach einer ziemlich aggressiven Aufreiß-Taktik aus, die Hanna da verfolgte – sofern es stimmte, was Peter erzählte.

Vorsichtig fragte ich deshalb nach, als Hanna von der Toilette zurück war. Die Bässe dröhnten mittlerweile so laut, dass sie mir ins Ohr schreien musste. »Nö, Zimmer hab ich keines ... bin einfach ganz ohne Plan hergefahren und schau, was sich ergibt ... und wo ich heute schlafe«, meinte sie mit zweideutigem Zwinkern. »Aha. Mutig!«, entgegnete ich. Irgendwie war mir die offensive Lady ein bisschen unheimlich.

Peter, Gerald und der Rest der Jungs hatten sich inzwischen auf einen erhöhten Sockel neben dem DJ-Pult begeben, um volle Kanne abzushaken und die grölende Meute anzufeuern. Nüchtern betrachtet wäre es ein ziemlich lächerliches Bild gewesen, das sie da abgaben – mit jeder Menge Sprit intus sah es jedoch verlockend aus.

»Komm, da machen wir mit!«, rief Hanna und zog mich in die zuckende Meute hinauf. Na bravo, die ließ aber wirklich nichts anbrennen! Sie rempelte mich mit den Hüften an, schlang ihre Arme um mich und bewegte sich lasziv zur Musik – billige Après-Ski-Schlager mit peinlichen Texten à la »Du hast mich tausendmal belogen, du hast mich tausendmal verletzt, ich bin mit dir so hoch geflogen ...«[*] Halleluja ... alles um mich drehte sich, und die heftigen Annäherungsversuche meines Gegenübers wurden immer unangenehmer. Plötzlich fand ich sie überhaupt nicht mehr attraktiv, sondern nur noch nervig. Ich suchte nach einer Chance, auf Sicherheitsabstand zu gehen, aber da der Sockel

---

[*] *Du hast mich tausendmal belogen*, Andrea Berg

nur rund drei Quadratmeter Fläche besaß und wir uns zu siebt draufgequetscht hatten, waren die Möglichkeiten limitiert. Hilfe suchend sah ich zu Peter und Gerald, die die ganze Szene jedoch nur schadenfroh beobachteten und mir mit gemeinem Grinsen eine Geste zuwarfen – eine Hand zur Faust geballt, die andere flach darunter, klatsch, klatsch, klatsch! Von den anderen Jungs war sowieso keine Hilfe mehr zu erwarten, die waren bereits im Delirium und tobten sich wild gestikulierend aus: »Komm, hol das Lasso raus, wir spielen Cowboy und Indianer ...«

»Die hat einen totalen Hieb!«, empörte ich mich vor Gerald, als wir das Tanzen aufgrund alkoholbedingter motorischer Schwierigkeiten aufgegeben hatten – und lieber die nächsten Biere in Angriff nahmen. Hanna war gerade wieder auf der Toilette. »Wir sollten uns in eine dunkle Ecke stellen, dann haben wir sie abgehängt«, schlug ich vor. »Wieso ... is' doch ganz nett, oder nich'?«, kam es lallend von Peter. »Nein, die ist mir unheimlich! Die geht fest davon aus, dass sie bei uns pennt!«

»Na is' doch super ...«

»Nix super! Notgeile Nervensäge.«

Nach einigem Murren ließen sich die Jungs dazu bewegen, das Jagdrevier zu wechseln. Viel gejagt werden würde heute ohnehin nicht mehr – einfach zu schwierig, wenn man volltrunken nicht mal mehr einen vernünftigen Satz zustande bringt. Erleichtert atmete ich auf ... die waren wir los. Schön, wenn Frauen nichts anbrennen ließen, aber etwas weibliche Zurückhaltung sollte schon sein!

»Hallohooo!«

Shit ...

»Ich konnte euch fast nicht mehr finden! So ein Glück!«

»Ja, so ein Glück ...«, grinste ich gequält.

Jetzt hatte ich sie wieder am Hals – Hanna zeigte wenig Interesse an meinen Kumpels, die mir zuliebe immer wieder versuchten sie, ins Gespräch zu verwickeln – stattdessen legte sie ständig den Arm um mich und quasselte mir die Ohren voll. Ich entzog mich ihr immer wieder, was ihr jedoch komplett egal zu sein schien. Auf freundliche Weise ließ sich diese Frau nicht abwimmeln.

Ich flüchtete auf die Toilette, um meine Biere »wegzutragen«. Als ich zurückkam, hing Peter gerade mit beduseltem Blick an Hannas Lippen. Ah, sehr gut – ich konnte aufatmen. Gähn ... die Müdigkeit plagte mich auch schon. Gerald gähnte neben mir. Wir beschlossen, die Gelegenheit zu nutzen, um uns aus dem Staub zu machen und uns in unserem Sechser-Zimmer die besten Betten zu sichern.

Auf einmal spürte ich etwas hinter mir, es war Hanna, die sich an mich schmiegte und mir ihren Alkohol-nebel an den Hals atmete. Ein leichter Ekel stieg in mir auf ... aber da war ich auch schon eingeschlafen.

Ich sah zu Peter hinüber, der immer noch mit Hanna quatschte – sie stand mit dem Rücken zu mir – formte mit den Lippen »Flüchten durch den Hinterausgang«, deutete eine Schleichbewegung mit den Fingern an, und dass er es uns gleichtun sollte. Ich hoffte, dass er es schnallte, obwohl er sich schon in einem Zustand jenseits von Gut und Böse befand.

Wir hatten uns aufs Ohr gehauen, die Nachbesprechung des Abends war abgeschlossen und wir waren gerade friedlich beim Eindösen, als uns ein ohrenbetäubendes Poltern wach riss. Mit lautem »Juchuuu!« torkelte Peter ins Zimmer – in seinem Schlepptau Hanna. Gerald und ich grunzten angefressen, was die beiden jedoch vollkommen ignorierten.

»Hanna schläf' heut bei uns. Musssie. Hat kein Zimmer.« Unsere Begeisterung hielt sich in Grenzen, wir waren jedoch schon so müde, dass wir keine Kraft mehr hatten, zu protestieren. Seufzend legte ich mich wieder auf die Seite und zog die Decke über den Kopf. Auf einmal spürte ich etwas hinter mir, es war Hanna, die sich an mich schmiegte und mir ihren Alkohol-

nebel an den Hals atmete. Ein leichter Ekel stieg in mir auf ...
aber da war ich auch schon eingeschlafen.

Am nächsten Morgen verzichteten wir aufs Frühstück – wir
waren spät aufgewacht und wollten unbedingt die ersten Lift-
fahrten zu den noch unverspurten Hängen nutzen. Als wir – noch
verkatert, aber immerhin in Skiausrüstung – versammelt vor dem
Hotel standen, war ich erleichtert, festzustellen, dass Hanna
nicht mehr dabei war.

Gottseidank ... aber da erklang auch schon wieder das nervtötende »Hallohooo!« – und da stand sie, voll uniformiert in
einem grauenvollen mintfarbenen Einteiler.

Wie eine Raupe.

»Wer hat die denn eingeladen?«, flüsterte ich erbost.. »Peter
natürlich, wer sonst ... der konnte wieder mal nicht die Klappe
halten«, meinte Gerald augenrollend. »Super, echt super.« Peter
zog entschuldigend die Schultern hoch.

Trotzdem machte ich mir keine allzu großen Sorgen – Hanna sah nicht sonderlich sportlich aus, nicht nur wegen ihrer
geschmacklosen Skikleidung. Wir würden sie relativ schnell abgehängt haben. Dementsprechend briefte ich die anderen: »Vollgas, ihr müsst *Vollgas* geben, alles klar?« Gleichgültiges Nicken.
Immer noch voll breit alle.

Wir fuhren mit der Gondel nach oben, während Hanna
irgendwelche Anekdoten aus ihrem Leben erzählte, die niemanden interessierten – sogar Peter, der Einzige, der zuerst noch auf
sie angesprungen war, wirkte mittlerweile etwas genervt. Wir
nickten uns verschwörerisch zu – alle mit dem Masterplan im
Kopf. Mit Vollgas die Pisten runter, was das Zeug hält! Für den
Anfang hatten wir schon mal eine schwarze, extrasteile Piste gewählt, um Hanna gleich zu Beginn den Appetit zu verderben.

»Gut, starten wir – nächste Station Sessellift!«, hieß es, und
wie zur Bestätigung rammten wir noch einmal die Stöcke in
den Schnee. Mit ihrer überdimensionalen Skibrille und dem

gelb-weiß-gepunkteten Helm sah Hanna jetzt noch mehr nach Raupe aus. Fast hatte ich ein bisschen Mitleid ... aber nein, jetzt nur nicht weich werden. Bald, sehr bald würden wir sie los sein.

Ich gab Gas wie noch nie in meinem Leben zuvor. In der Runde war ich der beste Skifahrer, aber auch die anderen wussten sich auf den Brettern zu behaupten. Tief in die Hocke gebeugt, warf ich einen Blick nach hinten. Oha! Das konnte doch nicht sein – ein mintfarbenes Ding war mir dicht auf den Fersen. Sie hatte die Stöcke weit von sich gestreckt und ihre Knie wackelten – aber sie war schnell. Verdammt schnell sogar.

Atemlos unten angekommen, reihte ich mich in der Schlange vor dem Sessellift ein. Als Hanna hinter mir bremste, bekam ich eine Ladung Schnee in den Nacken. »Puh, das war aber ganz schön rasant!«, grinste sie dämlich. Hinter ihr schleiften sich die anderen ein. *Fast* alle anderen – einer fehlte. Verdammt, ich hatte David vergessen. David war zwar wirklich ein netter Mensch – aber nicht unbedingt eine Sportskanone. Ich hätte ihm aber zumindest zugetraut, schneller als Hanna zu fahren ... Irrtum! Er würde unserem Vorhaben damit noch einen Strich durch die Rechnung machen, dachte ich – dachten wir alle. Als er dann doch – endlich – eintrudelte, nahm ich ihn zur Seite und beschwor ihn: »Dave, du musst bei der nächsten Abfahrt *alles* geben – ALLES! Wir müssen die Tante abhängen, klar?«

Völlig außer Atem, brachte er noch keinen Ton heraus, nickte aber verständnisvoll hinter der angelaufenen Skibrille. Ich hatte Hanna völlig unterschätzt. Die Frau schien einen eisernen Willen zu haben! So sehr wir auch Gas gaben, sie schwang sich jedes Mal kurz nach mir oder Gerald vor dem Lift ein. Todesmutig stürzte sie sich die schwierigsten Pisten hinunter – nicht besonders stilvoll zwar, aber ohne jegliche Anzeichen von Furcht und ohne sich zu beschweren oder

> Ich hatte Hanna völlig unterschätzt. Die Frau schien einen eisernen Willen zu haben!

Ermüdungserscheinungen zu zeigen. Auch David gab alles, man kann ihm keinen Vorwurf machen, trotzdem traf er im Schnitt mit einer Minute Verspätung ein. Jedes Mal hofften wir wieder, den mintfarbenen Anzug nicht im Schnee aufblitzen zu sehen, jedes Mal vergebens ... »Hallohooo!«

Vor Verzweiflung war ich schon fast den Tränen nahe. Hanna hing an mir wie eine Klette, und obwohl keiner von uns mehr auf ihre Meldungen reagierte und wir wirklich schon richtig fies zu ihr waren, zeigte sie keine Anzeichen, aufzugeben. Immer wieder drängte sie sich, motiviert grinsend, in unsere Mitte – immer neben mich, wohlbemerkt – und tat, als wäre sie einer unserer Homies. Sollte das etwa den ganzen Tag – und Abend – so weitergehen? Meine Güte, bitte nicht!

Nach der etwa zehnten Abfahrt meldete sich bei Hanna ein dringendes Bedürfnis an. »Ich muss mal aufs Klo, können wir bei der Hütte eine Pause machen?«

»Ja! Aber sicher! Ja, gerne – klar, kein Problem!« Das war unsere Chance – alle hatten es geschnallt, Teampower total! Wir warfen uns bedeutungsvolle Blicke zu. So hielten wir denn bei der nächsten Pistenbar. »Wollen wir dann zwischendrin was trinken?«, fragte Hanna. »Eine heiße Schoko mit Rum oder so? Ich lade euch ein, weil ich ja bei euch schlafen durfte.« »Nein, du, danke – wir wollen die Zeit nutzen, wir lassen gleich alles angeschnallt und warten hier auf dich«, gab David zurück. So langsam er auf den Skiern war, so schnell schaltete er zum Glück, wenn Not am Mann war. »O.k. Bin gleich wieder da!«

»So, und jetzt Abflug! Weg hier«, rief ich in die Menge, als Hanna hinter dem Eingang der Schirmbar verschwunden war. »Das ist die einzige Chance, die wir haben! Vielleicht die letzte.« Und weg waren wir.

»So, und jetzt Abflug! Weg hier«, rief ich in die Menge, als Hanna hinter dem Eingang der Schirmbar verschwunden war.

Den Abend verbrachte ich in leichter Panik, immer etwas bedeckt in einer dunklen Ecke der Hütte, um nicht von Hanna gesichtet zu werden, falls sie auftauchen sollte. So, wie ich sie einschätzte, würde sie wahrscheinlich nicht einmal sauer sein, sondern wieder mit ihrem dämlichen »Hallohooo« ankommen und uns den ganzen Abend am Hals hängen. Als Peter sie an der Theke erblickte, gab er mir deshalb sofort ein Warnzeichen, das es mir ermöglichte, unentdeckt Leine zu ziehen. »Aber es ist ja eh egal, sie wird dich sowieso nicht in Ruhe lassen – du Depp warst ja so gscheit, ihr deine Handynummer zu geben«, grinste er mich feixend an. »Glaub ich nicht ... die Nummer war nämlich falsch. Bin doch nicht blöd. Bis gleich, wir sehn uns in der Bar nebenan!«

8. KAPITEL

Bitte freimachen ...

Timo (26), angehender Architekt, Wien,
über
Nona (ca. 33), Künstlerin, Wien (jetzt vermutlich New York)

Nona. Mein Name ist Nonaaa.« Ein ungewöhnlicher Name, ich hatte ihn noch nie zuvor gehört. Aber er passte zu der dunkelhäutigen Schönheit, die da vor mir stand. Sie hatte eine göttliche Figur, riesengroß, athletisch und geschwungen. Ihre Haare standen in wilden Afro-Locken kreisrund von ihrem Kopf ab, der wiederum von einem schlanken Hals getragen wurde. Ihre nugatfarbene Haut schimmerte glatt, ihr Gesicht war wie gemeißelt: volle Lippen, eine kleine Stupsnase, große, leuchtende, hellbraune Augen mit durchdringendem Blick, umrundet von langen, schwarzen Wimpern. Einfach wow! Ein Wunder, dass nicht sie es war, die Modell stehen sollte. Nein, das war mein Job.

»Bitte freimachen – da 'inten kannst du disch ausziehen«, schnurrte sie mit zartem französischen Akzent.

»Bitte freimachen – da 'inten kannst du disch ausziehen«, schnurrte sie mit zartem französischen Akzent, der mir einen Schauer über den Rücken jagte.

Ich war 19 und studierte. Das Geld war knapp, und so war ich gezwungen, mich mit mehr oder weniger lukrativen Gelegenheitsjobs über Wasser zu halten, um mir die Miete für meine Garçonnière leisten zu können und um Geld für die anderen Unkosten, die man so als Student hat – Kohle für Weggehen, Essen, Klamotten – zusammenzukratzen. Mein Freund Heli, der schon als King des Networkens galt, lange bevor diese heute so trendige Form des Kontaktknüpfens überhaupt einen Namen bekommen hatte, hatte mir einige Tage zuvor bei einem Bier den Job verschafft, der mich nun dazu bringen sollte, mich auszuziehen.

»Das ist die Gelegenheit, Timo. Von einer geilen Schnecke gemalt werden und dabei noch Geld verdienen! Kohle ohne Ende, sag ich dir. Die knausert nicht. Und, soviel ich gehört habe, ist sie auch nicht prüde und nimmt die Modelle auch gern mal fester unter ihre Fittiche ... falls du verstehst, was ich meine«, zwinkerte er verschwörerisch.

Das war ein verlockendes Angebot, zumal ich gerade sitzen gelassen worden war und Ablenkung brauchte. Außerdem hatte ich auch noch meinen aktuellen Nebenjob, eine Stelle im Callcenter, verloren. Wenns kommt, dann kommts dicke, so ist das Leben. Aber ich wollte nicht zu bedürftig erscheinen – als Mann fällt es einem nicht so leicht, zuzugeben, wenn man blank ist und jeden Cent nötig hat. Deshalb versuchte ich, den Ball flachzuhalten, und signalisierte Desinteresse. »Wenn der Job so geil ist, wieso machst *du* ihn dann nicht?«

»Ach, weißt du, ich bin zurzeit ganz gut bei Kasse. Mein Dad lässt immer wieder was springen, ich liefere meine Zeugnisse ab und kassiere … solange ich an der Uni nicht schlappmache.«

Helis Eltern waren neureiche Schnösel, die geerbt hatten und denen – anders als meinen Alten – Haushaltspläne oder Termine bei der Bank zur Ausweitung des Überziehungsrahmens völlig fremd waren. Sie tummelten sich tagein, tagaus auf dem Golfplatz, um wie ihr Sohn Networking zu betreiben und hie und da irgendwelche »Geschäfte« abzuschließen. Was sie dabei allerdings genau machten, darüber schwieg Heli sich aus.

Im Gegensatz zu mir war er sowieso ein Glückspilz – er sah aus wie einer Zahnpastawerbung entsprungen, verbrachte seine Freizeit vorwiegend auf dem Sofa oder in diversen Klubs und hatte trotz völligen Desinteresses an sportlicher Betätigung (Golf und Sex zählte er nicht dazu) die Figur eines Adonis. Das, in Kombination mit einem ständig prall gefüllten Konto und seinem Alfa, machte ihn natürlich zum Schneckenchecker schlechthin. Trotzdem mochte ich ihn – er war für seine Situation verhältnismäßig wenig abgehoben und großzügig zu seinen Freunden.

»Also, was ist jetzt? Sei keine Memme. Die macht das schon ewig und hat Tausende Typen im Adamskostüm gesehen … Ich geb dir gleich mal ihre Nummer, weiß nicht, wie sie genau heißt, hab sie nur unter »Franko-Chick« gespeichert. Hat einen seltsamen Namen – No-irgendwas. Scharfe Tante. Warte ... also: 0224 ...«

Und nun stand ich also vor Nona, der Künstlerin, die sich auf männliche Akte spezialisiert hatte und davon offensichtlich ziemlich gut leben konnte. So schien es mir zumindest, als ich mich in ihrem Loft umsah, das wie sie riesengroß und wunderschön war. Der ultimative Kontrast zu meiner schäbigen Mini-Studentenbude. »Also, was ist nun? Willst du disch nischt freimachen?« Hmmmh. Schön anzuhören.

»J... ja, gehe schon«, wisperte ich und wurde rot. Es war peinlich, aber Nona schenkte mir nur ein schelmisches Grinsen.

»'usch, 'usch, ab in die Kabine und dann auf die Couch!«

Folgsam streifte ich mir hinter der Kabine, die eigentlich nur aus einem dünnen Vorhang bestand, die Klamotten ab und fasste mir ein Herz – Augen zu und durch, Timo, da steckt ein Haufen Geld hinter, das du dringend nötig hast! Ich trat hinaus und legte mich auf die schwarze, edle Ledercouch, während Nona noch in ihren Utensilien herumkramte.

»Weg mit der 'and da!«

»Was?«

»Deine 'and! Weg da! Ich will disch nackig sehen, Kleiner ... was soll denn das für eine Bild werden, wenn du deine Kronjuwelen so schüchtern mit den 'änden bedeckst? Nur zu, zeig disch!«

> Folgsam streifte ich mir hinter der Kabine, die eigentlich nur aus einem dünnen Vorhang bestand, die Klamotten ab und fasste mir ein Herz – Augen zu und durch.

Aaah, was für eine Überwindung! Aber sie hatte recht – es würde komisch aussehen, wenn ich die Hände vor meine Weichteile hielt.

»Entspann disch, Süßer ... eine Gläschen Bordeaux?«

»Ja, bitte!« Ich kippte das erste Glas gleich auf ex, erntete einen amüsierten Blick und bekam daraufhin gleich noch ein zweites Glas, fast randvoll. Sie verstand. Wahrscheinlich erging es ihr mit allen Frischlingen so.

»So, isch beginne jetzt mit die Bild … ruhig, gaaanz entspannt 'hinlegen, mon amour. Die eine 'and nach 'inten und die 'üfte durchstrecken … ein kleines Lächeln in die Gesicht … jaaa, so is gut.«

Nona tanzte mit dem Pinsel hinter der Leinwand herum, bedachte mich mit fachmännischen Blicken, sah sich jeden Teil meines Körpers aufmerksam an. Als sie bei meinem Schwanz angelangt war, verharrten ihre Augen ziemlich lange darauf, bis sie kurz kicherte und dann weitermalte. Lachte sie mich etwa aus? Gut, er ist jetzt echt nicht der Größte, aber durchaus herzeigbar! Ich ließ mir jedoch nichts anmerken und bemühte mich, weiterhin das geforderte kleine Lächeln aufrechtzuerhalten.

Stunden später hatte ich Krämpfe in allen möglichen Körperteilen. Niemals hätte ich gedacht, dass die Arbeit als Modell so anstrengend und schmerzhaft sein konnte. Ich atmete auf, als Nona ihren letzten Pinselstrich vollendet hatte und triumphierend »Fertig!« rief. Endlich konnte ich mich aus der angespannten Haltung lösen. Bevor ich das Werk bestaunen wollte, zog ich mich allerdings an. Vier Stunden Nacktsein waren genug.

»Oh … das ist … *gut*!«, waren meine ersten Worte, als ich das Bild vor mir sah.

»Aber ich dachte, man würde mich nicht erkennen? Also das Gesicht – das sieht man doch sofort, dass ich das bin … ist das so üblich?«

»Nein, mein Süßer, normal ich male nur so schemen'aft. Aber du 'ast eine so schöne Gesicht, dass isch mir nicht verkneifen konnte, das zu malen … verstehst du? Eine Milchbubi. Sooo lieb! Als Künstlerin 'at mich das so gereizt … isch konnte nicht anders!«

Was hätte ich diesem umwerfenden Lächeln entgegenbringen sollen – ich war entwaffnet. Wenn Nona das so wollte, wars o.k. ... hach, war diese Frau ein Traum. Milchbubi hin oder her.

»Was starrst du mich so an?«

»Oh, Verzeihung. Das wollte ich nicht ... du bist nur ... so ... schön«, stammelte ich und errötete abermals.

»Mon amour, du bist wirklich niedlich ... ein süßer Junge ... magnifique!«

Junge? *Junge?* Pah ...

Aber ich hatte keine Zeit, mich zu ärgern. Denn plötzlich veränderte sich Nonas Blick. Ich merkte, wie ihre Augen sich begierig an mir auf und ab bewegten. Sie fasste mich an den Schultern und drehte mich einmal um die Achse, um mich von allen Seiten begutachten zu können. »Très bien ... wirklich 'übsch ...«, tönte es plötzlich an meinem Ohr, und ich konnte ihren heißen Atem spüren. Ihre Hände strichen an meinem Rücken hinab und begannen, sanft meinen Hintern zu kneten. Oh Mann – die versuchte, mich zu verführen!

Und ja, natürlich hat sie es auch geschafft. Es war ein Leichtes, denn in ihren Händen wurde ich zu Butter. Die Frau hatte es drauf – und nicht nur sprachlich beherrschte sie ihr Französisch perfekt. Sie war sieben Jahre älter als ich und zeigte mir Dinge, von denen ich bis dahin nicht einmal zu träumen gewagt hatte! Meine Modell-Termine wurden immer häufiger und fanden jedes Mal den gleichen Abschluss. Nona bat mich, unsere Affäre geheim zu halten, was ich überaus spannend fand. Nach jedem Schäferstündchen verließ ich das Loft, high vom Liebemachen und vom französischen Wein, und fühlte mich verrucht wie James Bond. Wie gerne hätte ich mich bei Heli für diesen genialen Job bedankt – aber ich hielt den Mund, denn nicht allein wegen des Altersunterschiedes

> Die Frau hatte es drauf – und nicht nur sprachlich beherrschte sie ihr Französisch perfekt.

hatte ich großen Respekt vor Nona. Auch ein wenig Verliebtheit in meine »Lehrerin« spielte mit – der niedliche Akzent, die Bestimmtheit, mit der sie mir ihre Anweisungen gab, ihre unglaubliche Schönheit und ihr außergewöhnlicher Beruf machten sie für mich zu einer Frau, die einem nicht jeden Tag über den Weg lief.

Trotzdem – über so viel Vernunft verfügte ich auch schon in jungen Jahren – mir war klar, dass die Sache mit Nona keine Zukunft hatte. Eine geheime Romanze, eine ältere Frau, die ein Leben führte, das sie immer wieder an die verschiedensten Orte der Welt führte, um ihre Werke in Galerien zu präsentieren – mir war klar, dass das auf Dauer nicht funktionieren würde. Noch dazu vermutete ich, dass sie nicht nur mit mir, sondern auch mit manchen von ihren anderen Modellen schlief. Nona schwieg sich darüber aus – ich akzeptierte es und verdrängte den Gedanken, und doch gab er unserer Liaison einen bitteren Beigeschmack.

Im Grunde genommen wollte ich damals einfach ein Mädchen, das auf meiner Wellenlänge lag. Jemand, der mich und mein Leben verstehen konnte – ich, der kleine Student, der noch nicht viel erreicht hatte, aber immerhin auf den Erfolg hinarbeitete. Eine Freundin, die auch zu mir aufsehen konnte oder mit der ich zumindest auf derselben Augenhöhe leben konnte, etwas Zukunftsträchtiges – das funktionierte mit Nona nicht, denn sie war ein Alpha-Weib, das mich sehr wohl spüren ließ, dass ich nicht in ihrer Liga spielte und dass sie sich in dieser Situation durchaus wohlfühlte.

Deshalb erschreckte es mich umso mehr, wie sie reagierte, als ich ihr eines Tages eröffnete, dass ich jemanden kennengelernt hatte und ich unser Verhältnis beenden wollte. Bettina war eine Studienkollegin, die mir schon länger gut gefallen hatte. Auf einer Party in meinem Studentenheim waren wir uns nähergekommen und es sah ganz danach aus, als könnte mehr zwischen uns werden. Ich wollte aufrichtig sein und nicht »zweigleisig« fahren, deshalb die Notbremse bei der Sache mit Nona.

»Was? Du Ratte! Du machst mit *mir* Schluss? Wie kannst du nur? Das glaub isch nicht! Du kleiner Studentensack, du Milchbubi – mit mir 'at noch nie jemand Schluss gemacht!«, schrie sie mich an und warf ein Kissen nach mir. Ich versuchte auszuweichen, aber da folgte gleich noch ein zweites Kissen, das mich mit voller Wucht am Kopf erwischte. Ka-zang!!! »Du Ratte! Ratte! Ratte!«, kreischte sie und rannte auf mich zu. Ich lief davon, aber da das Loft aus einem einzigen riesigen Raum bestand, dessen Zentrum die große Couch bildete, rannten wir irgendwann im Kreis, ich wie ein ängstliches Kaninchen voraus, sie wie eine fuchtelnde Furie hinterher. Das mag durchaus nach einem lustigen Szenario klingen, aber ich hatte in diesem Moment bloß eines: nackte Angst!

Noch hatte sie mich nicht erwischt. Keuchend legte sie eine Pause ein und starrte mich mit wütenden Augen an. Das war meine Chance: Ich schlug einen Haken in Richtung Tür, riss sie auf und stürmte zum Lift. Ich wusste, es gäbe keine andere Möglichkeit, um nach unten zu kommen – denn eine Treppe zum Loft gab es nicht. Die Sekunden, in denen ich im Aufzug stand, auf den »EG«-Knopf drückte und wartete, zogen sich ins Unendliche … Nona hatte sich schon wieder in Bewegung gesetzt und stolperte mit beängstigendem Geschrei auf den Aufzug zu … eins, zwei, drei – geschafft! Die Türen hatten sich geschlossen. Ich war ihren Klauen entkommen. Als sich der Lift in Bewegung setzte, konnte ich sie laut gegen die Aufzugswand hämmern hören. Oha, das war knapp gewesen!

»Das glaub isch nicht! Du kleiner Studentensack, du Milchbubi – mit mir 'at noch nie jemand Schluss gemacht!«

Ich konnte ja verstehen, dass sie sauer war, und bedauerte auch, dass unsere Treffen nun Geschichte waren – und somit auch mein äußerst lukrativer Job. Aber die Tatsache, dass ich mich unsterblich in Bettina verliebt hatte und diese Verliebtheit auf Gegenseitigkeit beruhte, tröstete mich schnell darüber hinweg. Von der Affäre mit Nona und der Modellsteherei erzählte ich ihr vorerst nichts, warum auch, sie sollte ja nichts Schlechtes von mir denken. Es hatte mit uns nichts zu tun und ich wollte ihr gegenüber eine weiße Weste haben.

Leider ging meine Rechnung nicht ganz auf. Sprich, kurze Zeit später hatte ich massiven Erklärungsbedarf. Nämlich, als Bettina mich eines Tages zur Rede stellte.

»Timo, sag mal, hast du mal als Aktmodell gearbeitet?«

»Hä? Was, wie, wer – *ich*?« Wie kam sie denn darauf? Hatte Heli etwa geplaudert? Würde mich nicht wundern, die alte Tratschtante …

»Ich war gestern mit Monika auf einer Vernissage. Männliche Akte.«

Mir schwante Schreckliches.

»Eine ziemlich bekannte Künstlerin, diese Französin, Nona irgendwas, hat dort ausgestellt … und in einer Ecke waren Bilder von einem Mann mit *deinem Kopf*!«

Ach du Scheiße. Da hatten wir nun den Salat.

»Und der Titel der Bilder in dieser Ecke lautete: *Le Petit Zob*!«

»Ähm … hmpf … ähem, und was heißt das?« Ich wusste, Bettina war der französischen Sprache mächtig. Ich nicht.

»*Der Kleine Schwanz*! Das heißt das! Aber bitte erklär mir – wieso bist *du* auf diesen Bildern? Alle anderen Männer hatten keine Gesichter!«

Es half alles nichts. Sie hatte mich erwischt. Ich musste ihr die Wahrheit sagen. Also beichtete ich alles, vom Anfang bis zum bitteren Ende. Mein großes Glück war – und ist es immer noch –, dass Bettina echt eine coole Haut ist, alles andere als eine Zicke. Und so kam es, dass sie sich nach meinem ausführlichen Bericht erst mal grunzend auf dem Boden kugelte. Na toll, ich saß da wie ein Häufchen Elend und sie packte sich weg. Nachdem sie sich beruhigt hatte, beschloss ich, dass es ohnehin schon egal war, und stellte die Frage, die schon die ganze Zeit auf meinen Lippen brannte: »Bettina, sag mal ... war mein Schwanz auf den Bildern echt so klein?«

Sie grinste versöhnlich. »Ehrlich gesagt, ja. Eigentlich sogar ... mini«, kicherte sie. »Und die anderen Bilder ... also die von den anderen Männern ... hatten die denn auch so kleine ...?«

»Nö. Die waren ...«, sie gluckste schon wieder, »also die anderen waren alle *mächtig*!«

Es wäre gelogen, würde ich behaupten, die Sache hätte mir keinen Knacks verpasst. Noch jetzt zucke ich zusammen, wenn ich daran denke – und Bettina musste mir gut und gerne tausendmal versichern, dass mein Penis nicht »mini« war, sondern ansehnlich und »bei Weitem überdurchschnittlich«.

> »Und die anderen Bilder ... also die von den anderen Männern ... hatten die denn auch so kleine ...?«

Zu meiner Erleichterung erfuhr ich kurz darauf von Heli, dass Nona die Stadt verlassen hatte und nach New York gegangen war, um die jobtechnischen Chancen des Big Apple zu nutzen. Wie gut, dass sie jetzt so weit weg ist – soll sie doch dort ihre Jagd nach Modellen in Angriff nehmen. Mir kanns nur recht sein ...

9. KAPITEL

Eine tickende Zeitbombe

Günther (33), Geologe, Bludenz,
über
Barbara (29), Betriebswirtin, Bludenz

Gehns Madame, Sie müssen sich doch net so aufregen!«, versuchte der Mann hinter der Wursttheke zu beschwichtigen.

»Doch! Ich! Muss!«, schrie Barbara ihm wütend entgegen. »Der Schinken muss verdammt noch mal *hauchdünn* geschnitten werden! Wie oft hab ich Ihnen das gesagt? Wie oft?«

»Schon gut, Fräulein, beruhigens Ihnen wieder. Dann schneid ichs halt noch mal auf, bittschen ...«, seufzte er, wischte sich die Hände an der Schürze ab, stellte die Schneidemaschine neu ein und machte sich daran, die georderten 200 Gramm Parmaschinken nochmals – hauchdünn – abzusäbeln.

»Isses so in Ordnung für Sie?«, fragte er und hielt demonstrativ eine Scheibe des feinen Schinkens in die Höhe, die sich fast in Fetzen auflöste, so dünn war sie.

»Neeein, Sie kapierens einfach nicht ...«, klagte meine Freundin und – oh nein, nicht schon wieder – brach in Tränen aus. Ich warf dem Wurstverkäufer einen entschuldigenden Blick zu, fingerte zehn Euro aus meiner Geldbörse, die ich ihm in die Hand drückte, sagte: »Behalten Sies«, fasste Barbara an den Schultern und bugsierte sie aus dem Laden. Sie schluchzte immer noch, das Gesicht in den Händen verborgen.

»Alter Schwede. Was bitte schön war *das* denn schon wieder?«, stellte ich sie verärgert zur Rede.

»Ich ... schnief ... weiß auch nicht ... aber er ... warum macht er nicht einfach ... schnief ... was ich sage? Alle sind so gemein und unfähig ... schnief.«

Das war nicht der erste Ausbruch dieser Art, den ich miterleben durfte. Seit Barbara angefangen hatte, die Pille zu nehmen, ging es ihr denkbar schlecht – nicht körperlich, aber dafür psychisch. Ständig war sie am Heulen oder reagierte auf Kleinigkeiten furchtbar aggressiv, war streitlustig und geladen. Wie eine tickende Zeitbombe. Ein falsches Wort, eine falsche Situation – und BUMM! Ich erkannte meine sonst so relaxte Freundin nicht wieder.

Schon kurz nachdem sie mit der Einnahme begonnen hatte, fing das mit den Ausbrüchen an. Sie hatte zuvor noch nie hormonelle Verhütungsmittel genommen, aber da wir es leid waren, ständig Kondome zu verwenden – man kennt das ja, die Fummelei, die immer störend wirkt, wenn man gerade in Stimmung ist, oder noch schlimmer, wenn man gerne würde, aber keinen Gummi zur Hand hat –, hatte sie sich von ihrem Frauenarzt ein Präparat

> Man kennt das ja, die Fummelei, die immer störend wirkt, wenn man gerade in Stimmung ist, oder noch schlimmer, wenn man gerne würde, aber keinen Gummi zur Hand hat.

verschreiben lassen. Nachdem die Stimmungsschwankungen eingesetzt hatten, machte ich ihr sofort den Vorschlag, das Zeug sein zu lassen. Es litt ja nicht nur ich darunter, sondern vor allem sie! Aber sie wollte nicht. »Der Arzt hat gemeint, es legt sich mit der Zeit.«

Mittlerweile waren sechs Wochen vergangen – und nichts hatte sich gelegt. Im Gegenteil, es wurde immer schlimmer. In der Hoffnung, uns vom Alltags- und Arbeitsstress zu erholen, hatten wir beschlossen, zwei Wochen Urlaub in Wien zu machen, mit Shoppen, gutem Essen, Nightlife, Sightseeing und dem ganzen Drumherum.

Das alles schien auf Babsi, so nannte ich sie, jedoch nicht entspannend zu wirken, sondern ihre Hormone noch stärker in Wallung zu bringen. Der arme Wurstverkäufer war nämlich bei Weitem nicht das erste unschuldige Opfer in diesem Urlaub. Neben mir selbst – klar, der Partner kriegt immer das meiste Fett ab – hatten bereits einige Kellner und Verkäuferinnen dran glauben müssen. Ständig war sie völlig grundlos der Meinung, die ganze Welt würde sich gegen sie richten … »anstrengend« war ein schwacher Ausdruck dafür.

»Babsi, willst du wirklich auch noch Mama und Papa besuchen – in deinem Zustand?« Da meine Eltern in einem Vorort der österreichischen Hauptstadt wohnten, hatten wir geplant, ihnen noch einen kurzen Besuch abzustatten, damit sie meine Liebste kennenlernen konnten, wozu sich bislang noch keine Gelegenheit ergeben hatte. Allerdings erschien mir der Zeitpunkt dafür in diesem Fall etwas riskant.

»Was heißt hier *in meinem Zustand*? Schämst du dich etwa für mich? Ha? Bin ich nicht gut genug für deine Eltern??? Raus mit der Sprache, Günther!«

Ruhig, ruhig, ruhig … den Ball flach halten … wie verhindere ich jetzt bloß wieder den Ausbruch dieses rot gelockten, 1,70 Meter großen Vulkans, der da, geladen wie eine Pumpgun, vor mir stand?

»Nein, Schatz, du bist die Beste! Ich dachte nur, da du dich ja nicht so gut fühlst zurzeit …«

»Aaaaaaaah, du verdammter Arsch! Dass du auch ständig darauf rumreiten musst! Sag doch, wenn du dich für mich schämst! Gibs doch zu, Feigling!«

Es war zwecklos. Schon wieder hatte sie Tränen in den Augen. Großes Drama. Autsch!

Also tuckerten wir an unserem letzten Urlaubstag in den Süden Wiens, wo sich das kleine, aber heimelige Haus meiner Eltern befand. Ich hatte schon wieder etwas Mut gefasst, da am Vortag nichts weiter passiert war – bis auf einen kleinen Zwischenfall, bei dem Barbara lauthals eine Passantin an-

»Was heißt hier *in meinem Zustand*? Schämst du dich etwa für mich? Ha? Bin ich nicht gut genug für deine Eltern???«

gestänkert hatte, die, ganz bestimmt unabsichtlich, mit ihrer Tasche an den Einkäufen meiner Drama-Queen hängen geblieben war.

»Wie gehts dir denn heute, Babsi?«, fragte ich sanft in Richtung Beifahrersitz und legte einen Arm auf ihren Oberschenkel.

»Joaah, eigentlich ganz gut«, gähnte sie und schenkte mir ein Lächeln. Wie schön, das hatte ich schon lange nicht mehr an ihr gesehen!

»Glaubst du, deine Ma und dein Pa werden mich mögen?«

»Aber Schatz, ich kann mir niemanden vorstellen, der dich nicht mögen würde«, erwiderte ich und drückte zur Bestätigung ihren Oberschenkel etwas fester.

»Ich hab wirklich Angst, dass sie mich ausfragen oder so ...«

»Nein, das kann ich mir nicht vorstellen. Ich hab ihnen doch schon so viel von dir erzählt. Eigentlich fast alles, weißt du.« Das war die Wahrheit. Bis auf ihre Pillenprobleme wussten meine Alten schon recht viel über meine Freundin. Dass wir seit fünf Monaten zusammen waren, dass sie Betriebswirtschaft studierte, welchen Sport sie trieb ... ja, das war doch eigentlich fast alles.

Babsi lächelte dankbar und seufzte zufrieden. Vielleicht waren die Ausbrüche jetzt vorbei, dachte ich ... ein angenehmes Gefühl machte sich in mir breit.

»Hallo Ma, hey Pa, das ist Babsi!«

»Hallo! Lasst euch drücken, ihr beiden!«, nahmen uns meine Eltern herzlich in Empfang. »Schön, dich endlich kennenzulernen, Babsi. Er hat dich uns ja eine ganze Weile vorenthalten«, lachte Mama und verzog sich schnell wieder in die Küche, um eine Jause vorzubereiten, wie sie sagte. Wir nahmen am Tisch im gemütlichen Wohnzimmer Platz. Aus der Küche hörte man die Teller klappern.

»Eine Limo für euch beide?« Limo. Ich musste schmunzeln. Mein Vater war nicht nur klamottenmäßig voll in den Achtzigern hängen geblieben, seinem Lieblingsjahrzehnt, wie er immer betonte. »Gerne, Papa.«

Er tischte die Limonade auf, und meine Mutter kam aus der Küche, beladen mit mehreren Tabletts voller Leckereien – Würste, Käse, Eier, Gemüse, Brot. Mit einem freudigen »Bitte schön, ich hoffe, ihr habt Hunger!« türmte sie alles vor uns auf. Ein fataler Fehler, wie sich herausstellen sollte. Denn plötzlich begann Babsi, neben mir zu würgen.

»Was ist denn los?«, flüsterte ich ihr zu und drückte ihre Hand.

Nein, nicht schon wieder …

»Ich … du … DU WEISST DOCH, DASS ICH KEIN FLEISCH VOR MIR AUF DEM TISCH HABEN KANN!«, kreischte sie los und schlug sich die Hände vors Gesicht. Mein Pa bekam große Augen und erstarrte in seiner Bewegung.

»Aber entschuldige … das konnte Mama ja nicht wissen«, versuchte ich sie zu beruhigen und warf meinem Dad einen ratlosen Blick zu.

»Und warum hast du es ihnen nicht erzählt? Du hast doch gesagt, du hast ihnen *alles* über mich erzählt … schnief … und ich *hasse* Fleisch! Wäh, igitt!« Oh verdammt, ja … das mit dem Fleisch hatte ich vergessen. Aber es zwang sie ja auch keiner, davon zu essen.

Mittlerweile stand auch meine Ma im Wohnzimmer und sah uns entgeistert an. »Hab ich was falsch gemacht?«, fragte sie verwirrt.

»Nein, nein, alles o.k. … wir müssen mal kurz raus«, sagte ich, zog Barbara von ihrem Stuhl und raus in den Flur.

»Babsi! Das kannst du doch nicht bringen! Reiß dich zusammen bitte …«

»Aber das ist sooo gemein! Ich mag kein Fleisch. Noch nie. Ich … ich … ach Günther, ich weiß auch nicht …«

»Ruhig, bitte. Ich will nicht, dass meine Eltern das alles hören. Verdammt …«

Es dauerte circa zehn Minuten und fünf Taschentücher, bis meine Freundin wieder bereit war, mit mir an den Tisch zurückzukehren – mit dem Versprechen, die Wurst unkommentiert zu lassen.

»Alles o.k. bei euch?« Mein Dad sah mich fragend an, als wir wieder ins Wohnzimmer kamen.

»Alles o.k.«, flötete ich, als wir uns wieder an den Tisch setzten. Babsi zwang sich ein gequältes Lächeln ab und sah zu Boden. Wir kehrten das eben Vorgefallene unter den Teppich und so verlief das Essen relativ schweigsam.

Beim Kaffee versuchte ich, die Situation etwas aufzulockern, indem ich von unseren bisherigen Erlebnissen in Wien erzählte. Natürlich nicht von Barbaras Ausbrüchen, versteht sich. Die ganze Zeit hielt ich unter dem Tisch ihre Hand gedrückt, wie um sie schweigend zu bitten, nicht wieder auszuflippen. Es schien zu funktionieren und langsam entwickelte sich auch zwischen meinen Eltern und Babsi ein lockeres Gespräch.

Der Frieden hielt nur leider nicht lange. Genauer gesagt, er hielt so lange, bis auf einmal ein lautes Flattern ertönte, dessen Urheber Beppo war, der heiß geliebte Papagei meines Vaters.

»Aaaaaaaaaaah! Aaaaaaaaaaah! Oh mein Gott, was ist *das*?« Wie eine Sirene gellte meine Freundin los. Sie sprang wie von der Tarantel gestochen auf, wobei der Stuhl umfiel, und schlug mit den Händen um sich, immer wieder panische Blicke in Richtung Beppo werfend, der es sich auf einer Zimmerpflanze gemütlich gemacht hatte und die Situation aus sicherer Entfernung beobachtete. »Das ist doch bloß Beppo!«, rief mein Vater erstaunt aus. Aber das war Barbara egal. In ihren Augen stand nur eines geschrieben: nackte Angst. Pa schüttelte missbilligend den Kopf, ging zu Beppo und hielt ihm den Unterarm hin. Beppo verstand sofort und sprang wie immer mit einem freudigen Hopser darauf. Pa drehte sich wieder zu uns um und begann, sich mit dem Riesenvogel auf dem Arm langsam in unsere Richtung zu bewegen.

Das war zu viel für Babsi. Schweißperlen standen auf ihrer Stirn. Schutzsuchend schaute sie um sich – aber da sich das Vater-Vogel-Gespann bereits auf Höhe der Tür zum Flur befand und meine Mutter die Küchentür blockierte, waren alle Fluchtwege versperrt. Es blieb nur eine Möglichkeit, und die nutzte sie auch: schnurstracks ab unter den Tisch! Dabei riss sie unglücklicherweise noch die Tischdecke mit sich, wobei das übrig gebliebene Essen – Würste, Käse, Essiggurken – in hohem Bogen auf dem Perser, Mamas ganzem Stolz, landete und einige Stücke des teuren Porzellans zu Bruch gingen, was meiner Mutter ein leidvolles »Oh nein!« entlockte.

Ich stand wie zur Salzsäule erstarrt daneben und brachte keinen Ton mehr heraus.

»Aber Barbara, du musst doch keine Angst haben ... schau dir Beppo doch mal an, er ist doch total lieb!«, redete mein Vater unbeirrt auf sie ein, mit einer Stimme, die normalerweise gerade noch bei Kleinkindern als passend durchgehen würde.

»Lassen! Sie! Mich! Mit! Dem! Scheißvieh! In! Ruhe!«, kam es wütend unter dem Tisch hervor, wo Babsi inmitten von Würsten, Käsescheiben und Scherben kauerte. Scheibenkleister, ich hatte Beppo noch nie in ihrer Gegenwart erwähnt. Aber ihre Vogelphobie, von der wusste ich sehr wohl.

Ich riss mich aus meiner Erstarrung und sprang vor meinen Vater, um ihm den Weg zu versperren. »Lass sie, Papa! Bring Beppo weg, bitte – schnell!«

»Aber ...«

»Kein Aber! Weg mit dem Vieh!« Augenrollend zog mein Vater mit Beppo auf dem Arm Leine. »So eine Aufregung aber auch, wegen eines süßen Vögelchens, na das bist du doch, Beppo, oder?«, hörte ich ihn noch mit der aufgesetzten Kinderstimme säuseln.

Meine Mutter hatte sich das große Kino währenddessen live von der Küchentür aus gegeben und wischte sich die Lachtränen aus den Augen. Ich schaute böse zu ihr rüber und bedeutete ihr, sie solle sich in die Küche zurückziehen.

»Babsi, Schatz, du kannst wieder rauskommen!«

»Ist er ... schnief ... ist er weg?«

»Ja, er ist weg. Du brauchst keine Angst mehr zu haben.«

»Wenn du mich anlügst, dann ... dann ... schnief ...«

»Ich verspreche dir, kein Vogel mehr weit und breit. Vertrau mir.«

Ich entschied mich, diesem missglückten Zusammentreffen ein Ende zu setzen, zog eine heulende, zitternde Babsi unter dem Tisch hervor, führte sie kurzerhand aus dem Haus und setzte sie in unser Auto.

»Aber deine Eltern ... ich muss mich doch verabschieden ... schnief ... was sollen sie denn jetzt von mir denken?«

»Ach, das erklär ich schon, keine Sorge. Tu mir nur einen Gefallen, Babsi – setz diese verdammte Pille wieder ab!« Diesmal widersprach sie mir nicht.

Ich kehrte noch mal zurück ins Haus und ging zu meinen Eltern, die sich in der Küche in einem Lachkrampf schüttelten. »Tut mir leid ... ich hab vergessen, euch zu sagen, dass Barbara sich vor Fleisch ekelt ... und dass sie panische Angst vor Vögeln hat«, erklärte ich mit betretenem Blick.

»Ja aber Günther ... das ist doch nichts Schlimmes. Nur muss man darauf so heftig reagieren? Ist deine Freundin immer so ... hysterisch?«

»Nein ... ich erklär euch das ein anderes Mal, o.k.? Ich bring sie jetzt besser nach Hause.«

»Ach, Sohnemann.« An ihren besorgten Blicken merkte ich, dass sie dem Ganzen nicht so richtig trauten.

»Pass gut auf dich auf ... und auf deine Freundin.«

»Mach ich! Ich ruf euch an!«

Barbara setzte die Pille ab und nach etwa zwei Monaten war sie glücklicherweise wieder ganz die Alte. Keine tickende Zeitbombe mehr. Wir haben eine andere Verhütungsmethode gefunden, die sie besser verträgt, aber das tut jetzt nichts zur Sache.

Der zweite Besuch bei meinen Eltern lief schon um viel relaxter ab. Wir hatten ihnen natürlich mittlerweile verraten, warum Babsi damals so ausgeflippt war. Babsi entschuldigte sich hundertmal, und Ma und Pa nahmen es mit Humor. Mittlerweile haben sie ihre Schwiegertochter total ins Herz geschlossen – vor allem mein Dad war mehr als beeindruckt, als Babsi es wagte, sich Beppo sogar einmal bis auf einen Meter zu nähern – was einer Mutprobe par excellence gleichkommt. Und wenn wir nun unseren Besuch ankündigen, greift Ma ihr zuliebe extra zu ihrem neuen vegetarischen Kochbuch. Die Gefahr der fliegenden Würste wäre also bis auf Weiteres gebannt.

10. KAPITEL

Es hat sich ausgequetscht!

*Walter (31), Grafiker, Salzburg,
über
Katrin (28), Trainerin, Salzburg*

Katrin ist wirklich ein nettes Mädchen. Ohne übertrieben weibliche Allüren, Zickereien, schlechte Angewohnheiten wie Rauchen oder übermäßige Affinität zu alkoholischen Getränken. Hat sie alles nicht. Außerdem ist sie grundehrlich und immer aufrichtig – bei ihr weiß man einfach, woran man ist. Streitereien sind ihr ein Gräuel. Genau, wie ich es mag – unaufgeregt und stressfrei eben.

Deshalb hatte ich auch keinen Einwand, als sie vorschlug, dass wir zusammenziehen sollten. Ja, warum auch nicht – wir führten zwar erst seit wenigen Monaten eine Beziehung, aber ich fühlte mich dermaßen gut aufgehoben bei ihr, dass ich das durchaus für eine gute Idee hielt – hatte ich doch mein bisheriges Dasein mehr als Lebensstatist geführt, der nach einem unspektakulären schulischen Werdegang einen ebenso unspektakulären beruflichen Weg eingeschlagen hatte, seit Jahren in derselben schnöden Junggesellenbude hauste. Gähnend laaangweilig … Es war also höchste Zeit für eine Veränderung – ein wenig Nervenjuckpulver konnte nicht schaden. Und Katrin schien mir durchaus eine alltagskompatible Gefährtin für mich zu sein.

So bezogen wir kurz darauf eine gemütliche Dreizimmerwohnung, die sie mit weiblicher Gründlichkeit von oben bis unten durchstylte, was ich höchst bewundernswert fand. Großartig – ich war endlich angekommen, endlich in einem richtigen Zuhause mit einer richtigen Frau.

Großartig – ich war endlich angekommen, endlich in einem richtigen Zuhause mit einer richtigen Frau.

Wie es eben so ist, wenn man zusammenlebt, kreuzten sich unsere Wege nun auch des Öfteren im Badezimmer. Eine gemeinsame Morgen- und Abendhygiene war mir etwas völlig Unbekanntes. Vor allem die hunderttausend Tiegelchen, Fläschchen und Tuben, die Katrin da so auf dem Allibert anhäufte, erfüllten mich mit Hochachtung. Warum tun sich Frauen so was an? Ich kannte nur Katzenwäsche. Ein Spritzer kaltes Wasser links, ein Spritzer rechts – fertig! Meine Freundin allerdings konnte Stunden im Bad verbringen. Stunden! Zeit, die ich – als altbekannter Vielschläfer – schlummernd in meine Bettdecke eingerollt verbrachte oder mich, auf der Couch lümmelnd, wichtigeren Dingen widmete – wie zum Beispiel den Angel- oder Motorradsendungen auf DMAX.

Was Katrin bei ihren Badezimmer-Sessions tat? Nun ja – anfangs dachte ich, sie würde sich das Gesicht mit diversen Cremes vollpappen oder sich die Beine rasieren. Was Mädels halt so tun! Als ich sie jedoch einmal – ich musste mal für kleine Jungs – vor dem Spiegel überraschte, blieb ich erstaunt in der Tür stehen.

> Es gibt doch nichts Schöneres, als einen Pickel oder Mitesser auszuquetschen!

»Was zum Teufel tust du da?«, lachte ich auf. Sie stand dicht vor den Spiegel an den Waschtisch gelehnt und quetschte an ihrer Nase rum. »Mitesser. Die müssen raus!« Sie sah mich an. Mein lieber Schwan – wie sah die denn aus? Ihre sonst so zierliche Stupsnase war knallrot und geschwollen. »Mensch, Kati! Du tust dir doch weh!«

»Aber wo denn. Das macht voll Spaß!« Ich schüttelte missbilligend den Kopf. »Du spinnst ja, Liebling.«

»Gar nicht. Du hast auch total viele davon. Wollte ich dir schon immer mal ausquetschen! Lass mich mal schauen!« Sie kam mir mit ihren Fingern gefährlich nahe. »Nein! Kommt nicht infrage!«, wehrte ich ängstlich ab und floh aus dem Bad.

Katrin allerdings gab keine Ruhe. Auch am nächsten Tag beim Frühstück fing sie wieder an mit dem Thema – unbedingt wollte sie sich meinen Riechkolben vornehmen, um ihn »mitesserfrei« zu machen. »Sag mal, wie lange machst du das denn eigentlich schon?«, wollte ich wissen. »Ach, schon immer! Ich liebe das! Es gibt doch nichts Schöneres, als einen Pickel oder Mitesser auszuquetschen! *Alle* Frauen lieben das! Ist so herrlich entspannend ...«, schwärmte sie. Hm, davon hatte ich bislang noch nie gehört. Verfügte ich etwa über eine Wissenslücke in puncto weibliche Vorlieben? Eigentlich wollte ich mich ja gar nicht näher damit befassen – ist ja schließlich keine besonders appetitliche Angelegenheit.

Aber leider wurde ich noch mit weiteren Details zugepappt – äußerst bildlichen noch dazu: »Wenn du anfängst, zu quetschen, und du nicht weißt, wie viel da rauskommen wird ... so spannend! Obwohl, Mitesser sind eher beruhigend, die kommen ganz langsam aus der Pore raus. Aber bei den richtig großen, gelben Teilen, wenn es dann PLOPP macht – und es spritzt, und manchmal landet das Zeug dann sogar auf dem Spiegel!« Ihre Augen glänzten. »Es ist eine extrem produktive Tätigkeit, also sofern was rausploppt, verstehst du?« Ne, verstand ich nicht. Andere spielen Sudoku oder gehen einen trinken, wenn ihnen fad ist.

So sehr ich mich bemühte, der drohenden Quetschattacke auszuweichen – sie ließ nicht locker. Also gab ich mich in einer schwachen Minute geschlagen. Ich liebte sie ja und tat mich schwer, ihr einen Gefallen zu verweigern.

»O.k., dann mach halt meine Nase mitesserfrei. Aber nur die Nase.«

»Jaja. Warte hier, ich hole schon mal ein paar Taschentücher.« Und dann war ich dran. Ich fühlte mich in die hilflose Opferposition versetzt, die man sonst nur vom Zahnarzt kennt, als ich da mit dem Kopf in Katrins Schoß auf unserer Couch lag, eine Stehlampe in bedrohlich geringem Abstand über meinem Gesicht, die taschentücherumwickelten Finger meiner Freundin links und rechts in meinem Gesicht. Ich sah kaum noch etwas, meine Augen tränten, und als sie begann, an mir herumzudrücken, hätte ich am liebsten laut aufgeschrien. Alter Falter – *das* waren Schmerzen! Schier unerträglich. Tausende Gedanken schossen mir durch den Kopf, die ich auch zwischen meinen gequälten Jaulern aussprach. »Aua – ein Kind auf die Welt zu bringen ist bestimmt ein Klacks gegen diese Folter!« Katrin lachte laut auf. »Jetzt tu nicht so waschlappig, Walter. Wirst sehen, danach bist du noch viel schöner.« Sie wirkte wie hypnotisiert, als sie da an mir herumquetschte, die Augen wie besessen geweitet, die Zunge seitlich aus dem

Wir stritten noch fürchterlich an diesem Abend, nachdem ich ihr vorgeworfen hatte, dass sie ein Ferkel mit perversen Vorlieben war und sie eine Pickel-Fetischistin nannte.

Mund herausgestreckt. Eigentlich die ideale Besetzung für *Tanz der Teufel*, Teil 1 bis 100 – *so* hatte ich meine sonst so gelassene Freundin noch nie gesehen. Erschreckend! Ihre Fingernägel gruben sich ins Fleisch und schoben es auf meinem Nasenbein hin und her. Panik floss durch meine Adern, und meine Atmung wurde immer flacher. Mir wurde schlecht vor Schmerz.

»Aufhören! Sofort aufhören! Ich kotze gleich!«, schrie ich verzweifelt und befreite mich aus meiner hilflosen Lage. »KATRIN! So kenne ich dich gar nicht … du machst mir Angst«, keuchte ich. »Aber Schatz. Du übertreibst maßlos. Ich hab das schon bei vielen Leuten gemacht, und die haben sich nicht so aufgeführt.«

Igitt, wie ekelhaft – die Vorstellung, dass sie auch noch an anderen herumquetschte. Wir stritten noch fürchterlich an diesem Abend, nachdem ich ihr vorgeworfen hatte, dass sie ein Ferkel mit perversen Vorlieben war und sie eine Pickel-Fetischistin nannte. Katrin war fürchterlich beleidigt. Und weil ich es nicht ertragen konnte, dass sie traurig war, entschuldigte ich mich gleich am nächsten Tag mit einem riesengroßen Rosenstrauß. Gut, alles wieder in Butter.

Ich ging davon aus, dass die Quetschsache nun zwischen uns als Tabu behandelt werden würde. Ein paar Wochen lang hatte meine Freundin nämlich schon nicht mehr darüber gesprochen – und abgesehen davon, dass sie an sich selbst weiterhin ständig rumzudrücken schien, was immer daran zu erkennen war, dass sie mit malträtierter, roter Clownnase oder geschwollenen Stellen an Stirn, Kinn oder Wange aus dem Bad kam, passierte nichts.

Leider hatte ich mich mit meiner Hoffnung gewaltig geschnitten. Denn bald fing es wieder an: »Liebling, du hast fürchterlich unreine Haut am Rücken ... ein wahres Minenfeld an Pickeln – wunderbare Pickel, ein Paradies für mich! Lässt du mich – ganz vorsichtig?«

»NEIN!«

> »Liebling, du hast fürchterlich unreine Haut am Rücken ... ein wahres Minenfeld an Pickeln – wunderbare Pickel, ein Paradies für mich!«

»Ach bitte ... bittebittebitte!« Diesen flehenden Rehaugen hatte ich nichts entgegenzuhalten, außerdem tröstete ich mich mit dem Gedanken, dass der Rücken gefühlsunempfindlicher sein musste als das Gesicht.

»Na gut«, seufzte ich also. »Aber bitte vorsichtiger als neulich. Sonst krepiere ich!« Katrin grinste. Ich konnte sehen, wie gierige Vorfreude in ihren Augen aufblitzte. Ich versuchte, mich zu beruhigen. Es wird besser, es wird besser, du wirst sehen, sie wird dir nicht wehtun, sie liebt dich doch.

Es war nicht besser. Nein, es war sogar noch viel schlimmer. So musste sich ein Tier bei einer Schlachtung fühlen – wehrlos, verzweifelt, den Tod vor Augen. Es schmerzte, als würde sie mit Rasierklingen an meinem Rücken herumschlitzen. Ich war mit Chucky, der Mörderpuppe, zusammen. Gute Arbeit, Walter!

»Ah, ja, da ist ein Schöner. Jaaa, der ist schön! Achtung, Zähne zusammenbeißen, ist gleich vorbei ...«

»Aaaaah! Weg! Geh weg von mir!« Mir blieb nichts anderes übrig, als aufzuspringen, wegzulaufen und mich im Bad einzusperren. Katrin klopfte von draußen an die Tür. »Schatz, das ist doch lächerlich.« Ich blieb stumm und wartete, bis ich ihre Schritte hörte, als sie abzog – erst dann konnte ich entspannt aufatmen.

Nach diesem Erlebnis – der »Schlachtung«, wie ich es heute noch mit einem Augenzwinkern betitele – bekamen wir uns noch ein-, zweimal wegen des leidigen Themas in die Haare. Nicht, weil sie an *mir* rumdrücken wollte, nein – ich blieb danach verschont von Katrins spitzen Fingernägeln. Sie hatte jedoch keine Scheu, sich an anderen Opfern zu vergehen.

Wie das eine Mal zum Beispiel, als mein Freund Konrad zu Besuch kam. Schon als er in der Tür stand, schwante mir nichts Gutes: Eine fette Eiterbeule leuchtete auf seiner Stirn, so prall gefüllt, als würde sie gleich von selbst platzen. Ekelhaft. Und ein gefundenes Fressen für meine quetschaffine Freundin ... klar, dass ihr das Unding sofort ins Auge sprang. »Konrad! Sag mal, wie lang wächst denn das Riesenteil da auf deiner Stirn schon vor sich hin? Komm her, lass mich mal ran.« Konrad griff sich verwirrt an den Kopf, wahrscheinlich hatte er nicht einmal eine Ahnung davon, welch ein Schmuckstück er da mit sich herumtrug – schon hatte sich Katrin zwei Stück Küchentücher geschnappt und machte sich an Konrads Gesicht zu schaffen. Der Arme wusste nicht, wie ihm geschah – und schon zersprang die Beule zwischen Katrins Fingern, gefolgt von einem lauten, qualvollen Schrei aus Konrads Kehle. »So. Jetzt bist du das Ding los. Sieht ja gleich viel besser aus«, lächelte Katrin und inspizierte zufrieden die verschmierten Küchentücher in ihren Händen.

Ich war angefressen. Nicht nur, dass das gerade megapeinlich gewesen war, nein, sie hatte ihm nicht einmal eine winzige Gelegenheit zur Flucht gelassen. Komplett unsportliches Verhalten – unter Männern ein absolutes No-go! Ich warf meiner sonst so geliebten Kati einen bösen Blick zu, schnappte mir Konrad und beschloss, ihn bei einem Bier dieses traumatische Erlebnis vergessen zu lassen. Konnte Frau Quetsch natürlich nicht verstehen und versuchte, uns zurückzuhalten. Aber man muss auch mal hart bleiben, sonst wird man von den Frauen schnell nicht mehr ernst genommen. So ist das nämlich!

Katrins Krönung zur Quetschprinzessin erfolgte wenige Tage später: auf der Geburtstagsfeier meines Onkels. Zahlreiche lustige Leute waren geladen, wir saßen rund um einen großen Tisch in einer gemütlichen Pizzeria und schäkerten rum, als Niko zu uns stieß – ein alter Bekannter meines Onkels. Ein netter Kerl, aber in Sachen Aussehen eher am unteren Ende der Nahrungskette angesiedelt. Schon seit jeher war er mit kraterdurchwachsener, von dicken Prachtpickeln übersäter Aknehaut gesegnet. Als ich einen Seitenblick zu Kati warf, um zu checken, ob sie ihn schon entdeckt hatte, bot sich mir das bereits befürchtete Bild: Ihre Augen klebten an seinem Gesicht. Klar, für sie musste er das sein, was ein Automatenkasino für einen Spielsüchtigen ist: der Garten Eden.

Ich stieß sie an: »Kati! Jetzt starr doch nicht so!« Ihr Mund stand offen. »Ich kann nicht anders!«

»Doch, du kannst. Reiß dich zusammen!«

Es kam, wie es kommen musste: Sobald Niko das erste Mal vom Tisch aufstand, um sich in Richtung Toilette zu begeben, legte Katrin ihren Löffel, mit dem sie gerade noch genüsslich ihr Tiramisu verspeist hatte, beiseite und machte sich daran, ihm zu folgen. Als beide nach zehn Minuten noch immer nicht zurück waren, schwante mir Schlimmes. Ich beschloss, dem armen Niko zu Hilfe zu eilen. Was auch dringend vonnöten war! Denn er stand bereits vor dem Spiegel des Männer-WCs und betrachtete sich argwöhnisch und vollkommen verunsichert im Spiegel. Daneben meine Freundin, die ihm gerade erklärte, dass man »mit regelmäßiger Entfernung der Pickel schnell ein viiiel besseres Hautbild« erhalte. »Es tut auch gar nicht weh! Und du wirst sehen, bei den Mädels wirst du danach viel mehr Erfolge verbuchen können!«, flirtete sie ihn an.

»Kati!!! Jetzt reichts aber, klar? Lass Niko in Ruhe und komm sofort wieder an den Tisch zurück!«

»Aber ich will doch nur einmal! Nur *einen* – nur zum Probieren! Bitte, Niko!!!«, flehte sie ihn mit ihren Rehaugen an. Niko wurde immer kleiner und kleiner und brachte vor Scham kein Wort mehr zustande. »Wenn du jetzt nicht sofort aufhörst, auch noch andere Leute mit deiner abartigen Quetscherei zu belästigen, mache ich Schluss mit dir! Dann hat es sich ausgequetscht! Und das meine ich ernst!«

Howgh – ich hatte gesprochen. Und es hatte gesessen. Der geschockte Niko konnte sich unbemerkt aus der Affäre ziehen, während mich meine Freundin entgeistert anblitzte. Die Szene, die wir uns darauf vor dem Männerklo noch lieferten, schildere ich jetzt nicht im Detail, nur so viel: Sie war nicht von schlechten Eltern. Aber genau deshalb vielleicht auch so wirksam. Denn nach ein paar Tagen massiv eingeschränkter Kommunikation entschuldigte sich Katrin reumütig bei

> »Wenn du jetzt nicht sofort aufhörst, auch noch andere Leute mit deiner abartigen Quetscherei zu belästigen, mache ich Schluss mit dir! Dann hat es sich ausgequetscht! Und das meine ich ernst!«

mir und gelobte Besserung. Was sie auch eingehalten hat – bis jetzt. Ihre Ausdrück-Orgien gönne ich ihr zwar weiterhin (und darf mich auch ein bisschen darüber lustig machen) – aber der Rest der Weltbevölkerung blieb seither davon verschont. Und wird es hoffentlich auch bleiben!

11. KAPITEL

Geschichten aus dem Unterland

Gregor (40), Bürokaufmann, Linz,
über
Inge (27), Bürokauffrau, Linz

Inge mag ja echt ein netter Mensch sein. Aber so etwas wie Feingefühl wurde ihr wohl nicht in die Wiege gelegt. Oder Diskretion. Oder Sinn für Privates. Nein, sie besitzt nichts davon. Das habe ich schon am ersten Tag gemerkt, den ich mit ihr verbringen durfte. Und gezwungenermaßen verbringe ich nicht wenig Zeit mit ihr – denn sie ist meine Arbeitskollegin und wir sitzen im selben Büro. Genauer gesagt sind wir Schreibtisch-Nachbarn. Wir sitzen also etwa 1,50 Meter voneinander entfernt, sehen uns im Schnitt acht Stunden täglich, und das fünf Tage die Woche. Abzüglich der Urlaubstage oder der Zeit, die man im Krankenstand verbringt, wenn es denn mal sein muss. Bleibt also immer noch ganz schön viel übrig. Und was ich an jedem dieser Tage bereits mitmachen durfte, das passt auf keine Kuhhaut!

Es ist nämlich so: Ich kenne Inges Intimbereich in- und auswendig. Selbst die kleinsten Details davon habe ich ständig vor Augen, ob ich nun will oder nicht. Man könnte jetzt denken, das rühre daher, dass ich eine sexuelle Beziehung mit ihr hätte, aber mitnichten! Unser Körperkontakt hat sich bisher auf kollegiales Händeschütteln beschränkt, und das wird auch in Zukunft so bleiben. Ich bekomme die Details aus ihren Feuchtgebieten vielmehr verbal geschildert – nur hat Inge unglücklicherweise ein Talent, diese Dinge so unverblümt und bildlich zu erzählen, dass sich das Kopfkino dabei verselbstständigt, ob man nun will oder nicht. Wie bei einem Unfall oder einer gräulichen Szene eines Horrorfilms: Es ist zwar schlimm, aber wegschauen geht nicht. In Inges Fall gilt das fürs Weghören.

Ich kann mich noch genau an meinen ersten Arbeitstag erinnern: Ahnungslos sitze ich da, bin gerade mit meinen neuen Kollegen bekannt gemacht worden und mache mich daran, mein Schreibtischumfeld adäquat zu gestalten, mich mit meinem Computer vertraut zu machen, Ordner anzulegen und Stifte zu drapieren – da seufzt es plötzlich laut neben mir. »Aaah ...«

Inge. Sie schwingt sich mit ihrem Drehstuhl näher an mich ran und eröffnet das Gespräch. »Ich sags dir, dieser Vaginalpilz, mit dem ich mich jetzt schon seit Monaten herumschlage, der will einfach nicht besser werden.« Zack-prack. Hab ich da eben richtig gehört? Ich schenke ihr einen fragenden Blick, nicht unhöflich oder so, eher erstaunt. Man soll es sich ja nicht gleich von Anfang an verscherzen mit neuen Kollegen, das ist immer schlecht. »Ja, es ist wirklich ganz schlimm. Dieses Jucken, und da kommt dann immer noch so ein Ausfluss dazu ...« Details über Aussehen, Substanz und Geruchsnote des besagten Ausflusses folgen, aber die will ich dem geneigten Leser ersparen. Das ist zu viel der Realität, das braucht niemand. Ich sage nur so viel: Es ist alles andere als appetitlich! Ich sitze also nur mehr mit offenem Mund da und bringe kein Wort heraus. Wie denn auch? Was soll ich denn als Mann dazu sagen? Meine Frau hatte das auch einmal, also diesen Vaginalpilz, so viel weiß ich, aber mehr hat sie mir darüber auch nicht erzählt, auf die Idee würde sie auch niemals kommen. Glaube ich. Aber, eben, Höflichkeit gehört sich schließlich, vor allem im Office, und ich kenne diese Inge ja erst ganz kurz. Also sage ich: »Na ja, kann man dagegen nichts nehmen? Also ein Medikament, meine ich?«

»Ja, schon. Ich habe ja auch schon alles durchprobiert. Das kannst du dir gar nicht vorstellen: Zäpfchen, Spülungen, Sitzbäder – alles! Aber nichts hilft.« Mehr als ein verständnisvolles »Hmmh« fällt mir dazu nicht ein. Mir ist diese abstruse Situation verdammt peinlich. Zum Glück ist dann schon Zeit fürs Mittagessen und die Chance auf weitere Gespräche aus Inges Intimbereich vorerst gebannt. Denke ich. Ist aber weit gefehlt. Denn der Vaginalpilz und seine Folgen werden auch Thema am Mittagstisch. Und nicht, wie normalerweise beim Büro-Lunch, die Schwie-

> »Ich sags dir, dieser Vaginalpilz, mit dem ich mich jetzt schon seit Monaten herumschlage, der will einfach nicht besser werden.«

rigkeiten mit diversen Computerprogrammen, die Aufteilung des Resturlaubs oder das ungenießbare Kantinenessen. Keine Chance auf Gespräche dieser Art. Denn ohne jegliches Schamgefühl breitet Inge ihre intimsten Problemchen ausnahmslos vor allen aus und erbittet sich Rat. Die anderen reagieren ähnlich wie ich – nämlich mit betretenem Starren in ihre Suppenschüsseln. Manchmal durchbricht einer die unangenehme Stille mit einer rettenden Harmlos-Frage. Ich bin heilfroh, dass sich Inge an diesem Nachmittag freinimmt – mit der Begründung, mit diesem schrecklichen Jucken zwischen ihren Beinen wäre das lange Sitzen eine schreckliche Qual und sie würde es mit einem weiteren Sitzbad versuchen.

Aber natürlich kommt sie bald wieder ins Büro. Und die detaillierten Schilderungen hören nicht auf, nein, sie sind mittlerweile fixer Bestandteil meines Büroalltags! Ich meine, es ist wirklich schräg – denn, wenn man Inge so ansieht, dann könnte man nicht glauben, wie dreist diese Frau ist. Sie ist Anfang dreißig und sieht eigentlich eher aus wie ein Lämmchen, blonde, mittellange Haare, ganz normale Figur, sportlicher Kleidungsstil. Prüde bin ich bestimmt nicht, aber so eine offenherzige Person habe ich noch nie erlebt. Ich weiß nicht, wie oft sie mich schon gefragt hat, ob meine Frau Luisa auch schon öfters unter »diesen ständig geröteten, offenen« Schamlippen gelitten hat, und wenn ja, was sie denn dagegen machen würde. Oder ob sie auch so oft über Schmerzen beim Sex klagen würde, denn ihr, also Inge, würde der – laut ihren Schilderungen – großformatige Penis ihres aktuellen Freundes schon ganz schöne Probleme bereiten. Nicht bei allen Stellungen, aber die Reiterstellung oder von hinten, das gehe gar nicht. »Wenn er nur so zu einem Viertel eindringen würde, dann würde es ja gerade noch funktionieren, aber weiter – nein, das ist ein absolutes No-go. Da stößt er dann an meinen Muttermund, so wumm, wumm, wumm – und glaube mir, dieser Schmerz geht bis in den Brustkorb. Grau-en-haft. Das letzte Mal habe ich geschrien wie am Spieß. Da hab ich dann gesagt, das lassen wir

jetzt lieber, aber ist auch klar, wenn er so ein Riesenteil hat.«
Aha. Der letzte Freund war ja weniger gut bestückt, das weiß ich
noch, oder sagen wir besser, ich kann die Erinnerung daran nicht
aus meinem Gehirn löschen, auch wenn ich es gerne würde. Den
Johannes dieses Verflossenen hat sie mir nämlich bis ins kleinste
Detail beschrieben. Nicht nur die Länge und den Durchmesser,
nein, auch den Farbton der Eichel, das Ausmaß der Behaarung
am Sack und drum herum, die Beschaffenheit der Vorhaut und
die beiden »dicken Adern, die jedes Mal noch stärker heraus-
kommen, wenn er hart ist«.
Bitte, wen interessiert so was?
Niemanden! Ich habe schon
richtig Bammel davor, dass
sie mich fragt, wie denn mein

> Leider verfüge ich über eine zu gute Kinderstube, um ihr mal so richtig den Marsch zu blasen.

bestes Stück eigentlich aussieht. Denn das würde ich bestimmt
nicht vor ihr ausbreiten – wer bin ich denn? Leider verfüge ich
über eine zu gute Kinderstube, um ihr mal so richtig den Marsch
zu blasen. Und die anderen Kollegen offensichtlich auch, denn
niemand regt sich auf – alle tun so, als wäre alles ganz normal.
Nicht mal der Chef spricht ein Machtwort, aber vielleicht liegt
es daran, dass Inge ihre Arbeit wirklich gut macht. Da fallen so-
ziale Kompetenzen eher ins Vernachlässigbare, so scheint es mir
zumindest. Und irgendwann ist der Zug auch abgefahren – wenn
man gewisse Grenzen nicht gleich am Anfang setzt, funktioniert
es nie mehr. Ich glaube, diesen Zug habe ich verpasst.
  Kürzlich wars noch schlimmer, denn Herbert, der auch noch
in unserem Büro sitzt, hatte sich eine heftige Grippe eingefangen. Wenn er da ist, teilen wir unser Leid wenigstens und lästern
über Inges Ausfälligkeiten, was das Ganze etwas erträglicher
macht. Aber aufgrund von Herberts Ausfall war ich der Inge
drei Wochen lang völlig alleine ausgeliefert. Ganze drei Wochen!
Da hatte ich wirklich die Arschkarte gezogen, denn noch dazu
war sie in dieser Zeit wieder einmal bei ihrem Frauenarzt gewe-

sen – was sie bis ins letzte Detail vor mir ausbreitete. Ungefragt natürlich. Ich wusste schon bei ihrem ganz gewissen Seufzen, diesem »Aaah ...«, bei dem es mir schon die Haare aufstellt, weil sie damit jede ihrer intimen Ausführungen eröffnet, dass jetzt gleich wieder etwas kommt. Und so war es auch: »Da liege ich so auf dem Stuhl, man kann sich ja vorstellen, wie unbequem das ist, wenn man die Beine so meilenweit auseinandergespreizt hat, damit der Arzt ganz reinsehen kann, und dann schiebt der seine Instrumente in mich rein, die sind ja immer so unangenehm, so hart und wäh, und da schüttelt er schon den Kopf – da habe ich gleich gewusst, es stimmt was nicht. So was spürt man.« Am liebsten hätte ich meine Kopfhörer aufgesetzt und die Musik auf Anschlag gedreht, aber kann man ja nicht, ist ja unhöflich. »Dann zieht er dieses Wattestäbchen heraus und sagt: ›Oh ja, das sehe ich schon mit bloßem Auge, dass Sie da eine böse Infektion haben.‹ Eine Multiinfektion oder so was ist das, hat er dann gemeint. Keine Ahnung, wo ich mir das eingefangen habe ... aber was sich da an kleinen Tierchen tummelt, das muss man sich einmal vorstellen!« Gedanklich hatte ich spätestens da auf Durchzug geschaltet, aber die Bilder dazu hatten sich schon in meinem Kopf manifestiert. Tausende kleine, wackelnde und sich verformende Viecher, die sich da unterhalb von Inges Gürtellinie eingenistet hatten und dort ihr Unwesen trieben.

Es wäre leichter gewesen, wenn sie mir nicht auch schon einen Exklusiv-Vortrag über die Form ihrer Geschlechtsteile gehalten hätte – aber da ich auch diese, zwar unfreiwillig, aber doch in detailliert bildlicher Form gespeichert hatte, nämlich über die Größe und Farbe ihrer Schamlippen bis zu der aktuellen Fasson ihrer Schambehaarung, machte das die Vorstellung ziemlich real. In diesem Moment wäre ich am liebsten eine rauchen gegangen, um runterzukommen und die Gedanken verschwinden zu lassen. Aber erstens rauche ich nicht. Und zweitens ist sie ja nicht aufzuhalten, wenn sie einmal in Fahrt ist. Nicht mal ein

Tsunami kann ihren Redeschwall dann noch stoppen: »Und wie das riecht!

Ekelhaft, sag ich dir. Beim Sex ist das besonders unangenehm, ich will ja nicht unbedingt, dass mein Freund das mitbekommt. Aber da habe ich eine schlaue Idee gehabt, einen Tipp aus dem Internet, ich surfe da ja so rum, in einem Frauenforum, da findet man oft ganz vernünftige Ratschläge.« Ich schaute fragend, obwohl mich die Antwort Nüsse interessierte, aber das ging schon ganz automatisch nach der ganzen Zeit. »Rosenöl!«, rief sie begeistert aus. »Man schmiert sich einfach Rosenöl auf die Muschi und das übertüncht dann den Geruch. Super Idee, was?« Ich nickte.

> »Man schmiert sich einfach Rosenöl auf die Muschi und das übertüncht dann den Geruch. Super Idee, was?«

Das Blöde ist, Inge würde nicht einmal einen Gedanken daran verschwenden, dass sie nicht ganz normal ist. Sie redet ja auch mit ihren Freundinnen so! Das weiß ich, weil zwei von denen sie mal im Büro besucht haben. Um sich dann darüber auszulassen, dass »der Jan es nicht fertigbekommt, sich die Haare rund um das Poloch zur Gänze wegzurasieren, und das dann einfach unangenehm ist, wenn man mit dem Finger ...« Iiih! Und das haben sie schamlos vor mir ausgebreitet, ohne meinen vor Schamesröte fast explodierenden Kopf auch nur zur Kenntnis zu nehmen!

Ich will mir gar nicht vorstellen, welche Themen bei denen aufkommen, wenn sie sich am Stammtisch treffen. Da würden sogar die Mädels von *Sex and the City* beschämt das Weite suchen, da bin ich mir sicher. Aber, als wäre das nicht genug, Inge bespricht ihre Muschigeschichtchen ja sogar mit ihrer Mutter. Weiß ich, weil sie täglich mit ihr telefoniert. Manchmal mehrmals. Und, so hat es zumindest den Anschein, die erste Frage, die die Frau Mama dem lieben Töchterchen stellt, ist nicht »Wie gehts?«, sondern »Was macht der Pilz?«. Und dann gehts schon los – von »Ich habe mir heute in der Früh einen Spiegel zwischen die Beine geklemmt und ich sage dir, das sieht gar nicht gut aus. Irgendwie kommt es mir so vor, als hätte ich da ein paar rote Pusteln gesehen, so nässende Pusteln, kannst du dir vorstellen, was ich meine?« bis zu »Diese neuen Zäpfchen, die ich da jetzt habe, die sind fast so groß wie ein Finger! Kannst du dir vorstellen, wie es sich anfühlt, den ganzen Tag mit so einem Torpedo-Ding in dir drin herumzulaufen? Mama, das macht mich ganz unruhig« war schon alles dabei. Das mag auf Außenstehende bestimmt amüsant wirken – aber für mich ist es inzwischen alles andere als lustig.

Alle meine Versuche, unsere bürointernen Gesprächsthemen auf ein normales Thema zu lenken, sind kläglich gescheitert. Jedes »normale«, sprich harmlose Gespräch über Alltägliches interessiert Inge nicht die Bohne. Ich glaube, so was wie einen normalen Alltag hat sie gar nicht. Die beschäftigt sich von früh bis spät mit ihren Feuchtgebieten, das ist ihr Lebensinhalt. Und wir, also vor allem Herbert und ich, dürfen darunter leiden. Aber – was soll man denn machen, wenn man so eine Kollegin hat? Über Versetzung nachdenken? Oder gar Kündigung? Habe ich natürlich schon mehrmals getan. Ist mir dann aber doch zu riskant, und wie komme ich dazu, dass ich mich von so einer redseligen Tante von meinem Arbeitsplatz verdrängen lasse? Nein, das kriegt sie nicht fertig. Wie gesagt, um sie darauf anzusprechen, ist es meiner Meinung nach zu spät. Ich könnte natürlich auch mit dem Chef reden, aber der kriegt eben nicht einmal die Hälfte mit, außerdem hält er viel auf Inge, und als Petze will ich dann auch nicht dastehen. Ich hoffe vielmehr, dass das jemand anderes für mich übernimmt – vielleicht hat ja Herbert bald die Nase voll. Der sagt ja auch nie etwas. Aber vielleicht doch, irgendwann einmal … Bis dahin sitze ich die Situation einfach aus und täusche, sofern es geht, höchste Konzentration auf die Arbeit vor. Oder schütze mich mit meinen Kopfhörern vor dem nächsten eine Feuchtgeschichte ankündigenden »Aaaah …«.

12. KAPITEL

Stromausfall

Sebastian (36), Elektroinstallateur, Klagenfurt,
über
Brigitte (ca. 45), Beruf unbekannt, Klagenfurt

Im Laufe meiner Karriere als Elektro-Fachmann habe ich schon so einiges erlebt. Himmel, da gibt es Geschichten, die lassen einem die Haare zu Berge stehen – wortwörtlich. Aber trotz einiger unvermeidlicher Stromschläge habe ich bis dato alles gut gemeistert, oder sagen wir lieber: überlebt. Man weiß ja, was man tut. Auch wenn es hin und wieder wirklich heikle Gesellen gibt, mit denen man zu tun hat. Da steh ich drüber. Gehört ja zum Berufsalltag! Allerdings, die Lady, auf die ich da vor einigen Monaten getroffen bin, hat den Vogel abgeschossen. Seitdem habe ich immer ein flaues Gefühl im Magen, wenn ich weiß, ich habe im Haus einer Frau etwas zu erledigen. Und das hat nichts mit der Angst vor etwaigen Stromschlägen zu tun.

Es war ein kalter, windiger Tag im Oktober. Der Wohnkomplex, in dem ich einen E-Herd anschließen sollte, war soeben frisch fertiggestellt worden. Die Siedelei der neuen Mieter war noch voll im Gange. Tonnenweise Kartonabfall, hauptsächlich von IKEA, türmte sich an den Papiermülltonnen, nebst Möbeln, die offensichtlich beim Einrichten der neuen Domizile doch keinen Platz mehr gefunden hatten – oder in Anbetracht ihrer Hässlichkeit doch lieber aussortiert worden waren: ein Schreibtischstuhl, dessen geschmacklos gemusterter, abgewetzter Bezug darauf hindeutete, dass seine Glanzzeit – höchstwahrscheinlich in den Neunzigerjahren – schon lange vorüber war. Daneben eine halb zerbrochene, nachgebildete griechische Amphore, aus deren Öffnung ein ausgebleichtes Bouquet an Kunstblumen ragte. Außerdem ein Beistelltisch mit nachgebildeten Löwenfüßen, der viel Geld gekostet haben musste, bei dem sich dann aber offensichtlich doch noch das letzte bisschen Geschmack des Besitzers zu Wort gemeldet hatte, sodass er ihn seiner wahren Bestimmung zukommen ließ: der Mülldeponie.

Aber ich schweife ab. Das ganze Drumherum tut nichts zur Sache. Das wahre Debakel begann damit, dass ich an der Wohnungstür Nummer 54 klingelte. Mit dem Auftrag, einen E-Herd anzuschließen. Eigentlich keine große Aufgabe, deshalb war ich auch locker wie immer. Ich ahnte ja noch nicht, dass Gefahr in Verzug war.

Sie sah auch ganz und gar nicht gefährlich aus, die Lady, die mir da die Tür öffnete. Dunkelblond, mittelgroß, mittelalt, mittelschlank. Wahrscheinlich Bankangestellte oder Reisebürokauffrau, so was in der Art. Ja, danach sah sie aus. Freundlich bat sie mich in die Wohnung und führte mich zum Ort des zu lösenden Problems: in die Küche. Ein fetter Kater strich um meine Beine, als ich mein Werkzeug ausräumte. Aha, alleinstehend also. Warum ich das dachte? Na, Katzenbesitzer-Frauen sind doch meistens ohne Mann, ich meine, mal ehrlich – wer hält denn das Miauen auch schon auf Dauer aus? Oder sie war frisch geschieden und hatte sich in ihrer neuen, unerträglichen Einsamkeit eine Mieze als Seelentröster zugelegt. Ein ganz neues Leben beginnen, noch einmal von vorne anfangen, wahrscheinlich war nicht nur die Katze neu, sondern auch die Frisur, ihre frisch aufgepeppte Garderobe und vielleicht sogar ihre Titten. Und jetzt würde sie sich selbst neu erfinden – offensichtlich erst mal ohne Mann im Haus. Denn nichts in ihrer Wohnung deutete auf die Anwesenheit von Testosteron hin. Nichts – keine herumliegenden Socken, kein riesiger Flat-TV, keine Mega-Stereo-anlage, keine Autozeitschriften, keine Bierflaschen, kein Aschenbecher, nichts. Stattdessen staubkörnchenlose Sauberkeit, frischer Geruch, ein Blumenstrauß (bestimmt selbst gekauft, als Belohnung für die endlich erledigte Anmeldung zum Step-Aerobic) und lachsfarben getünchte Wände. Das sagt ja wohl alles!

Außerdem haben Männer feine Antennen, wenn es um alleinstehende Frauen geht. Das liegt mitunter daran, dass die das einfach ausstrahlen – ob sie wollen oder nicht. Ich kenne das

> Sie sah auch ganz und gar nicht gefährlich aus, die Lady, die mir da die Tür öffnete.

von vielen meiner beruflichen Einsätze. Kaum kommt denen ein männliches Wesen in ihren Radarbereich, benehmen sie sich, als wären sie die Lieblichkeit in Person. Und das wirkt dann immer so aufgesetzt, dass ich mir glatt das Lachen verkneifen muss. So sehr sie sich auch bemühen, sie können es nicht verbergen, dass jeder Y-Chromosom-Träger, der in ihre Nähe kommt, ein potenzielles Opfer ist. So war es auch bei besagter Lady, der ich nun ihren Hightech-Herd anschließen sollte. Sie lächelte mich so voller Güte an, als wäre ich ihr lange verloren gegangener Sohn, nicht ohne mich gleichzeitig immer wieder mit anzüglichen Blicken von oben bis unten zu betrachten. Uuuaaah!

»Darf es etwas zu trinken sein?«

»Ja, bitte, ein Bier wär gut.«

»Das tut mir leid, ich habe keins zu Hause ...«

Sagte ich doch – kein Bier!

»Danke, ich nehme auch Wasser, wenns sein muss.« Sie brachte Sprudel mit Eis und einer Zitronenscheibe. Fehlte nur noch das Papierschirmchen.

Ich werkelte also herum, und nach etwa einer halben Stunde war das Ding im Kasten. Stolz auf meine gute Arbeit rieb ich mir die Hände, räumte meinen Werkzeugkasten wieder ein und leerte höflich mein Glas. Meine Kundin hatte mir die ganze Zeit bei der Arbeit zugesehen, was mich aber nicht weiter irritiert hatte. Ich kannte das schon, viele Leute tun das, die meisten davon, weil sie glauben, sie müssten ein Auge darauf haben, was der kleine Elektriker da tut und ob er auch ja keine Anschlüsse vertauscht. Da stehen sie dann wichtig rum und man merkt förmlich, wie sehr es sie anstrengt, sich pseudofachmännische, altkluge Kommentare zu verkneifen. Klar, ich könnte ihnen dann so richtig den Marsch

»Danke, ich nehme auch Wasser, wenns sein muss.« Sie brachte Sprudel mit Eis und einer Zitronenscheibe. Fehlte nur noch das Papierschirmchen.

blasen, aber wozu? Ärger ist meist aussichtslos. Deshalb lässt mich das kalt, außerdem habe ich nur limitierte Kapazitäten, mich während meiner Tätigkeit von so was ablenken zu lassen. Zeit ist Geld.

Und Geld wurde auch bei diesem Termin ein Thema, denn, soviel ich wusste, hatte die Dame mit meinem Chef Barzahlung vereinbart. Während sie gerade in ein anderes Zimmer verschwunden war – ich hörte, wie sie leise etwas vor sich hin säuselte, vermutlich sprach sie mit dem fetten Kater, schrieb ich eine Rechnung für sie. Ich war gnädig und verrechnete die letzte angefangene Stunde nicht. Sie würde das Geld bestimmt brauchen können – sei es nun für Katzenfutter oder noch mehr das Auge beleidigende Wandfarbe. Um dem geneigten Leser jetzt kein falsches Bild von mir zu vermitteln: Ich bin bei Weitem kein Arschloch, und die Art und Weise, wie ich jetzt im Nachhinein über diese Frau spreche, liegt nur in dem begründet, was ich mit ihr erlebt habe!

> Plötzlich setzte sie einen rolligen Blick auf, fasste meinen Unterarm und meinte: »Ich werde in Naturalien bezahlen.«

Als ich ihr die Rechnung in die Hand drückte, verfiel sie erst mal in Schnappatmung.

»Der Preis liegt aber ein Vielfaches über dem Branchenüblichen«, beschwerte sie sich mit kritischem Blick. Das entsprach allerdings nicht der Wahrheit, was ich ihr auch geduldig zu erklären versuchte. Aber keine Chance. Sie ließ sich nicht beirren.

»Hören Sie mal. Der Tarif ist eine Frechheit. Aber ich weiß, Sie als einfacher Arbeiter können ja nichts dafür.«

Wie dreist von ihr! Die Gedanken peitschten durch mein Gehirn, und am liebsten hätte ich ihr nun doch die Meinung gegeigt.

»Egal, ich sag Ihnen, wie es ist: Ich habe das Geld nicht hier.«

»O.k., dann bezahlen Sie es eben per Überweisung. Ist auch kein Problem.«

Aber das war offensichtlich nicht ihre Intention, denn plötzlich setzte sie einen rolligen Blick auf, fasste meinen Unterarm und meinte: »Ich werde in Naturalien bezahlen.«

Mir zog es fast die Schuhe aus. Jetzt war ich derjenige mit der Schnappatmung. Der Mythos mit der Naturalien-Bezahlung. Jetzt hatte er also auch mich erwischt. Oft hatte ich zwar schon von solch ominösen Angeboten gehört, aber bisher war mir eine derartige Situation erspart geblieben. Nicht, dass sie unattraktiv gewesen wäre! Viele werden sich jetzt denken: Na ja, warum nicht, eine solche Offerte bekommt man schließlich nicht jeden Tag, und ein Quickie zwischendurch, welcher Mann würde da Nein sagen ... einem geschenkten Gaul schaut man schließlich nicht ins Maul! Aber bei dem Gedanken an ein Schäferstündchen mit dieser katzophilen Banklady regte sich bei mir rein gar nichts. Weniger als nichts! Nein, ich wollte nur noch weg, heim auf meine Couch und zu meinen Kartoffelchips.

»In Ordnung?«

»Nein ... nichts ist in Ordnung. Das ... das geht nicht. Aber wie gesagt, wir schicken Ihnen ein Überweisungsformular.« Mit diesen Worten packte ich meine Siebensachen und wappnete mich für den Aufbruch.

»Neineineineinein. Warten Sie noch kurz. Bitte!«, erwiderte sie und eilte ins Nebenzimmer. Die Eindringlichkeit, mit der sie das sagte, ließ mich hoffen. Bestimmt war ihr eingefallen, dass sie unter dem Kopfkissen oder in der Tiefe ihrer Unterwäsche-Schublade doch noch den rettenden Notgroschen versteckt hatte. Aber weit gefehlt. Denn als sie zurückkehrte, hatte sie härtere Geschütze aufgefahren. Nur mit schwarzen Spitzendessous bekleidet schlich sie auf mich zu, mit einer Körperhaltung, die nur eines signalisierte: Ich-will-dich-jetzt! Und-ich-krieg-dich-JETZT! Ich fühlte mich wie die Fliege unter der Klatsche. Kurz vorm Exitus. Hätten ihre Augen Münder, sie hätten mich als Ganzes in sich eingesaugt und verspeist. Nein, sie sah auch gar nicht schlecht aus, aber meine Lanze blieb von ihrem Anblick völlig unberührt. Vielmehr rief ihr impertinentes Verhalten eine blanke Panik in mir hervor. Himmel, Arsch und Zwirn, wie kam ich jetzt aus dieser Misere heraus?

»Ich … danke für das Angebot, das ist sehr nett von Ihnen … aber wir nehmen keine Naturalien … das … verstehen Sie mich nicht falsch, nicht, dass Sie … ach, verdammt, ich hau ab!«, schnaufte ich, packte nun endgültig meinen Werkzeugkasten und bewegte mich schnellen Schrittes in Richtung Ausgang.

Leider hatte ich meine Rechnung ohne die Hartnäckigkeit der zahlungs(un)willigen Lady gemacht. Denn sie war schneller als ich – stahl sich mit katzenhafter Geschmeidigkeit an mir vorbei und versperrte mir mit gespreizten Armen und Beinen den Weg. Wie vom Blitz getroffen blieb ich stehen. »Sie werden mich jetzt gefälligst bezahlen lassen!«, raunte sie mir zu, immer noch mit gewollt verführerischem Augenaufschlag. »Ihre Jacke habe ich in Gewahrsam genommen. Sie bekommen sie wieder, wenn ich mit Ihnen fertig bin.« Wie vertrackt muss man eigentlich sein, um mit einer solchen Aktion auch noch sein letztes Fitzelchen Würde ins Klo zu schmeißen? Und wie mussten sich erst Frauen fühlen, die von Männern dermaßen avanciert werden, von denen sie nichts wollen, die das aber auf Biegen und Brechen nicht checken … verdammt, das war so demütigend.

Schnell dachte ich alle meine Möglichkeiten durch. Ihr anzügliches Spielchen mitmachen? Keine Lust. Sie einfach mit Gewalt von der Tür wegschaffen? No way. Ist nicht mein Stil. Meinen Chef anrufen? Sinnlos. Wie sollte er mir auch auf die Schnelle zu Hilfe kommen? Laut schreien? Das würde wahrscheinlich peinlich enden. Ein Restfünkchen an Verstand sendete die rettende Idee in meine Synapsen: »Jetzt passen Sie mal auf. Wenn Sie mich nicht sofort gehen lassen, rufe ich die Polizei. Und ich bin mir sicher, das wäre richtig unangenehm für Sie – habe ich recht?« Ihr anzüglicher Blick verwandelte sich in ein böses Funkeln, ihre

Stirn runzelte sich und ihr eben noch sich geschmeidig windender Körper spannte sich.

»Tun Sie nicht.«

»Tu ich doch.«

»Tun Sie NICHT!«

»Tu ich doch.« Sprachs und zückte mein Handy.

»Verschwinden Sie, Sie WICHSER!«, kreischte sie in diesem Moment und gab mir den Weg frei.

»Meine Jacke.«

Mit einem genervten »aaaaargh« ballte sie die Fäuste – und es war ihr anzusehen, dass sie in diesem Moment stark mit sich haderte, um mir nicht kräftig eine einzuschenken. Dann besann sie sich aber doch, schnaufte wie ein Pferd und stapfte los. Zornig dreinblickend kam sie retour, drückte mir meine Jacke in die Hand und öffnete mir die Tür. Sie verabschiedete sich wortlos, dafür mit erhobenem Stinkefinger. Ich ignorierte es.

Das Erste, was ich tat, als ich daraufhin wieder im Auto in Richtung Heimat saß, war, meinen Chef anzurufen. Ich tischte ihm die Story auf, ohne ihn auch nur einmal zu Wort kommen zu lassen. Natürlich erwartete ich Empörung, Beipflichtung oder zumindest Anerkennung dafür, wie ich mich in hochseriöser Manier aus der Affäre gezogen hatte. Ich anständiger Mitarbeiter, ich! Und ich bemitleidenswertes Objekt sexueller Belästigung! Aber komplette Fehlanzeige – meine Hoffnung erstarb in einem nicht mehr enden wollenden Lachkrampf seitens meines Chefs. Er konnte sich kaum mehr einkriegen! Ich wollte schon wieder auflegen, hörte mir das hämische Gegacker aber, getrieben von mitarbeiterlichem Pflichtgefühl, weiter an. Endlich beruhigte er sich und setzte an zu sprechen. Unterbrochen von zahlreichen »hihihiiis« und »hahahaaas« erfuhr ich den Grund seines Amüsements: Die E-Herd-Frau hatte ihn angerufen, kaum dass ich ihre Wohnung verlassen hatte. Und hatte sich mit Pauken und Trompeten beschwert über mich – den unwilligen Mitarbeiter, der sich gegen die »ehrlichste Art der Bezahlung«, und überhaupt »wie eine verkappte Schwuchtel«, gewehrt hatte! Für den sie ihre teuerste Unterwäsche aus der Schublade geholt hatte und der ihre Willigkeit »mit Händen und Füßen getreten« hatte! Der ihre weiblichen Reize nicht zur Kenntnis nehmen wollte und ihr sogar, was für eine Frechheit, mit der Polizei gedroht hatte!

Und das Beste, nein, eigentlich das Schlimmste an der Sache war die – hoffentlich nicht ganz ernst gemeinte – Frage meines Bosses: »Sag mal, warum hast du eigentlich nicht mitgemacht?« Ja waren denn jetzt alle völlig moralblind? »Ich meine, wenn sich die Gelegenheit bietet ...«, fuhr er fort, »oder hattest du etwa einen ... Stromausfall? War die Leitung tot? Ahahahaaaaahaa!« Das war ja wohl die Krönung. Ich konnte sogar übers Telefon hören, wie er sich, köstlich amüsiert über seine blöden Scherze, auf die Oberschenkel klopfte. Wütend holte ich Luft und setzte zu einer Antwort an. Aber mein Monolog über meine unantastbare Seriosität ging in seinem wiederkehrenden Gelächter unter. Ebenso wie meine Frage, ob er sich denn überhaupt vorstellen konnte, wie mies es sich anfühlte, solcherart sexuell genötigt zu werden. Es war zwecklos. Ich verstummte also, bis er sich abermals beruhigt hatte. »Hör zu, ich habe nur eine Bitte ...«, fing ich an. »Ja?«

»Ich möchte einfach nur, dass in der Firma niemand davon erfährt. O.k.?«

> Ich konnte sogar übers Telefon hören, wie er sich, köstlich amüsiert über seine blöden Scherze, auf die Oberschenkel klopfte.

»Ach, ich bitte dich. So eine Story ...«

»Niemand, o.k.? *Niemand*. Das ist einzig und allein meine Geschichte. Wenn jemand auch nur ein Sterbenswörtchen davon erfährt ... dann ... dann überlege ich ... zu kündigen.« Stille am anderen Ende der Leitung. Ich wusste, dass ich eines seiner besten Pferde im Stall war. Er konnte es sich nicht leisten, auf jemanden wie mich zu verzichten. Klingt arrogant, ist aber so.

»O.k., gut. Die Sache bleibt unter uns.« Bingo! Wie das Naturalien-Luder seine Rechnung beglichen hat, weiß ich bis jetzt nicht. Die Geschichte habe ich bis heute totgeschwiegen, kein Sterbenswörtchen, Tratschleitung gekappt. Und auch mein Boss hielt dicht, zumindest ist mir bis dato nichts Gegenteiliges zu Ohren gekommen.

13. KAPITEL

Das Leben ist kein Maskenball

*Nils (37), Chauffeur, Amsterdam,
über
Sandra (39), Barkeeperin, Amsterdam*

U nd eins, zwei, Prooooost!« Uiuiui, war mir schwindlig. Dass ich auch einfach nicht aufhören konnte, wenn es genug war ... Ich stand in einer Ansammlung von Leuten, die ich nicht kannte. Rund um mich klirrten Gläser, es stank nach Party, und die Feierlustigen drängten sich immer dichter in den kleinen Saal. Aus den bebenden Boxen trällerte Kylie Minogue ihr »I should be so lucky, lucky lucky lucky, I should be so lucky ...«. Die jaulende Menschenmenge grölte begeistert mit, wobei leider nur die Hälfte der Töne getroffen wurde. Maximal.

Gott, war mir heiß. Unter meiner Gummimaske mit den spitz abstehenden Ohren sammelte sich der Schweiß, ebenso wie unter meinem hautengen, schwarzen Anzug aus Neopren mit ausgebuchteten Beulen, die massive Brustmuskeln und ein Sixpack darstellen sollten – körperliche Vorzüge, die ich selbst nicht besaß und inmitten derer ein gelbes, ovales Emblem mit einer schwarzen Fledermaus prangte. Der schwere Gürtel und das dunkle Cape, das ich mir umgeworfen hatte, taten ein Übriges, um meine Körperwärme ins Unermessliche zu treiben.

Es ist unschwer zu erraten: Ich war Batman. Es war einer der zig Kostümbälle, die ich in den letzten Tagen besucht hatte, was ganz schön an die Substanz ging – zum Glück neigte sich die Karnevalszeit bald dem Ende zu. Lange würde ich das nicht mehr durchhalten. Boah, Batman musste ganz schön hart im Nehmen sein, ständig mit diesem Ganzkörperkondom auf Rettungsmission in Gotham City unterwegs zu sein ... Ich beschloss, mich bald aus diesem Hexenkessel zu verabschieden, und versuchte gerade, mir den Schweiß unter der Maske etwas wegzuwischen, als ich von rechts angestoßen wurde. Mein Freund Achim, heute unterwegs als mein kleiner Kompagnon Robin. Zumindest in puncto Größenverhältnis kamen wir dem berühmten Duo aus dem Kino ziemlich nahe.

> Ich war Batman. Es war einer der zig Kostümbälle, die ich in den letzten Tagen besucht hatte.

»Schau mal, da drüben ...«

Ich folgte seinem Finger und sah sofort, wen er meinte. Catwoman! Da stand sie, hübsch, in einen engen schwarzen Anzug gehüllt, lachend und zur Musik wippend. »Die solltest du dir doch mal genauer ansehen. Für mich ist sie leider zu groß«, meinte Achim und klopfte mir auffordernd auf den Rücken. Stimmt, diese Frau war mindestens 1,80 Meter. In Anbetracht von Achims eher mickrigem Körperbau ungeeignet für ihn.

»Soll ich wirklich?«

»Ja, verdammt. Wird wieder mal Zeit bei dir«, rief er und schob mich in Richtung der Ecke, die Catwoman mit zwei weiteren Mädels okkupiert hatte, mit denen sie angeregt debattierte. Diese waren wesentlich kleiner als sie, außerdem nicht besonders ansehnlich. Ein Marienkäfer und ein Drachen, eher begrenzt sexy. »Willst du nicht auch ...?«, fing ich an, aber Achim deutete mit dem Finger in Richtung Bar, wo eine ziemlich scharfe, seiner Körpergröße entsprechende Almliesl grinsend auf ihn zu warten schien. Schon capito.

»Hallo, ich bin Batman«, stellte ich mich vor und hielt ihr mein Glas hin. »Zum Wohl!«

»Hihi, was für ein lustiger Zufall ... gestatten, Catwoman! Salut!«

Catwoman hieß in Wirklichkeit Sandra. Es war schon der fünfte Maskenball, auf dem sie in dieser Verkleidung auftrat, erzählte sie. »Ist das nicht fürchterlich schwer zu reinigen? Ich meine ...«

»I wo«, gab sie zurück, »ich hab mehrere von diesen Kostümchen. Ich steh voll auf Verkleidungen ... auch bei Männern«, flirtete sie mich an. »Aha. Und was steht da so auf deiner Favoritenliste?«

»Je nach Lust und Laune ... aber ich glaube, heute Abend ist es Batman.« Hui – das lief ja wie geschmiert! Ich verwarf die Idee ans Heimgehen sofort und machte mich daran, noch eine Runde

Sekt für uns zu holen. Miss Marienkäfer und Miss Grisu waren mittlerweile ein paar Meter weiter ins Gespräch verwickelt.

»Danke! Hmmh, schmeckt lecker … nun, Batman, hast du Lust, heute Abend noch ein bisschen Spaß zu haben?«

Was für eine Frage! Natürlich hatte ich!

Im Taxi, das uns etwas später zu Sandras Wohnung kutschierte, nervten wir den Fahrer mit unseren nur von Geknutsche und promilleträchtigem Gelächter unterbrochenen Gesangseinlagen: »Dädädädädädädädä dädädädädädädä – BATMAAAN! – dädädädädädädädä …«, und er war offensichtlich froh, als wir die Tür des Wagens hinter uns schlossen und eng umschlungen zum Wohnblock schwankten.

»Gleich vorweg: Ich will keine Beziehung. Maximal eine Affäre«, meinte Sandra, als sie mich auf ihre riesige rote Couch zog.

»Auch nicht mit Batman?«, erwiderte ich erstaunt.

»Auch nicht mit Batman.« Sie verschloss meine Lippen mit ihren und begann, wild in meinem Mund herumzuzüngeln. Dann schleppte sie mich ab – direkt in ihr Wohnzimmer, wo sie mich auf ihre rote Ledercouch stieß. Hemmungslos fiel sie über mich her, mit lasziven Befehlen wie »Zeigs mir, Batman … zeig mir, was sich unter deiner scharfen Uniform verbirgt!«. Gut, dazu musste ich mich aber erst mal aus dieser herausschälen, was sich als gar nicht so einfach erwies, da sie wie eine zweite Haut an mir klebte. Sandra sah sich das Szenario kurz mit an – sie hatte ihren Catsuit schon schnell und graziös abgestreift –, schnaufte ungeduldig und kam mir zu Hilfe, indem sie wild an mir herumriss und mich so aus dem Ding befreite. Yee-haw!

Am Morgen danach brauchte ich erst mal zwei Aspirin, um wieder einigermaßen klar denken zu können. Wir saßen an

»Danke! Hmmh, schmeckt lecker … nun, Batman, hast du Lust, heute Abend noch ein bisschen Spaß zu haben?«

Sandras Frühstückstisch und aßen Rührei mit Käse und Schwarzbrot – das perfekte Katerfrühstück. Danach fühlte ich mich schon wesentlich fitter.

Ich fasste mir ein Herz. »Und wie soll das jetzt weitergehen mit uns?« Sandra war genau mein Fall, und ich hätte nichts dagegen, aus unserer Nacht von gestern mehrere zu machen. Ohne die Verkleidung war sie einfach nur eines – wunderhübsch, vom Gesicht bis zum kleinen Zeh. Kauend lächelte sie mich an. »Na ja, eigentlich wärs schon schön, wenn wir uns wiedersehen würden ... aber eben nur als Affäre, versteht sich.« Das kam mir eh gerade recht. Nach meinen zahlreichen gescheiterten Beziehungen ging ich ohnehin nicht davon aus, für etwas »Festes« geeignet zu sein.

»Warum willst du eigentlich keinen festen Freund?«, fragte ich trotzdem neugierig nach. »Ich dachte, für euch Frauen wäre das das Wichtigste.«

»Täusch dich da nicht ... ich find Beziehungen einfach nur problematisch. Ihr Männer seid einfach so unflexibel«, gab sie unbeeindruckt zurück.

»Ooo-kay, unflexibel also.« Dass ich nicht lachte. Aber es spielte keine Rolle. Grundsatzdiskussionen haben bei einem Techtelmechtel nichts verloren.

»Zeigst du mir mal deine Bude?«

»Klar!«

Sandras Wohnung war unauffällig, sauber und nett eingerichtet. Keine Hinweise auf Exfreunde, Haustiere oder eventuell vorhandene Kinder. Ich atmete auf ... schien wirklich eine unkomplizierte Frau zu sein. Als sie mit einem »So, und das wäre jetzt die Liebeswiese« die Tür zu ihrem Schlafzimmer aufmachte, tauchte ein riesiges weißes Bett mit zahlreichen Polstern vor uns auf, das sehr einladend aussah.

Ich sah mich um und inspizierte den Rest des Raumes. Hoppla, was war das? In einer Ecke stand ein etwa zwei Meter langer

Kleiderständer, voll beladen mit bunten Klamotten. Ich ging näher hin und sah die Sachen durch. Mehrere Catsuits reihten sich da an Prinzessinnenkleidchen, Politessen-Uniformen, Indianerinnen-Schürzchen, Zimmermädchen-Kostüme. Verkleidungen! Das waren alles Verkleidungen!

»Wozu brauchst du denn *die* alle?«, fragte ich erstaunt.

»Hehe ... hab dir doch schon gesagt, dass ich auf Kostümierungen stehe, Batman«, lachte sie und zog mich gleichzeitig aufs Bett.

»Du wirst schon sehen ... damit werden wir garantiert noch eine Menge Spaß haben ... ich hab da auch was für dich!« Sie sprang wieder auf zum Kostümständer und wühlte in den bunten Stoffen herum. »Ta-taaa!« Grinsend hielt sie eine Polizisten-Uniform in die Höhe. »Lust, das einmal anzuprobieren?«

»Öh ... ja, warum nicht?« Ich merkte, dass ich immer noch etwas wirr im Kopf war. Wenige Minuten später stand ich in dunkelblauer Montur und weißem Käppi vor ihr. Ich kam mir schon ein wenig albern vor, aber Sandra schien ich zu gefallen – sie schnalzte anerkennend mit der Zunge, meinte dazu »Mörder-geil, einfach mör-der-geil! Warte kurz«, schnappte sich ein Kostüm vom Ständer und verschwand damit im Badezimmer. Kurz darauf kehrte sie zurück – als Politesse, in der Hand einen kleinen Revolver, den sie geradewegs auf mich gerichtet hatte.

»Ist der – ist der *echt*?«, fragte ich etwas ängstlich.

»Natürlich nicht.« Sie rollte mit den Augen, machte »Peng!« und blies den fiktiven Rauch aus dem Auslass.

»Und jetzt bestraf mich, Herr Kommandant!«, forderte sie. Ich hatte keine Ahnung, was ich tun sollte.

»Zeigs mir! Bestraf mich! Sag mir, was ich verbrochen habe!«

»Ähm ... Frau Kollegin, Sie sind zu schnell gefahren ...«

»Oh, bitte vielmals um Entschuldigung«, säuselte sie, »gibts dafür einen Klaps auf den Hintern?« und hielt mir anbietend ihren Allerwertesten entgegen. Meine Güte, in welchem Film war ich denn hier gelandet? Ich klopfte locker auf ihren Hintern ein, woraufhin sie mich anschrie: »Fester! Zeigs mir so richtig!«

Nun ja, ich langte ordentlich zu. Irgendwie fand ich es auch ganz amüsant. Und deshalb war es auch nicht das letzte Intermezzo dieser Art.

Drei Wochen später war ich Stammkunde im Kostümverleih um die Ecke. Außer der Polizisten-Uniform hatte Sandra nämlich keine männlichen Verkleidungen in ihrem persönlichen Fundus, und so war ich gezwungen, mir immer neue Masken auszuborgen. Es hatte sich herausgestellt, dass es bei Sandra folgendermaßen ablief: entweder Kostümierung – oder kein Sex. Da ich sie mittlerweile lieb gewonnen hatte und unsere Affäre sehr genoss, spielte ich mit. Das hieß: Jede Woche zwei bis drei Rollenspielchen, die wir vorher zwischen uns ausmachten – oder besser gesagt, sie machte die Vorgabe, welches Szenario wir als Nächstes durchspielen würden, ich rief beim Kostümverleih an und reservierte die passende Verkleidung. Der Mann, der dort arbeitete, wusste bereits bei jedem Anruf, wer ich war, und wenn ich das Lager betrat, lag meine Bestellung schon für mich bereit. Nie fragte er, was ich mit den ganzen Sachen anstellte, immer überreichte er mir alles in schützendes Plastik gehüllt, mit einem freundlichen »Wünsche viel Spaß damit!«.

Und wenn ich dann als Kapitän, Frauenarzt oder Ludwig der XIV. bei Sandra auftauchte, ging es ordentlich zur Sache: »Das Schiff sinkt! Das Schiff sinkt! Nehmen Sie mich noch mal ordentlich ran, bevor wir untergehen!«

»Oh, bitte vielmals um Entschuldigung«, säuselte sie, »gibts dafür einen Klaps auf den Hintern?« und hielt mir anbietend ihren Allerwertesten entgegen.

»Dann zieh dich aus, du geiles Zimmermädchen, damit ich dir zeigen kann, wie es auf rauer See zugeht, bevor wir alle abkratzen!«

»Machen Sie sich frei, Frau Müller.«

»Was, wollen Sie mich ganz genau untersuchen?«

»Ja, ganz genau! Und ich werde Ihnen *ganz große Dinge* reinstecken!«

»Meine Majestät, ich darf doch solche unanständigen Sachen nicht machen ...«

»Nur, wenn ich es dir befehle, bürgerliches Weib! Raus aus dem Reifrock, tu, was der König dir sagt!«

Nach etwa vier Monaten hatte ich fast den gesamten Vorrat des Kostümfundus bereits einmal durch und die Dates mit meiner verkleidungswütigen Affäre gestalteten sich zusehends anstrengender. Immer absurder wurden die Ideen, die sie für unsere Treffen vorschlug – ich fands bald nicht mehr witzig. Es ging ganz schön an die Substanz. Und die ständigen Gebühren für das Ausleihen der Uniformen strapazierten auch mein Konto merklich.

Ich überlegte oft, die Affäre einfach Affäre sein zu lassen, denn Sandra ließ nicht mit sich reden. Ihr Prinzip war eisern – wenns keine Verkleidung gab, gabs auch sonst nix. Den endgültigen Rest gab mir das Treffen, bei dem ich als Tiger verkleidet antanzen sollte und sie einen auf Dompteurin machte. Mit einem lächerlichen Haarreifen, auf dem plüschige Tigerohren prangten, hatte ich mich vor ihr hinzuknien. »Ach, du kleines süßes Kätzchen, bist du etwa unartig gewesen?« Und SCHNALZ! – landete ihre Peitsche auf meinem Hintern, der – bis auf einen winzigen, getigerten Stringtanga – nackt war und somit die volle Wucht abbekam. »Auaaa!«, schrie ich gequält auf und versuchte, auf allen vieren

Ihr Prinzip war eisern – wenns keine Verkleidung gab, gabs auch sonst nix.

auf dem Wohnzimmerteppich zu flüchten. »Nix da! Du machst jetzt, was ich sage, böses Kätzchen du! Aber dalli, dalli!« Ich am Boden, sie mit der Peitsche hinter mir nach. SCHNALZ, SCHNALZ! »Bist du verrückt?« Ich sprang auf und fetzte mir den Tigerhaarreif vom Kopf.

»Ich will das nicht mehr! Ständig diese blöde Verkleiderei, ich habs satt!«

In ihrem engen Latexkostüm mit den Gladiatorenstiefeln stand sie vor mir und schwang angriffslustig die Peitsche. »Das ist aber böse von dir, dass du so einfach fliehen willst … ich bin deine Herrin!«

»Nein, bist du nicht! Und zwar nie mehr! Ich gehe!« Wütend schnappte ich mir meine normalen Klamotten, die zusammengeknüllt auf der Couch lagen, und stapfte in Richtung Tür, nicht ohne mir noch schnell meine Schuhe zu schnappen, die danebenstanden.

»Bleib! Böses Kätzchen! Sitz!«

»Leck mich!« Ich knallte die Tür hinter mir zu.

In Windeseile lief ich einen Stock nach unten, zog hastig Schuhe und Jacke drüber, grüßte freundlich die neugierige Nachbarin, die offensichtlich durch meinen Lärm auf mich aufmerksam geworden war und mich durch ihren Türspalt beobachtete – mir wars in diesem Moment wurscht –, und machte mich schleunigst aus dem Staub.

Endlich daheim, fiel mein Blick auf das Tarzan-Kostüm, das ich mir schon für das nächste Treffen mit Sandra besorgt hatte. Ich beschloss, dieses gleich zurückzubringen, um gar nicht in die Versuchung zu kommen, schwach zu werden und dann vielleicht im Lederschurz bei ihr anzutanzen. Nein, Sandra war Geschichte – ein für alle Mal!

Der Mann vom Kostümfundus begrüßte mich freundlich wie immer. »Na, und was darfs beim nächsten Mal sein?«, fragte er mich.

»Nichts, danke. Ich werde auch nicht wiederkommen.«

»Was, wieso das denn?«

»Ach ... vergessen Sie es. Nicht so wichtig.« Ich drehte mich um und wollte schon gehen, als ...

»Hat sie Sie abserviert?«

Ich erstarrte in meiner Bewegung.

»Was, abserviert ... Sie ... Sie wissen ...?«

Er begann zu lachen. »Na ja, ehrlich gesagt sind Sie nicht der Erste. Ich kenne die Frau nicht persönlich, aber ...«

> Na ja, wenigstens war ich nicht die einzige Dumpfbacke, die bereitwillig bei Sandras Rollenspielchen mitgemacht hatte.

»Nicht der Erste?« Ich dachte kurz nach ... eigentlich kein Wunder. Deshalb hielten Sandras Beziehungen niemals lange! Mir fiel es wie Schuppen von den Augen.

»Der Wievielte denn?« Der Mann kicherte immer noch.

»Ach, so in etwa der Zehnte ... zumindest der Zehnte, der hier Kunde ist. Können ja auch noch viel mehr sein.«

Großer Gott! Na ja, wenigstens war ich nicht die einzige Dumpfbacke, die bereitwillig bei Sandras Rollenspielchen mitgemacht hatte.

»Tun Sie mir einen Gefallen, wenn Sie schon nicht wiederkommen?«

»Ja?«

»Schicken Sie bitte einmal die Dame zu mir, die da dahintersteckt ... ich würde sie gerne mal kennenlernen«, grinste er.

»Das geht schlecht. Ich hab nämlich nicht vor, sie noch einmal anzurufen. Aber hier«, meinte ich auf seinen enttäuschten Blick hin, »rufen Sie sie doch einmal an«, fingerte Sandras Visitenkarte aus meiner Geldbörse und legte sie ihm auf den Tresen. »Vielleicht wirds ja was mit Ihnen beiden. Wiedersehen.«

Im folgenden Jahr war ich noch zwei-, dreimal verkleidet auf diversen Karnevalspartys unterwegs. Aber ich merkte, es machte mir keinen so rechten Spaß mehr – die Geschichte mit Sandra hatte einen bitteren Nachgeschmack hinterlassen, jedes Kostüm rief die Erinnerung an Sandra und ihre Spielchen wach. Deshalb habe ich mich entschlossen, zum Faschings-Boykottierer zu werden – und lasse Achim alias Robin lieber alleine losziehen. Mein Leben ist eben kein Maskenball.

14. KAPITEL

Diätvögeln für Anfänger

*Kurt (48), Redakteur, Innsbruck,
über
Tanja (47), Sozialarbeiterin, Innsbruck*

Ich stand schon immer auf Frauen, die andere Männer als etwas zu kurvig, mollig oder – natürlich niemals in Gegenwart der betreffenden Person – als »Wuchtbrumme« betitelten. In meiner Jugend, Mitte der Achtziger, hatte ich dadurch bei den Mädels leichtes Spiel. Nicht anders als jetzt galten damals die dünnen, hageren Hungerhaken als attraktiv. Frauen mit etwas mehr auf den Rippen standen nicht so hoch im Kurs – über sie wurde eher hinter vorgehaltener Hand gelästert, gleichermaßen vom männlichen und weiblichen Geschlecht. Niemals hätte sich ein Halbstarker aus unserer damaligen Truppe dazu herabgelassen, eine Frau mit mehr als 55 Kilo mit nach Hause zu nehmen! Eigentlich beschämend – aber in einer gewissen Altersklasse und in der Szene, in der ich mich damals bewegte, war Image damals alles. Ich sahs positiv – denn so blieb mehr Auswahl für mich übrig.

Auch Tanja zog nur wenig begierige Blicke auf sich, als sie am Abend unseres Kennenlernens an der Bar saß und an ihrer Cola nippte. Mir stach sie allerdings sofort ins Auge mit ihrer dunklen Lockenpracht (Dauerwelle galt damals noch als »in«), und in den engen, gebleichten Röhrenjeans, die ihre Rundungen perfekt zur Geltung brachten. Damals ging die Sache mit dem »Zusammenkommen« noch etwas schneller: Wenige Tage später waren wir ein Pärchen, eineinhalb Jahre später verheiratet und nach drei Jahren Eltern von Zwillingen.

Alles in allem waren wir eine glückliche Familie mit einem reibungslosen Alltag. Tanja hatte sich nach der Geburt von Max und Mario für ein Hausfrauendasein entschieden, um sich intensiver um die beiden kümmern zu können. Ich war damals der Meinung, unser Leben würde einfach so in der gewohnten »Friede, Freude, Eierkuchen«-Manier weiterlaufen, bis wir alt und grau wären.

Das tat es auch, bis vor etwa zehn Jahren. Tanja hatte in der Zeit davor nicht viel mehr getan, als den Haushalt zu erledigen und in ihrer Mutterrolle aufzugehen – ihre ohnehin bereits ausladenden Kurven waren dabei noch etwas ausladender geworden. Mit den Jahren hatte sie noch etwa 15 Kilo draufgepackt. Mir gefiels, aber Tanja schien zusehends unzufriedener zu werden. Ständig begutachtete sie sich mit Argusaugen im Spiegel, drehte sich von einer Richtung in die andere, um verärgert eine Schnute zu ziehen, oder schlimmer, gar in Tränen auszubrechen.

> Ich war damals der Meinung, unser Leben würde einfach so in der gewohnten »Friede, Freude, Eierkuchen«-Manier weiterlaufen, bis wir alt und grau wären.

»Ich sehe bald aus wie die Venus von Willendorf!«, bekam ich nicht selten zu hören.

Und versuchte zu beschwichtigen: »Liebste, du siehst wunderbar aus! Ich mag dich so, wie du bist! Ich steh voll auf deine Figur, glaub mir ...« Ich schwöre, davon war kein Wort gelogen. Ich meinte es so, wie ich es sagte.

Leider konnte ich Tanjas Unzufriedenheit damit nicht mindern. Sie beschloss deshalb, sich in einem Fitnesstempel einzuschreiben und regelmäßig zu trainieren. Eisern hielt sie sich an ihren Trainingsplan, kombinierte das Sporteln noch mit einer strikten Diät und hatte Erfolg: Die Kilos purzelten, sodass man schon fast dabei zusehen konnte.

»Liebste, du solltest aufpassen, dass du nicht zu dünn wirst ...«, warf ich manchmal ein, wenn sie wieder mal, nur an faden Karotten knabbernd, abends auf der Couch lag, während ich mich genussvoll über eine Tüte fettiger Chips hermachte. Dafür erntete ich jedes Mal einen bösen Blick oder ein mit Kopfschütteln kombiniertes Augenrollen. Gut, ich gebe zu, ich war schon etwas neidisch auf ihren Ehrgeiz und ihr Durchhaltevermögen. Ein paar Kilo weniger hätten mir auch nicht geschadet ...

Aber wie das nun mal so ist mit dem inneren Schweinehund – er ließ auch von Tanja nicht ganz ab. Und so hatte sie immer wieder nach einigen Wochen die Nase voll von Gemüse und Körnerfutter und von der täglichen Abstrampelei im Hechelstudio. Wen wunderts? Ich redete ihr jedes Mal gut zu und tröstete sie, wenn sie wieder an Gewicht zulegte und die wenige Tage zuvor gekauften Jeans zu kneifen begannen.

»Lieber rund und glücklich als mager und grantig«, pflegte ich dann zu sagen. Tanja war jedoch anderer Meinung. Eines Nachmittags, sie hatte sich wieder aufgerafft und zu trainieren begonnen, schneite sie gut gelaunt zur Tür herein, umarmte mich und flötete: »Liebling, ich hab die Lösung für all unsere Probleme!« Unsere Probleme? Hm, ich hatte doch keine ...

»Abnehmen mit Lust statt Frust! Wir fangen gleich morgen damit an!« Wir? Das klang doch ein wenig beängstigend für mich. Verwirrt guckte ich an mir runter und griff mir an mein mit den Jahren angefuttertes Wohlstandsbäuchlein. »Ja, auch du hast es nötig«, meinte sie, als sie meinen Blick bemerkte, und kniff mir liebevoll in den kleinen Schwimmreifen. Das kränkte mich nun doch. »Das mit der Lust meine ich wörtlich. Meine Studio-Kollegin Eva hat mich auf eine Idee gebracht ...«, funkelte sie mich verschwörerisch an. »Ich gehe gleich noch los und besorg uns was.«

Tanjas Besorgung sah so aus: ein Kamasutra-Buch und eine Picknickdecke.

»Was hast du denn damit vor?«

»Liebling, ich hab die Lösung für all unsere Probleme!« Unsere Probleme? Hm, ich hatte doch keine ...

»Diätvögeln! Damit werden wir jetzt beginnen!«, rief sie begeistert aus und erklärte: »Bevor ich mich weiter frustriert an irgendwelchen Trainingsgeräten abstrample und du faul herumsitzt und immer dicker wirst, können wir uns doch gemeinsam als Trainingsgeräte nutzen! Mehr Sex würde uns sowieso guttun. Und du glaubst ja gar nicht, wie viele Kalorien man dabei verbraucht! Alleine beim Küssen sind das ...«

»Moment mal«, unterbrach ich sie. »Erstens bin ich nicht faul, sondern ich hab einfach nur keine Zeit für Sport. Und zweitens, aber hallo, ich bin doch kein *Trainingsgerät*! Sondern dein *Mann*!«

»Weiß ich doch ... War ja auch nicht so gemeint. Sei nicht gleich angebissen. Es ist immerhin einen Versuch wert. Andere Männer wären froh, wenn sie mehr Sex in Aussicht hätten!«

Wie wahr. Seitdem die Kids immer mehr flügge geworden waren, hätte der Gelegenheit für sexuelle Intermezzi auch tagsüber nichts im Wege gestanden, aber wir waren, wie wohl viele andere Ehepaare auch, in einen eher lustarmen Alltagstrott verfallen.

»Aber was soll die Picknickdecke? Sollen wir das etwa im Freien über die Bühne bringen?«

»Nicht doch. Aber man schwitzt doch wie verrückt, wenn man sich anstrengt. Die hab ich gekauft, damit wir nicht immer die Bettlaken wechseln müssen. Oder den Sofabezug. Alles klar?« Keine prickelnde Vorstellung mit der Schwitzdecke – aber ja, alles klar.

Das war wirklich eine Hammeridee von Tanja! Wir trieben es in jeder freien Minute, und ich muss sagen, proportional zu meinem Testosteronpegel stieg in dieser Zeit auch meine Laune. Ich verließ die Wohnung morgens pfeifend und kehrte abends nach der Arbeit in freudiger Erwartung zurück. Das Kamasutra kannte ich bereits auswendig und bis auf

»Mehr Sex würde uns sowieso guttun. Und du glaubst ja gar nicht, wie viele Kalorien man dabei verbraucht!«

ein paar Stellungen, die uns dann doch zu kompliziert gewesen waren, hatten wir alles profimäßig drauf. Ganz schön anstrengend war das zum Teil, denn oft »rackerten« wir uns zwei, drei Stunden am Tag ab – aber wirksam: Wir verstanden uns blendend wie noch nie. Tanja war happy, ihr Wunschgewicht halten zu können, und auch ich hatte einiges abgenommen. Auch wenn ich davor kein Fitnessfanatiker gewesen war, machte mich meine neu erstraffte Figur stolz. Ergänzend kam dazu, dass die Häufigkeit unserer sexuellen Interaktionen sich auf unser Essverhalten auswirkte: Wir agierten nach dem alten Sprichwort »von Luft und Liebe leben«. Zeit zum Essen blieb kaum, und die Lust auf fettigen Pampf mit Unmengen von Kalorien befand sich aufgrund unserer hormonellen Hochsituation auf einem Tiefpunkt.

Eines Tages, wir hatten soeben wieder erfolgreich ein Workout hinter uns gebracht und lagen selbstzufrieden auf der vollgeschwitzten Picknickdecke, richtete Tanja sich plötzlich auf.

»Liebling, ich hab mir da etwas gedacht. Letztens auf der Weihnachtsfeier hab ich meinen Kolleginnen von unserem Diätvögeln erzählt!«

Mannomann. Die Vorstellung, Tanjas Hühner von der Arbeit würden nun genauestens über unsere »sportlichen« Tätigkeiten Bescheid wissen, trieb mir die Schamesröte ins Gesicht.

»Keine Sorge, sind ja alles schon erwachsene Frauen«, versuchte sie, mich zu beruhigen. »Aber das hat mich auf eine Idee gebracht. Ich könnte doch Kurse anbieten!«

»Kurse? Welche Kurse?«

»Na Diätvögeln-Kurse! Diätvögeln für Anfänger! Mit uns beiden als Instruktoren! Wir zeigen die Stellungen und geben Tipps!«

»Was, ich soll vor deinen Kolleginnen mit dir schlafen? Du hast sie doch nicht mehr alle. Nein, alles was recht ist, aber das geht zu weit. Da steig ich aus!«

»Wie du willst. Ich kanns auch alleine durchziehen!«

Zu meinem damaligen Bedauern hielt Tanja ihr Wort. Was so aussah: Sie organisierte wöchentliche Treffen unter dem Motto »Diätvögeln für Anfänger«. Die »Meetings«, wie Tanja sie nannte, fanden bei uns zu Hause statt und dauerten im Schnitt zwei Stunden, in denen sie ihren Schülerinnen mit akribischer Genauigkeit die Kamasutra-Stellungen – zu meiner Erleichterung in Form eines Trockentrainings, also angezogen – beibrachte. Erst ganz privat im kleinen Kreis mit ihren Kolleginnen. Dann kamen immer mehr Freundinnen und Bekannte, Schwestern, Cousinen und so weiter mit, man kennt das ja, wenn Frauen reden – sodass sich schon mal 25 Hühner Schulter an Schulter in unserem Wohnzimmer tummelten und Tanjas Instruktionen folgten. In meinem Kopf ein katastrophales Szenario, in dem ich in anzüglichem Gekicher vor Scham untergehen würde.

Deshalb sträubte ich mich vehement dagegen, an diesen Abenden auch nur einen Fuß in unsere Wohnung zu setzen, und machte mich stets schon Stunden zuvor vom Acker, um mir entweder im Kino, Museum oder sonst irgendwo die Zeit zu vertreiben.

»Willst du nicht doch mal mit dabei sein? Hilde und Maria wollen nächste Woche ihre Männer mitbringen, die interessiert das brennend!«, kam Tanja eines Tages bei mir an. »Was, die Männer? Meine Güte … und wo endet das Ganze dann? In einer Orgie?«

»Ach was! Sei doch nicht so ein Moralapostel, so kenn ich dich ja gar nicht, Kurt … läuft doch alles ganz harmlos ab, nur Trockentraining mit Kleidung! Ist doch ein Spaß! Und die Kohle ist auch nicht zu unterschätzen.«

Kohle? »Wie, du nimmst Geld dafür?«

»Klar. Ist ja auch harte Arbeit. Oder was glaubst du, womit ich mir die ganzen schönen Klamotten in letzter Zeit gekauft habe? Und den neuen Fernseher, in den du seit Neuestem tagtäglich reinglotzt? Hm?«

Stimmt, erst jetzt dachte ich daran, dass Tanja während der letzten Wochen immer wieder mit schicken Tüten heimgekommen und sie seitdem immer top zurechtgemacht war. Und das riesige Hightech-TV-Gerät, mit dem sie mich kürzlich überrascht hatte. Wie hatte ich nur so blöd sein können, nicht nachzufragen? Aber nein, ich hatte doch noch meinen Stolz.

»Nein, so sehr ich dich auch liebe, das ist nicht mein Ding. Mach du nur, ich kann dich eh nicht davon abhalten. Aber ich will gar nichts Genaues drüber wissen. An deinen Diätvögeln-Abenden erteile ich mir selbst höchstpersönlich Hausverbot!«

»Wie du willst. Selbst schuld – dir entgeht eine Menge Spaß!«

Nach ihren »Kursen« war Tanja jedes Mal überglücklich und ausgeglichen. Ihre »Lehrlinge« wurden zu treuen Anhängern, und sie erzählte zwar, wie abgesprochen, keine Details, jedoch sehr wohl, dass die Leute sich voller Freude bei ihr bedankten, sie schon als »Guru« betrachteten und ihr Konzept lobten. Ja, sie war erfolgreich mit dem, was sie tat. Klar, dass mich das als ihren Mann nicht kaltließ! Ich begann sogar langsam, mich mit ihr zu freuen – und nun ja, ich war auch ein wenig neugierig. Also eröffnete ich ihr eines Morgens, dass ich nun doch einmal »aber wirklich nur zum Zusehen!« an einem Diätvögeln-Abend teilnehmen würde.

> Und Tanja sollte recht behalten – schon bei meinem ersten Diätvögeln-Abend, vor dem ich ganz schön Bammel hatte, musste ich zugeben, das war echt eine zünftige Gaudi!

»Kurt, du kannst dir gar nicht vorstellen, wie mich das freut … mir liegt sehr viel daran, dich dabeizuhaben«, lächelte sie, mit Tränen in den Augen.

Und Tanja sollte recht behalten – schon bei meinem ersten Diätvögeln-Abend, vor dem ich ganz schön Bammel hatte, musste ich zugeben, das war echt eine zünftige Gaudi! Wie sie versprochen hatte – alles lief total harmlos ab. Ich beließ es nicht, wie geplant, beim Zusehen. Wir rockten die Bude. Als wir gemeinsam unsere bestens eingeübten Kamasutra-Stellungen wie den »Wackelpeter«, die »Rossantilope« oder die »Ruhige Kugel« vor der johlenden Menge inszenierten, konnte ich mich vor Lachen kaum halten. Und trotzdem nahmen die Teilnehmer die Sache ernst und wir diskutierten, nachdem alle im praktischen Teil ihre Performance abgelegt hatten und die Stellungen – im »Trockenen« – saßen, noch lange angeregt über unsere Erkenntnisse in puncto Sex als Abnehmetaktik. Dazu gabs leckeren Wein, Knabbereien und gute Musik. Ich muss schon sagen, als der letzte Gast an diesem Abend unsere Wohnung verlassen hatte und ich meine Frau in den Arm nahm, platzte ich fast vor Stolz. »Liebste, das hast du toll gemacht. Ich nehme alles zurück, was ich jemals gegen Diätvögeln für Anfänger gesagt habe … verzeih mir!«

»Danke … wusst ichs doch!«, lachte sie und kniff mir liebevoll in den Hintern.

Tja, mittlerweile sind einige Jahre vergangen. Die »Meetings« haben wir inzwischen aufgegeben und uns stattdessen ein neues Hobby gesucht, das Reisen. Trotzdem ist der häufige Sex ein fester Bestandteil unserer Ehe geworden – klar gibts immer wieder »trockenere« Phasen, aber im Großen und Ganzen halten wir daran fest, und auch die Waage zeigt bei Tanja und mir nicht wesentlich mehr an als in unserer besten Zeit. Zu meiner Freude ist sie noch immer mehr kurvig als abgemagert! Wenn aber doch mal wieder ein paar Pfunde dazukommen, heißt es: Jetzt wird diätgevögelt, was das Zeug hält! Und diese Aussicht zaubert mir immer wieder aufs Neue ein fettes Grinsen aufs Gesicht.

15. KAPITEL

Die Möchtegern-
Glamourqueen

Nicolas (34), Consulter, Köln,
über
Sylvia, alias Gloria (32), derzeitiger Beruf unbekannt, Köln

Glorias Lebensinhalt war es, einen auf Diva zu machen. Alles andere war komplett nebensächlich für sie. Schon in der Früh stand sie auf und begann mit ihrem täglichen Beauty-Ritual. Das konnte schon mal an die zwei Stunden in Anspruch nehmen. Ich war schon verwundert, als ich das die ersten Male mitbekommen hatte. Um sechs Uhr in der Früh klingelte ihr Wecker, und ohne zu zögern saß sie dann kerzengerade im Bett, stand auf und tänzelte ins Bad, um loszulegen. Ich hingegen schlief immer wieder ein und genoss eine weitere Mütze Schlaf, bis sie mich um acht Uhr weckte. Mit der Gloria, die ich da noch vor zwei Stunden im Dämmerlicht neben mir liegen hatte, hatte diese Frau dann allerdings ungefähr so viel gemeinsam wie Alice Schwarzer mit Audrey Hepburn! Das, was mich da weckte, war ein Wesen, das so perfekt geschminkt und gestylt war, dass es schon fast unheimlich anmutete. Kein einziges Härchen wagte es, aus ihrer zu einem strengen Dutt gezurrten, glänzenden schwarzen Haarpracht auszubrechen. Die knallroten Lippen waren so akribisch umrandet, die Wimpern so sorgfältig getuscht, der Lidstrich so genau gezogen, dass man denken könnte, sie würde gleich in eine Limousine Richtung Oscarverleihung steigen. Was aber nicht der Fall war.

Denn Gloria hatte keine Termine. Sie war schon ziemlich lange arbeitslos. Nach Jobsuche stand ihr jedoch nicht der Sinn. Vielmehr wartete sie auf den Zeitpunkt, an dem sie endlich als Sängerin groß rauskommen würde. Und dabei kam es auch auf den richtigen Look an, wie sie meinte. Deshalb der tägliche Schönheitszirkus. »Eine Diva muss auch wie eine Diva aussehen. Und ich *bin* eine Diva«, pflegte sie zu sagen. Und: »Image ist alles. Kein Wunder, dass einen keiner entdeckt, wenn man ungeschminkt beim Bäcker aufkreuzt! So etwas würde ich mir niemals erlauben.« Und so trug sie den lieben langen Tag über nichts als schwarze, enge Kleider, von denen sie eine Unmenge besaß. Etwas anderes gab ihr Kleiderschrank nicht her. Farben? Gab es bei Gloria nicht. »Es gibt nichts Eleganteres als ein kleines Schwarzes. Farbe kommt mir nicht ins Haus. Außer beim Lippenstift. Der muss rot sein. Das alles zusammen nennt man Stil. Und ohne Stil geht gar nichts.«

Ich muss auch noch einwerfen, dass sie eigentlich nicht wirklich Gloria hieß. Das war ihr selbst gewählter Künstlername. Der eigentliche Name, den ihre Eltern für sie ausgesucht hatten, war Sylvia. Aber dieser sei doch in Wirklichkeit viel zu ordinär, wie sie mir gleich bei unserem Kennenlernen erklärte. Sie wollte ausnahmslos mit Gloria angesprochen werden, das unterstreiche ihre glamouröse Erscheinung zusätzlich, meinte sie. Das amüsierte mich ziemlich, aber ich fand sie schon sehr interessant. Umso mehr wunderte ich mich, als sie mir ihre Langzeitarbeitslosigkeit als »künstlerische Findungsphase« verkaufte. Ja, so konnte man es auch sehen! Wie gesagt, Sylvia, also Gloria, lebte jeden Tag in hoffnungsvoller Erwartung, ihre gesanglichen Ambitionen würden bald Früchte tragen. Ab acht Uhr morgens widmete sie sich der angestrebten Gesangskarriere, stand vor dem Spiegel und trällerte und unterbrach dies nur, um sich die Lippen nachzuziehen oder ihre Frisur auf Vordermann zu bringen, wenn sich ein Haar wieder mal in eine falsche Richtung verirrt hatte.

> Wie gesagt, Sylvia, also Gloria, lebte jeden Tag in hoffnungsvoller Erwartung, ihre gesanglichen Ambitionen würden bald Früchte tragen.

Aber schon, als ich sie das erste Mal singen hörte, das war bei ihr zu Hause, zweifelte ich an, dass sie damit jemals Erfolg haben würde. Denn trotz Mikrofon konnte man die Töne, die aus ihrer zarten Kehle kamen, beim besten Willen nicht als akustische Wohltat bezeichnen. Vielmehr erinnerte das hohe Krächzen an ein Vögelchen mit Lungenentzündung. So in etwa halt. Das wollte Gloria aber nicht wahrhaben, oder vielleicht hörte sie sich selbst ganz anders, was weiß ich?

Als ihr Geliebter, mit dem sie eine lockere Affäre unterhielt, sah ich es auch nicht als meine Aufgabe an, ihr Können zu be- oder verurteilen. Das sollten schon die Produzenten übernehmen, denen sie in regelmäßigen Abständen diverse Aufnahmen übermittelte. Die fanden es jedoch meist nicht einmal der Rede wert, sich zurückzumelden. Was einen normal denkenden Menschen doch irgendwann einmal auf die Idee bringen könnte, dass das ein Indiz dafür sein könnte, dass das, was man ihnen da geschickt hatte, vielleicht einfach schlechtes Material war? Nicht so bei Gloria. Die schimpfte wie ein Rohrspatz auf diese »Banausen, die keine Ahnung davon haben, wie viel Potenzial in mir steckt. Sollen sie doch weiterhin ihren Mainstream-Mist produzieren.« Vielleicht taten sie sich auch einfach nur schwer, zu erkennen, welchen Musikstil Gloria da überhaupt repräsentieren wollte? Denn dass das Swing sein sollte, konnte sogar ein kerngesundes Ohr nur mit äußerster Anstrengung erkennen.

Aber wie gesagt, als ihre Affäre sah ich es nicht als meine Aufgabe, sie zu bekehren, wozu denn? Deshalb nahm ich auch all ihre anderen Spleens bloß mit einem Schmunzeln zur Kenntnis: Sie trank zum Beispiel nur Perrier-Mineralwasser. Leitungswasser oder »irgendein anderes, niederes Billigwasser« kam ihr nicht in die Tüte. Auch bei Cocktails ließ sie nur die teuersten Kreationen auf der Karte in ihre Kehle rinnen. Dito beim Essen: Da gab es nur das Beste vom Besten, Roastbeef, französischen Käse, Pasteten. Wurden die Flocken knapp, war eben unfreiwilliges Fasten angesagt. Trotzdem, woher sie überhaupt das Geld hatte, sich so ein Leben zu leisten, obwohl sie bereits so lange keinem richtigen Job nachgegangen war, ist mir ein Rätsel. Zumindest ihre Miete dürfte günstig gewesen sein, denn sie wohnte in einer ziemlichen Bruchbude, die noch dazu in einer zwielichtigen Gegend gelegen war. Wirklich alles andere als glamourös! Sie fand das allerdings

»schick« und betonte, viele bedeutende Künstler hätten in einfachen Verhältnissen gewohnt, bevor sie entdeckt wurden.

Wenn sie sprach, drückte sie sich stets sehr gewählt aus. Umgangssprache oder gar Slang-Wörter verabscheute sie wie die Pest, und mit Leuten, die ein lockeres Mundwerk hatten, gab sie sich erst gar nicht ab. Überhaupt achtete sie genauestens darauf, mit wem sie sich umgab. Image war schließlich alles, und wer in den falschen Kreisen verkehrte, war selber schuld, wenn sein Leben und seine Karriere den Bach runterging, meinte sie. Deshalb verkehrte sie bevorzugt auf Vernissagen oder anderen Events in künstlerischen Zirkeln. Da sie in dieser Szene einige Bekannte hatte, bekam sie auch hin und wieder die Gelegenheit, auf einem Event aufzutreten. Leider blieb es meist bei dieser einen Möglichkeit, denn wenn sie erst angefangen hatte, ihr Gekrächze zum Besten zu geben, freute sich jede Person im Raum schon auf den Moment, in dem Gloria die Bühne wieder verlassen würde. Sie hätte es merken müssen, aber sie hielt unbeirrt an ihrem Traum fest, ohne sich um die Meinung der anderen zu scheren. Diese 1,50 Meter kleine, zierliche Frau verfügte über ein Selbstbewusstsein, das unerschütterlicher nicht hätte sein können.

Und das fand ich auch gut – das war es, was mich an ihr so verblüffte. Ich meine, so richtig mit ihr zusammen zu sein, das hätte ich mir niemals vorstellen können. Sie sich glücklicherweise auch nicht, denn, wie sie mir einmal sagte, eine Fulltime-Beziehung hätte sie in ihrer Karriere behindert. Aber natürlich kommt es auch in Affären manchmal dazu, dass man den anderen mitnimmt auf eine private Veranstaltung. In meinem Fall war das die Geburtstagsfeier eines Freundes. Er selbst war Redakteur und malte nebenbei, und auch unter den anderen Gästen waren Leute, die mit der Künstlerszene sympathisierten.

> Diese 1,50 Meter kleine, zierliche Frau verfügte über ein Selbstbewusstsein, das unerschütterlicher nicht hätte sein können.

Deshalb dachte ich, Gloria würde dort bestimmt gut dazupassen und schnell gesprächsmäßig Anschluss finden.

Ich holte sie also zu Hause ab. Sie sah aus wie immer: kleines Schwarzes, knallroter Lippenstift, strenger Dutt. Dazu duftete sie nach Chanel N°5, das ihrer Meinung nach das einzige Parfum auf der ganzen Welt war, das nicht »nach Banalität stank«. Eingehüllt in diese nebulöse Duftwolke, fuhren wir in meinem Auto zur Wohnung meines Freundes. Schon als wir dort ankamen, machte sich ein flaues Gefühl in meiner Magengegend breit. Gloria bedachte die anderen nämlich gleich mit verächtlichen Blicken, vor allem die Frauen. Von oben bis unten sah sie sie an und begutachtete die bunten Kleidchen, Tops und Riemchensandalen, als wäre es ein schreckliches Verbrechen, so etwas zu tragen. Dann rümpfte sie die Nase. Ich wusste, es konnte nur an den Parfums der anderen Mädels liegen. Das konnte ja heiter werden, denn ich wusste, dass der Zeitpunkt kommen würde, an dem sie ihre Meinung auch schonungslos aussprechen würde. Das tat sie nämlich immer, ob man sie nun danach fragte oder nicht.

Es dauerte auch gar nicht lange, bis es losging: Schon als es hieß, es gäbe kein Perrier, begann Gloria zu zetern. »Normalerweise besuche ich keine Veranstaltungen ohne angemessene Verpflegung.« Erstaunt zog mein Freund Gerd, der Gastgeber, die Augenbrauen hoch, sagte aber nichts dazu, sondern schlug vor, ihr stattdessen einen Cocktail zu mixen. Nur vom Feinsten, selbstverständlich. Zum Glück ist er ein begnadeter Barmixer, der auch nur die teuersten Spirituosen verwendet. Kurve gekratzt. Aber schon ging es weiter. Der Wodka-Martini sei im falschen Verhältnis gemixt, und die entkernte Olive, die darin schwamm, eine niveaulose Frechheit. Niveaulos. Überhaupt ihr Lieblingswort. Ständig war alles nur niveaulos. »Außerdem ersticke ich bald in diesem billigen Gestank«, fuhr Gloria fort. »Ich begebe mich besser an die frische Luft.«

Beschämt folgte ich ihr nach draußen. »Gloria, alles, was recht ist, so kannst du dich hier nicht benehmen. Das ist doch keine Art, sich so aufzuführen, wenn man bei jemandem eingeladen ist! Akzeptier doch einmal, dass nicht alles nach deinen Vorgaben ablaufen kann!«

»Ich denke nicht einmal daran.«

Und das tat sie wirklich nicht. Wie eine Weltmeisterin verschoss sie ihre verbalen Schwerter in alle Richtungen. »Ich fühle mich hier wie auf einer Veranstaltung zum Thema schlechter Geschmack.« Die Mädels guckten beschämt an ihren Outfits herab. Wenn jemand etwas lauter lachte, kam »Für die anwesenden Personen ist der Knigge offensichtlich ein Fremdwort«, Missfiel es ihr, wie sich jemand ausdrückte, fiel sie ihm ins Wort: »Du hast es wohl versäumt, eine gute Schule zu besuchen.«

Die Stimmung spitzte sich zu, man konnte förmlich riechen, wie die Luft im Raum immer dicker wurde und der Aggressivitätslevel der Gäste proportional dazu anstieg. Irgendwann war es zu viel. Nämlich, als man auf die Politik zu sprechen kam. Gerds Lieblingsthema. Als Gloria Gerd für ihre politische Meinung kritisierte und ihn als ungebildeten Stümper bezeichnete, der wohl mehr Soap-Operas als hochwertiges Fernsehen konsumieren würde, flippte dieser aus. Er hatte auch schon einiges intus, was in solchen Situationen nicht förderlich ist.

»Was soll ich mir von *dir* denn überhaupt sagen lassen? Du hast ja nicht mal einen Job und tust, als wärst du was Besonderes! Du kleine Möchtegern-Glamourqueen! Bringst nichts auf die Reihe und läufst einer Gesangskarriere hinterher, die du nie im Leben erreichen wirst! Wenn du loskreischst, könnt ich glatt *kotzen*! Du hast weder die Stimme noch das Auftreten dazu und führst dich hier auf, als wärst du der Superstar! Dabei liegst du nur dem Staat auf der Tasche! Du … du bist einfach nur lächerlich!« Und so weiter, und so fort. Gerd war nicht mehr zu halten. Die anderen grinsten schadenfroh in ihre Cocktails. Mir wars peinlich, aber ehrlich gesagt fand ich es schon richtig, dass endlich mal jemand die Eier hatte, Gloria Paroli zu bieten. Die stand mit aufgerissenen Augen vor meinem Freund und schnappte nach Luft. Ein Raunen ging durch die Partymenge. Jetzt nahmen auch die anderen kein Blatt mehr vor den Mund. »Du bist so was von eingebildet! Du tust, als wärst du eine Diva, dabei bist du einfach nur eine aufgeblasene, nichtsnutzige Parasitin! Aus deinem Mund kommt nur heiße Luft«, warf Ingrid ihr entgegen. Und das war noch das Harmloseste, was da kam. Für einen kurzen Augenblick erhaschte ich einen hilfesuchenden Blick von Gloria, aber ich sah schnell zur Seite. Freilich hatte ich ein wenig Mitleid, aber genau so wenig hatte ich Lust, ihr mit Solidarität entgegenzukommen, nachdem sie sich so aufgeführt hatte. Nein, das hatte sie sich schon selbst eingebrockt. Die Leute knallten ihr noch weitere Beschimpfungen an den Kopf, bis sie ihre Starre schließlich abschüttelte und ihr Glas mit voller Wucht auf den Boden pfefferte.

»Wisst ihr was? Ihr könnt mir doch alle gestohlen bleiben. So eine niveaulose Party habe ich noch nie erlebt. Ihr seid mir doch alle zuwider!« Um diese Worte noch zu verstärken, spuckte sie Gerd vor die Füße. So eine undamenhafte Geste – ganz ungewohnt für die sonst so ladyhafte Glamourqueen! Und dann drehte sie sich um und verließ hohen Hauptes die Party. Ich habe sie danach nie wieder gesehen. Und auch nicht gehört. Mein lieber Schwan, wie froh ich darüber bin!

16. KAPITEL

Die Sklaven-
treiberin

*Rudi (35), Programmierer, München,
über
Maike (32), damals Website-Betreiberin,
derzeitiger Beruf unbekannt, München*

Maike. Oh-mein-Gott-Maike. Als Person ein Sammelbecken an Skurrilitäten, eine Ausgeburt an charakterlichen Abgründen – und das ist noch fast zu harmlos ausgedrückt. Ein Allround-Freak der Königsklasse, die ich keinem Menschen auf dieser Erde – sei es Mann oder Frau – an den Hals wünsche. Und trotzdem führte ich mehrere Monate lang eine Beziehung mit ihr. Sogar zweimal! Runde eins war bereits ein paar Jahre zuvor unglücklich zu Ende gegangen, und nachdem sich unsere Wege damals getrennt hatten, hatte mein Gehirn genügend Zeit, um all die negativen Erfahrungen Stückchen für Stückchen aus seinen Windungen zu löschen.

Was einer der Gründe dafür war, dass ich offenbar nichts dazugelernt hatte und noch einmal in ihre Fänge geriet. Es begann so: Nach einer längeren Phase in einer anderen Stadt, ich war auf der Suche nach einem neuen Job, kehrte ich in meine Heimatstadt zurück, in der auch Maike wohnte. Wir liefen uns gleich auf mehreren Events über den Weg. Noch immer sah sie verdammt scharf aus: schwarzes, langes Haar, ganz helle Augen, klein und zierlich, aufreizend sexy gekleidet. Ein Hingucker. Und wie früher konnte man immer noch eine Menge Spaß mit ihr haben – sie war Profi darin, die Leute um sich zu scharen und sie mit ihrem Schmäh zu entertainen. Die Tatsache, dass wir bei unseren erneuten Zusammentreffen stets lachten, bis sich die Balken bogen, machte es einfach, die Vergangenheit das sein zu lassen, was sie war: nämlich passé. Und so kam es, dass sich, langsam aber dennoch, etwas zwischen uns anbahnte. Ich war wieder mit meiner schönen Ex zusammen – so jedenfalls meine blauäugige Sichtweise.

> Ich war wieder mit meiner schönen Ex zusammen – so jedenfalls meine blauäugige Sichtweise.

Meine Jobsuche war mittlerweile erfolgreich gewesen und ich hatte eine coole Stelle ergattert, die mich zeitlich ziemlich in Anspruch nahm, aber auch ziemlich Spaß machte. Maike war selbstständig und betrieb eine Szene-Website. Eines Tages, es lief erfreulicherweise schon ein paar Wochen ganz gut zwischen uns, kam sie bei mir an: »Rudi, ich brauch dich jetzt. Du wirst bei mir arbeiten. Unser Programmier-Mensch ist eine totale Tröte, der muss ausgetauscht werden.«

»Aber ich hab doch einen Job!«

»Egal, mach dir nicht ins Höschen. Check mir ein paar Ideen für die neue Site, wir setzen uns morgen zusammen.« Wie schon immer duldete Maike keine Widerrede. Gut, man will ja seine Freundin auch nicht im Stich lassen, hätte ja vielleicht Zorres gegeben.

Nachdem ich die ganze Nacht durchgehackelt hatte

»Zusammen? Nein, wie kommst du denn auf so einen Quatsch, haha?«

wie ein Blöder, trafen wir uns am nächsten Tag in einem Café mit dem Rest ihres kleinen Teams. Immer wieder unterbrochen von privaten Gesprächen – Maike war nicht sonderlich gut darin, sich lange auf eine Sache zu konzentrieren – besprachen wir den neuen Aufbau der Page. Ich ärgerte mich, dass sie meinen Entwürfen nur mangelhafte Aufmerksamkeit schenkte und stattdessen lieber mit ihrem schwulen Kollegen Marlin tratschte. Ich lauschte dem Gespräch. »Und wie ist das jetzt – seid ihr eigentlich zusammen?«, hörte ich Marlin fragen. Maikes Antwort ließ mir die Galle hochkommen: »Zusammen? Nein, wie kommst du denn auf so einen Quatsch, haha?« Ich warf ihr einen erstaunt-angefressenen Blick zu. Sie grinste mich nur an, als wäre nichts geschehen. Als ich auf dem Heimweg von ihr wissen wollte, wieso sie mich verleugnete, lenkte sie geschickt vom Thema ab. Mir kam ein Déjà-vu – genau, das war ja eine ihrer Spezialitäten, die ich erfolgreich verdrängt hatte. Schon zu diesem Zeitpunkt hätte ich Reißaus nehmen sollen – aber treudoof, wie ich nun mal war, tat ich es nicht. Stattdessen redete ich tagelang auf sie ein wie ein krankes Tier und flehte sie an, sich zu mir zu bekennen. Was sie dann, zwar widerwillig aber doch, auch tat. Kaum zu glauben, aber ich verbuchte das als Erfolg. Schon da hätte ich merken müssen, wie würdelos ich mich eigentlich verhielt.

Anfangs lief die Arbeit in ihrer Firma ganz gut. Ein lustiges Team – bis auf Maike, die Tag und Nacht in »geschäftlicher« Mission unterwegs war und, wenn man Glück hatte, zumindest via Handy Bescheid gab, wenn sie etwas wollte. War das der Fall, sollte es dann aber gefälligst schon innerhalb von zwei Minuten fertig sein. Ihre Anweisungen erfolgten meist in lallendem Befehlston, da sie bei ihren Terminen angeblich ständig mit den Kunden saufen musste, um diese weich zu klopfen und ihnen einen Auftrag abzuluchsen. Im Nachhinein frage ich mich, wie diese kleine Firma überhaupt irgendetwas zustande bringen konnte, mit so einer Person als Oberhaupt. Aber Maike hatte schon immer Talent darin gehabt, ihren Intelligenzabschlag zu überspielen und sich trotzdem wunderbar durchs Leben zu schummeln. Denn auch wenn sie zwar selbst nicht wirklich viel auf die Reihe brachte, außer chaotisch zu sein, verfügte sie doch über eine Fähigkeit, die all das ausglich: Sie war Meisterin im Delegieren.

Keine Ahnung, wie sie es bewerkstelligt hatte, aber sie besaß ein Kontingent an »guten Trotteln«, vorwiegend männlich, die für sie alles, aber auch wirklich *alles* erledigten, was sie selbst nicht machen konnte oder wollte. Die Drecksarbeit sozusagen. So lange ließ sie den Push-up aus dem Ausschnitt blitzen, telefonierte, bettelte, flirtete sie, bis wieder einer für sie irgendwohin fuhr, um etwas abzuholen, abzuliefern, abzuchecken. Wie in einem Großunternehmen gab es für jeden Aufgabenbereich einen Zuständigen. Und obwohl die Sklavenjungs immer wieder lauthals ihren Unmut darüber verkündeten, wie sehr Maikes Forderungen ihnen schon auf den Sack gingen, waren sie ihr trotzdem hörig. Aber was soll ich sagen – ich war doch um nichts besser, nein, vielmehr war ich ihr Sklave Nummer eins, der Junge für alles: Putzen, Waschen, Kochen, Befriedigung-to-go, Entertainment jeder Art, von beruflichen Belangen mal abgesehen.

Aufgrund dessen, dass Maikes Unternehmen über ein schrecklich ungemütliches Büro verfügte, arbeitete ich meist bei ihr zu Hause – was durch meine ständigen Nachtschichten und unsere nebenbei vorhandene Beziehung darauf hinauslief, dass ich mehr oder weniger eh schon bei ihr wohnte. Plötzlich begann sie, immer öfter den Wunsch nach einem Hund zu äußern. Ein Viech im Handtaschenformat, das sie überallhin mitnehmen konnte. In mir wuchs der Verdacht, dass sie eines dieser Society-Magazine gelesen hatte und der Meinung war, dass so ein Pocketkläffer sich bei ihr als stadtbekanntem »It-Girl« ganz gut als Accessoire machen würde. Diesen Verdacht äußerte ich natürlich.

»Hör zu. Ich kann den Hund nicht mit in meine Firma nehmen – geht absolut nicht. Du müsstest dich darum kümmern. Es wäre also *dein* Hund. Ist dir das klar?«

»Na sicher! Ich will ja auch, dass es *mein* Hund ist. Und ist doch Ehrensache, dass ich mich darum kümmern werde. Bitteee … ich will ein Hundi! Besorg uns eins!«

Blauäugig und liebestoll ließ ich mich mit viel Bettelei und noch mehr Sex erweichen und telefonierte mich von Züchter zu Züchter, um ihr diesen Wunsch zu erfüllen – mit dem Hintergedanken, sie würde mir das erstens hoch anrechnen und zweitens dadurch etwas häuslicher werden.

Also tollte eines Abends, als ich sie mit dem Versprechen einer riesigen Überraschung nach Hause gelockt hatte, das gewünschte Hündchen in der Wohnung herum. Ein Mini-Malteser, weiß und mit schwarzen Knopfaugen. Mal sehen, ob das Viech auch so klein bleiben würde. Egal. Ich hatte ihn, also eigentlich sie, Mimi genannt. Als Maike das Tier erblickte, sprang sie, vor Freude wie verrückt, in die Luft und umarmte mich mit Tränen in den Augen. Au ja, jetzt würde alles gut werden! Meine sonst so busy Freundin, ich und der Hund – eine kleine, selige Familie.

Das Problem bei dem von mir geplanten Familienleben war nur, dass ich sie und Mimi kaum zu Gesicht bekam. Morgens packte sie Mimi in ihre Tasche und war weg. Statt nach ihren Terminen nach Hause zu kommen – ich kam auch abends kaum raus, da ich mit Maikes Aufträgen zugemüllt war –, schleppte sie ihn auch nachts mit sich rum, um ihn allen möglichen Leuten vorzuführen. Das arme Tier wurde herumgereicht wie eine Trophäe – und ich will gar nicht wissen, wie viele Stunden es in irgendwelchen verrauchten Spelunken verbringen musste!

»Es ist schließlich *mein* Hund!«, empörte sie sich, wenn ich Bedenken aussprach.

Aber das hatte bald ein Ende. Denn so aufregend die süße Mimi anfangs für sie gewesen war, so schnell sank ihr Interesse auch wieder. Ich nehme an, nachdem das kleine Etwas einmal durch ihr immenses Freundes-, Bekannten- und Kunden-Netzwerk durchgereicht und mit »Ach, wie niiiedlich!«-Bekundungen gehätschelt worden war, hatte der Hund seinen Zweck erfüllt: Er hatte Maike kurzzeitig einen Aufmerksamkeitsbonus verschafft. Dieser war natürlich irgendwann aufgebraucht – und so lag es nun an mir, mich um das Tier zu kümmern.

»Reg dich ab, es geht halt nicht, dass ich Mimi bei geschäftlichen Terminen immer bei mir habe. Was sollten denn die Leute von mir denken?«

»Ach, ich dachte, das wäre bis jetzt nie ein Problem gewesen?«

»Du bist verantwortungslos, weißt du das? Ist ja schließlich auch *dein* Hund.«

Aha, nun doch? Seis, wies sei, das wiederum führte dazu, dass ich die Wohnung noch seltener verlassen konnte: Denn ich hielt nix davon, einen so jungen Hund tagein, tagaus überallhin mitzuschleppen. Sprich, ich konnte nichts mehr unternehmen, war

»Es ist schließlich *mein* Hund!«, empörte sie sich, wenn ich Bedenken aussprach.

sozusagen eingesperrt. Maike hingegen war so viel unterwegs wie noch nie zuvor und es wurde immer verheerender. Wenn nicht mitten in der Nacht mein Handy klingelte und ich sie – »Aber schnell!« – irgendwo abholen sollte, taumelte sie meist gegen drei Uhr nachts völlig im Öl zur Tür herein und knallte sich mit umwerfender Alkoholfahne neben mir ins Bett. Oft kam sie erst um vier oder fünf. Oder gar nicht – wo auch immer sie dann schlief. Sex oder etwas anderes, das eine Beziehung nun mal so mit sich bringt – Gespräche, gegenseitiger Austausch, Kuscheln –, gabs nicht mehr – wie auch?

Schön langsam wuchs der Frust in mir und ich begann, am Verstand meiner Freundin zu zweifeln. Da war ich nicht der Einzige. Ihre Untertanen in der Firma klagten ständig darüber, dass sie telefonisch nie mehr erreichbar war und ihr Ichbinwichtig-Gerät stets nur noch einen Besetztton von sich gab. Kein Mensch wusste, wo sie sich herumtrieb – aber eins war klar: sicher nicht in geschäftlichen Belangen. Denn um alles Firmentechnische kümmerten sich die anderen – und ich. Bezahlung der Mitarbeiter war Nebensache, wohlgemerkt. Hauptsache, auf ihrem Konto herrschte Sturzflut.

Wenn wir wieder eines unserer Projekte fertig hatten und sich Madame dazu herabließ, sich kurz Zeit zu nehmen, um sich das Ergebnis anzusehen, lief es jedes Mal auf eine kurze, aber intensive Lobeshymne auf uns alle hinaus.

Das wäre ja auch o.k. gewesen, nur wenig später hatte Maike offenbar jedes Mal vergessen, dass sie diejenige war, die zu diesen Ergebnissen am wenigsten beigetragen hatte: So, wie sie sprach, wirkte es, als hätte sie alles ganz alleine auf die Beine gestellt. Ich, ich, ich, ging es da die ganze Zeit, *meine* Firma, *meine* Idee, meins, meins, meins ... klar, dass sie das auch nach außen hin so vermittelte. Von ihren Kunden und Freunden ging jeder fest davon aus, dass sie ein kompletter Ein-Frau-Betrieb war und von der Grafik bis hin zum Programmieren alles selber checkte. Dass sie davon in Wirklichkeit keine Ahnung hatte, war ihr völlig wurscht. Kompletter Realitätsverlust war das – der auch immer schlimmere Ausmaße annahm. Was sicher auch an ihren ausufernden Alkoholexzessen lag. Manchmal erschien sie mir richtig manisch, unterbrochen nur von aggressiven Anfällen. Zum Angstkriegen!

Endgültig den Vogel abgeschossen hat sie dann mit folgender Aktion: Wieder einmal rief sie mich mitten in der Nacht an und meinte, sie wäre irgendwo in der Nähe der Innenstadt, wisse aber nicht genau wo. Wie sollte man das auch wissen, in einem Zustand, in dem man sich vor lauter Dichtsein kaum mehr artikulieren konnte? Ich ließ Mimi allein zurück, stieg ins Auto und fuhr los – Runde um Runde durch die Stadt. Maike konnte ich jedoch nirgends finden. Na toll, und ihr Telefon war auch tot. Als ich schon wieder zurückfahren wollte, erblickte ich ein zusammengekauertes Etwas in weißen hohen Lackstiefeln auf einer Parkbank am Straßenrand. Das konnte nur Maike sein – diese Stiefel hätte ich auf einen Kilometer Entfernung erkannt, hatte ich doch mein Konto geplündert, um sie ihr zum Geburtstag schenken zu können. Mit dem Kopf vornüber gesackt hockte sie auf der Bank, die langen schwarzen Haare hingen fast bis zum Boden hinab. Ein elender Anblick. Ich rannte hin und versuchte, sie aufzuwecken. Viel Reaktion kam nicht – ein schwaches Stöhnen war alles, was sie noch von sich gab. Mit Einsatz all meiner Kräfte schleifte ich sie zum Wagen und wuchtete sie auf die Beifahrerseite. Hoffentlich kotzt sie mir hier nicht alles voll, dachte ich noch – und da wars auch schon passiert. Ein Schwall aus undefinierbaren Zutaten, aber von eindeutig alkoholischer Zusammensetzung ergoss sich quer übers Armaturenbrett. »Maike! Hast du sie noch alle?« Mir kamen fast die Tränen, aber sie war bereits wieder eingepennt. Zu Hause schleppte ich sie unter

Einsatz all meiner Kräfte die Treppen hinauf und durfte mir dabei ihr undeutliches Gebrabbel, gepaart mit dem aufdringlichen Geruch von frischem Erbrochenen, geben. Ich säuberte sie notdürftig, wobei sie sich heftig wehrte, warf sie ins Bett, zog ihr die Stiefel von den schönen Beinen und deckte sie zu. Morgen früh werde ich ein Gespräch einberufen, dachte ich noch beim Einschlafen. Als ich aufwachte, kam mir schon etwas komisch vor. Feuchte! Nässe! Das Bett unter mir war nass! Schwacher Uringeruch kroch mir in die Nase. Mein erster Gedanke galt Mimi, aber da die Tür zum Schlafzimmer geschlossen war und die Kleine draußen vor sich hin bellte, konnte sie keine Schuld treffen. Ich hob Maikes Bettdecke und schaute nach. Und da hatten wir den Übeltäter. Miss Superstar hatte ins Bett gepinkelt! Ein nasser Fleck hatte sich unter ihren Stringtanga-umschnürten Hüften über die halbe Matratze ausgebreitet. Irgendwie machte es in diesem Moment »Klick!« in meinem Kopf. Jetzt war der Ofen aus. All meine naiven Zukunftsvisionen mit Maike verflüchtigten sich abrupt. Ich stand auf, machte Kaffee und wartete. Bis sie völlig verkatert in der Küche auftauchte und mich mit einem freudigen »Guten Morgen, Schatz!« begrüßte. »Du hast dich heute Nacht angepinkelt. Schon gemerkt? Übrigens, ich ziehe heute aus.« Ihre darauffolgende Flut an Ausreden, »Das war nicht ich, auf keinen Fall, der Hund wars, oder du selber!«, prallte bei mir auf Beton.

Heute hoffe ich nur, dass es Mimi gut geht – schweren Herzens musste ich sie bei Maike lassen, denn mein neuer Vermieter duldet keine Haustiere. Mit ihr selbst hatte ich seitdem nie wieder Kontakt. Sendepause. Würde ich sie sehen, ich glaube, ich würde schreiend davonlaufen, um nicht ein drittes Mal in die Falle zu tappen.

> Hoffentlich kotzt sie mir hier nicht alles voll, dachte ich noch – und da wars auch schon passiert.

17. KAPITEL

Meine Frau – ein wandelndes Ratgeber-Lexikon

Ronald (42), Buchhalter, Graz,
über
Heidi (40), Sekretärin, Graz

Für das erste Date mit Heidi hatte ich ein extra schönes Restaurant ausgesucht. Ich wusste irgendwie schon von Anfang an, dass diese Frau einen ganz besonderen Stellenwert in meinem Leben haben würde, und so wollte ich alles richtig machen. Nach Jahren des Herumflegelns am Paarungsmarkt sehnte ich mich nach Beständigkeit. Meine Zeit als Hallodri war am Ende. Ist doch normal, ab einem gewissen Alter holt sie dich ein, die Sehnsucht nach einem Platz, an dem man ankommen und sich fallen lassen kann. Und dann lässt sie dich nicht mehr los, die Sehnsucht nach Sicherheit. Ich jedenfalls hatte vor, diese bei Heidi zu finden und sie dann mit ihr zu leben. Dazu galt es natürlich erst einmal auszuloten, ob sie überhaupt dasselbe wollte.

Etwa um 20.10 Uhr traf sie ein – und mir fielen fast die Glubscher heraus. Das rote Satinkleid brachte ihre wunderbare Figur perfekt zur Geltung. Die dunklen, langen Haare schmiegten sich sanft um ihr schönes Gesicht und ihre nugatbraunen Augen glänzten. Alle Gäste starrten sie an – man kann gar nicht anders, es ist heute noch so: Wenn Heidi kommt, dann *erscheint* sie. Wie eine Lichtgestalt überstrahlt sie den ganzen Raum, egal, ob es der Imbiss am Bahnhof ist oder die Lobby eines Nobelhotels. Man muss einfach hingucken, kann sich ihrem Anblick nicht entziehen.

> Die ganze Zeit versuchte ich, meine Nervosität zu überspielen, aber ich glaube, oder vielmehr weiß ich es heute, sie hat mich die ganze Zeit durchschaut.

Ich brachte erst mal kein Wort heraus. Aber das übernahm sie in ihrer lockeren Art selbst und begrüßte mich herzlich mit Bussi-links-Bussi-rechts. Die ganze Zeit versuchte ich, meine Nervosität zu überspielen, aber ich glaube, oder vielmehr weiß ich es heute, sie hat mich die ganze Zeit durchschaut. Ließ es sich aber nicht anmerken, was ich ihr dankte. Fachmännisch bestellte ich den exklusivsten Wein und himmelte sie an, während sie die Speisekarte studierte. Plötzlich schaute sie auf. »Weißt du, dass manche Experten empfehlen, man solle sich als Frau immer das Teuerste auf der Karte aussuchen, um damit seinen Wert zu manifestieren?« Von so einer Theorie hatte ich noch nie etwas gehört. »Wirklich? Welche Experten sagen denn so was? Also ich weiß nicht, ob das so funktioniert«, entgegnete ich erstaunt. »Soll funktionieren. Hab ich mal gelesen. Aber ist auch egal. Keine Sorge, ich nehme nicht das Teuerste. Entenleber schmeckt mir nämlich nicht«, grinste sie und erhob ihr Glas. Sie nahm übrigens das zweitteuerste Gericht auf der Karte. Berechnung? Möglich. Während des Essens stellte sich heraus, dass Heidi ganz schön viel Ahnung von zwischenmenschlichen Beziehungen und Kommunikation hatte. Woher? Aus Ratgeberbüchern, wie sie mir erklärte. »Ich lese die Dinger ständig! Ich würde sogar sagen, ich verschlinge sie förmlich. Jedes Jahr gebe ich ein kleines Vermögen dafür aus.«

Na ja, ist ja an sich nichts Schlechtes. Sofern es nicht zwanghaft wird. Mir kam da dieser eine Film in den Kopf, *Bridget Jones*, bei dem die Hauptdarstellerin diese Bücher auch stapelweise zu Hause rumliegen hat und sich davon verspricht, ihr Liebesleben zu optimieren, beziehungsweise überhaupt erst einmal in Gang zu bringen. Darauf sprach ich Heidi an. »Ach, ja, den Film kenne ich. Ob das bei mir auch so ist? Keine Ahnung. Finde es heraus«, meinte sie grinsend und zwinkerte mir zu. Gut, dann musste ich an diesem Abend eben noch dumm schlafen gehen. Und an den Abenden der nächsten Wochen auch, denn Heidi vermied es offensichtlich, mich mit in ihre Wohnung zu nehmen. Mit schnellem Sex würde es also nichts werden – ich meine, natürlich *dachte* ich daran, was sonst? Sehnsuchtsvoll erwartete ich den Moment, an dem sie mich einmal »ranlassen« würde.

> Mit schnellem Sex würde es also nichts werden – ich meine, natürlich *dachte* ich daran, was sonst?

Aber das zog sich hin. Sie ließ mich – freundlich, aber bestimmt – auflaufen und steigerte mein Begehren so bis ins Unermessliche. Gemein, aber effektiv! Es dauerte so lange, bis unsere Kennenlernphase in eine feste Beziehung übergegangen war – zu der ich mich auch bekannte. Dann endlich landeten wir in den Laken. Und es war erstklassig! Oh ja, noch jetzt denke ich gerne daran zurück. Nach vollzogenem Akt lagen wir auf ihrem Wasserbett und genossen die postkoitale Entspannung. Da fiel mein Blick auf ein monströses Bücherregal, das ich in meiner vorangegangenen Erregung noch nicht zur Kenntnis genommen hatte. Ich hievte mich hoch und begutachtete den Inhalt. Mir blieb der Mund offen stehen – denn es war von oben bis unten gefüllt, aber nicht mit Liebesromanen oder Belletristik, wie man es von vielen Frauenwohnungen kennt. Nein, da reihte sich ein schlauer Titel an den nächsten: *Simplify your Life* neben *Männer sind vom Mars, Frauen von der Venus* neben *Lebe wild und unersättlich!* neben *Lieben ohne Leiden* – und so weiter und so fort. Ich drehte mich zu Heidi, die noch immer in ihrer vollen Pracht dalag und meine Inspektion amüsiert zur Kenntnis genommen hatte. »Die hast du alle gelesen?«

»Ausnahmslos.«

»Aber das sind ja – hm, mal schätzen – das sind ja bestimmt über dreihundert!«

»Hm, ja, kann sein.« Auweia. Dieser Frau konnte ich kein X mehr für ein U vormachen. Sie musste wirklich regelmäßig einen ordentlichen Teil ihres Monatsgehalts in diese schlauen Büchlein investieren. Ich begutachtete das Regal noch etwas eingehender. In den unteren Regionen wurde es spannend: Sexratgeber. Aha! Da konnte man(n) ja vielleicht noch was dazulernen? »Hast du die ... also da ist ja auch *Der perfekte Liebhaber* mit dabei! Woher hast du das? Und wieso?«

»Ist von meinem Exfreund übrig geblieben.«

»Aha. Habt ihr ... habt ihr die Tipps da drin alle ausprobiert?« Ich war verunsichert und das war für Heidi wohl auch kaum zu übersehen. Wer will sich schon vorstellen, was sie mit ihrem Ex ... nein, das wollte ich mir nicht ausmalen. Zu viel bildlicher Input für mein zartes Ego! »Ach, spielt doch keine Rolle. Aber lies es, da stehen interessante Schweinereien drin«, forderte sie mich lächelnd auf. Nun gut, warum nicht? Ich las es also, und Heidi profitierte davon – und wie! Ebenso wie ich, denn ich wette, sie hat das dazugehörige Pendant, nämlich *Die perfekte Liebhaberin*, nicht nur einmal durchgeackert! Das wurde mir in der folgenden Zeit bewusst, als wir – kennt man ja von der Verliebtheitsphase – mehr von Luft und Liebe als sonst was lebten. Ich sag es unverblümt: Heidi war und ist eine Granate im Bett. Alles, was ich zuvor in Sachen Sex erlebt hatte, war banaler Kinderkram.

Aber unser Verhältnis blieb nicht lange ungetrübt. Bald traten Probleme auf – ist ja nichts Ungewöhnliches, wie ich heute weiß –, aber trotz-

> Alles, was ich zuvor in Sachen Sex erlebt hatte, war banaler Kinderkram.

dem kann man gut und gerne darauf verzichten. Wir stritten uns über Kleinigkeiten. Heidi klagte darüber, ich würde mich nicht oft genug melden, sie zu wenig aufmerksam behandeln, ihr keine Komplimente mehr machen. Moment, ich korrigiere: Für mich waren es Kleinigkeiten, für Heidi waren es wesentliche Dinge, ohne die es auf Dauer nicht funktionieren konnte. Ja, eh – aber sind wir Männer nicht so, dass unser Eroberungsdrang etwas zu schleifen beginnt, wenn wir uns in einer Beziehung »sicher« fühlen? Und ich fühlte mich eben sicher! Das fand ich auch gut und schön. So oder so – damit kam ich bei Heidi nicht durch. Eines Abends hatte sie ein »Problemgespräch« einberufen. Schön, aber mal ehrlich – bei so etwas stellt sich beim starken Geschlecht doch automatisch der Fluchtreflex ein. Besonders ich bin einer von der Sorte, die bei Diskussionen und Co. lieber den Kopf in den Sand stecken, als sich dem Problem zu stellen. Trotzdem,

Heidi war es allemal wert, und so tanzte ich, bewaffnet mit einer Flasche Rotwein – der sauteure Wein, den wir bei unserem ersten Rendezvous getrunken hatten – bei ihr an. Sie führte mich gleich zum Küchentisch und meinte, ich solle mich setzen. Der Tisch war voll beladen mit Büchern. Beziehungsratgeber! Da lagen sie, sorgsam aufgereiht. Alle bedrohlich in meine Richtung gedreht. Etwa dreißig an der Zahl. Mir wurde übel. Obwohl ich die Antwort bereits wusste, stellte ich die Frage: »Was soll denn das heißen? Soll ich die etwa alle lesen? Damit werde ich doch nie und nimmer fertig!« Sie sah mir tief in die Augen. Und nickte. »Ohne die, mein Lieber, wird es nichts mit uns. Wenn du dich nicht an gewisse Regeln hältst, kann es nicht funktionieren. Wir können reden, wir können diskutieren, ich kann dir die Inhalte runterbeten. Aber ganz ehrlich, das wäre zu einseitig. Wenn du mich willst, dann musst du schon auch etwas dafür tun. Also? Was sagst du?« Ich nahm erst mal einen großen Schluck vom Wein. »Puh, Heidi, also ehrlich gesagt … weißt du, du bist mir wichtig, und ich liebe dich auch, aber ob ich der Typ dafür bin …«

»Hier, das da.« Ein besonders dickes Exemplar. »Seite 28, erster Absatz. Da findest du die Antwort.« Sie wusste, was wo auf welcher Seite stand? Das glaubte ich jetzt nicht. Ich schlug Seite 28 auf: »Sie werden sich jetzt vielleicht denken, was so ein Beziehungsratgeber schon auszumachen vermag. Sie sind ja eigentlich nicht der Typ, der Bücher liest. Alles klar, alles verständlich – aber glauben Sie mir, wenn ich Ihnen sage, dass Ihre Beziehung, nein, sogar Ihr ganzes Leben, durch das Lesen dieses Buches an Qualität gewinnen wird. Denn dies ist kein gewöhnlicher Beziehungsratgeber …« Und so weiter, laber, laber. »Oder

> »Wir können reden, wir können diskutieren, ich kann dir die Inhalte runterbeten. Aber ganz ehrlich, das wäre zu einseitig. Wenn du mich willst, dann musst du schon auch etwas dafür tun.«

hier, Seite 71 bis 80. Das sollte man wissen, wenn man sich mit jemandem einlässt. Das ist zwischenmenschliches Gesetz!«

»Heidi, das kanns doch nicht sein ... du kennst das auswendig ... wie oft hast du die Dinger denn gelesen?« Ich bekam keine Antwort.

Stattdessen schnappte sie sich wieder eines der Bücher. Erst jetzt fiel mir auf, dass in jedem der Ratgeber mehrere Seiten mit bunten Klebezettelchen markiert waren, die oben aus den Seiten herausragten. »Hier«, meinte sie, schlug eine markierte Seite auf und legte sie mir vor. »Ich hab die wichtigsten Textteile für dich markiert. Die zehn Regeln, ohne die eine Beziehung nicht funktionieren kann. Lies und lerne. Und lebe danach. Oder aber auch nicht.« Herrgott, die war ja vorbereitet, als ginge es um die Weltherrschaft! Ganz im Gegensatz zu mir. Ich fühlte mich wie auf der Schlachtbank. »Aber Heidi! Warum tust du mir das an? Ich will das nicht ...«, jammerte ich. »Gut. Aber dann kannst du gleich verschwinden.« Mit diesen Worten ließ sie mich alleine in der Küche sitzen und verließ die Wohnung. Die Tür fiel ins Schloss – und weg war sie. Ich war verwirrt. Was war mit meiner Freundin los? Gut, mit ihren Diät-Ratgebern, den Wohnungseinrichtungs-Lexika, den Karriere-Wälzern und den Beauty-Fibeln konnte ich leben. Dass sie ihr Leben akribisch danach ausrichtete, betraf mich nicht direkt. Ist zwar schräg, aber o.k., tut ja niemandem wirklich weh. Aber diese Beziehungskiste, ich meine, ist das nicht eine Sache, die zwei Menschen untereinander ausmachen? Wer hat schon Bock darauf, sich von irgendwelchen Kommunikations- oder Partnerschafts-Gurus sagen zu lassen, wie man sich zu verhalten hat? Ich ganz sicher nicht! Ich will gefälligst selbst entscheiden, was ich tue. Und deshalb suchte ich schnellstens das Weite, ohne ein einziges Buch im Gepäck.

Aber auch, wenn ich nach außen hin einen auf toughen Mann machte: Die folgenden Wochen waren der Horror. Ich vermisste Heidi. Ich vermisste alles an ihr – ihre Augen, das strahlende

Lächeln, ihren Geruch, ihre Stimme, ihre Berührungen ... alles. Ich wollte nur vergessen. Aber die Zeit arbeitete nicht für, sondern gegen mich. Das Vermissen wurde nämlich nicht besser, sondern verschlimmerte sich zusehends. Obwohl ich in meinem Alltag zu funktionieren versuchte, brachte ich nichts mehr auf die Reihe. Wie ein Roboter stand ich beim Weckerklingeln auf, bediente die Kaffeemaschine, trank die braune Brühe, ohne etwas zu schmecken, und fuhr den Weg ins Büro, setzte mich hin und versuchte, meine Arbeit zu erledigen. Aber im Job machte ich Fehler und bekam Ärger mit dem Chef. Wie automatisiert kaufte ich das Nötigste ein, ernährte mich nur noch von Fertigpizzen und Dosenbier, meine Wohnung verwilderte ebenso wie meine zwischenmenschlichen Beziehungen. Ich hatte auch keine Lust mehr, jemanden zu treffen. Lieber war ich mit meinem Leid alleine. Jeden Tag verbrachte ich primär damit, auf ein Lebenszeichen von Heidi zu warten. Sorry, Jungs, entgegen der männlichen Solidarität verrate ich jetzt ein streng gehütetes Geheimnis: Auch wir tun das hin und wieder. Das mit dem Warten. Und dem Ständig-aufs-Handy-Gucken. Auch, wenn wir uns eher in den Hintern beißen würden, als das in der Öffentlichkeit zuzugeben! Aber es ist so. Der stärkste Bär kann zu einem Nervenbündel werden, wenn es um seine Herzdame geht! Ich jedenfalls saß wie auf Nadeln und wartete auf ein Klingeln oder ein Piepsen. Es kam keines.

»Ich werde die Dinger alle lesen. Alle. Ich tu es für dich, für uns.«

Irgendwann hielt ich es nicht mehr aus. Nach einem weiteren einsamen, rotweingeschwängerten Abend rief ich mir ein Taxi und ließ mich zu Heidis Wohnung kutschieren. Wie ein kleiner Junge stand ich da, als sie die Tür öffnete, den Kopf gesenkt, die Schultern hängend. So, wie sie dreinschaute, war sie ziemlich überrascht. Ob sie sich freute, konnte ich leider nicht ausmachen. »Oha, hoher Besuch. Komm doch rein.«

»Heidi, ich sags dir, wies ist. Mein Entschluss steht fest.« Sie sah mich an, ohne mit der Wimper zu zucken. »Ja? Und?«

»Ich werde die Dinger alle lesen. Alle. Ich tu es für dich, für uns. Ich liebe dich und ich will, dass es funktioniert, verstehst du? Und wenn es dir so wichtig ist ...«

Da hatte sie mich schon in den Arm genommen und küsste mich. Ein herrliches Gefühl, sie wieder zu spüren! Doch es hielt nicht lange an. Denn Heidi rannte schon los zu dem Stapel Bücher, der noch immer fein säuberlich auf dem Tisch lag. Offenbar war sie davon ausgegangen, dass ich zurückkommen würde. Oder sie hatte es zumindest gehofft. In Anbetracht der Höhe des Ratgeberstapels wurde mir ganz flau und ich fragte mich, wie lange ich wohl brauchen würde, um die alle durchzuackern – ein halbes Jahr? Ein Jahr? Länger? –, aber es half nichts. Da musste ich jetzt durch. Da *wollte* ich jetzt durch! Eine Frau wie Heidi würde ich so schnell nicht wieder finden, das war mir klar. Sie fing an, die Stapel in eine große Tüte zu packen, drückte sie mir in die Hand und meinte: »Gut, dann fang schon mal an damit. Viel Vergnügen!«

Ja, und ich habe es getan. Ich habe sie alle gelesen! Aber nachdem ich fertig war, gab es zwei Monate lang mal nur Actionschmöker, ist klar. Trotzdem – die Ratschläge blieben an mir hängen und immer wieder fiel es mir wie Schuppen von den Augen, wenn mir bewusst wurde, wie kontraproduktiv ich mich in vielen Situationen verhalten hatte, und das schon mein ganzes Leben lang. Wie viel Ärger hätte sich vermeiden lassen, wenn ich nur früher ... tja.

Ich kann auch bestimmt keine Seiten zitieren, so wie Heidi, die ich mittlerweile geheiratet habe, aber eines muss ich zugeben: Auch, wenn mich jetzt viele Vertreter der männlichen Spezies als Lusche betiteln werden – ich bin froh, ihr diesen Gefallen getan zu haben. Und stolz darauf. Denn sonst wäre sie jetzt bestimmt nicht meine Frau.

Obschon ich über ihre zwanghafte Ratgebersucht immer wieder lachen muss. Zum Beispiel aktuell: Seit drei Monaten ist sie schwanger. Ja, von mir! Ich werde Vater! Das ist eine super Sache. Klar, dass Heidi schon ein riesiges Sortiment an Babybüchern angehäuft und durchgekaut hat. Sie liest die Dinger mindestens zweimal und zitiert seitenweise daraus! Echt wahnsinnig. Manchmal muss ich sie da schon ein wenig runterholen, sonst wirds mir zu heftig. Aber das gesteht sie mir zu – so wie ich sie auch gerne ernst nehme, wenn sie wieder einmal einen nützlichen Tipp in einem Ratgeber gefunden hat – und sogleich ein buntes Klebezettelchen zückt.

18. KAPITEL

Ich zieh dich an, du ziehst mich aus

Nino (34), Systemtechniker, Wien,
über
Irina (32), Designerin, Wien

Irina ist Modedesignerin, und das aus Leidenschaft. Obwohl, Leidenschaft ist nicht der richtige Ausdruck, es ist viel zu milde. Irina lebt für die Mode, und so, wie ich das bis jetzt mitbekommen habe, war das schon immer so. Laut den Erzählungen ihrer Mutter hat sie schon als Zwerg von zarten drei Jahren mit immer wieder neuen Kleidchen vor dem Spiegel gestanden und hat sich in sämtliche Posen geworfen. Schon als Kleinkind gab es nichts Schöneres für sie, als sich immer wieder umzuziehen, das konnte sie damals schon selbst. Mit drei! Natürlich war sie auch dann in der Schule immer die am besten Gekleidete von allen. Unsummen haben ihre Eltern für sie ausgegeben, wenn Madame Zizibé wieder mal quengelnd vor einer Auslage stand und sich weigerte, noch einen Schritt weiterzugehen, wenn sie dieses oder jenes Kleidungsstück nicht sofort bekommen würde. Und dann kombinierte sie ihre neuesten Errungenschaften, stundenlang, tagein, tagaus, ordnete den Kleiderschrank in ihrem Kinderzimmer nach Farben, Röckchen, Hosen, Accessoires. Mit den anderen Kindern im Hof zu spielen, das interessierte sie so gut wie gar nicht. Wenn die Eltern sie auf den Spielplatz schickten, dann stand sie im Abseits und sah den anderen Kindern zu, zupfte an sich herum und tat das, was sie schon immer am besten konnte und am liebsten tat: in ihren Kleidern gut aussehen. Keine Chance auf Schlammschlachten in der Sandkiste oder Herumtollen im Gras – dabei hätten ihre Kleider schmutzig werden können.

In der Schule machte sie sich mit ihrem ausgeprägten Modewahn nicht besonders beliebt. Ständig gab es Stunk, wenn sie mal wieder an den Outfits ihrer Schulkolleginnen herummäkelte und ihnen vorwarf, dass dieser Pulli nicht zur Haarfarbe oder diese Jeans nicht zur Figur passten. Welcher Erstklässler befasst sich schon mit solchen Dingen, wenn das Leben sich in diesem Alter gewöhnlicherweise um Puppen oder Gameboys dreht? Da gabs schon den einen oder anderen Tag, an dem sie heulend mit einem blauen Auge oder einer Schramme nach Hause

kam, weil sich die Opfer ihrer altklugen Kritteleien tatkräftig zur
Wehr gesetzt hatten. Bestimmt hatte sie trotzdem recht gehabt
mit ihren modischen Einwürfen, denn schon als Grundschülerin
blätterte sie die Fashion-Zeitschriften der Erwachsenen durch.
Ob das pädagogisch wertvoll ist, steht hier außer Frage, jeden-
falls verfügte sie mit neun Jahren bereits über sämtliche Abos der
wichtigsten Hochglanzmagazine. Jeden einzelnen Schilling ihres
Taschengelds steckte sie in Klamotten – zu Geburtstagen oder an
Weihnachten wünschte sie sich ausschließlich Geld, was sie allen
Verwandten auch stets mit
Nachdruck einhämmerte.
Denn mit einer Puppe oder
einem Steckenpferd hatte sie
noch nie etwas anfangen kön-

> Barbies an- und ausziehen? Viel zu
> fad für Irina. Wenn, dann wollte sie
> schon selbst die Modepuppe sein!

nen. Barbies an- und ausziehen? Viel zu fad für Irina. Wenn, dann
wollte sie schon selbst die Modepuppe sein!

Irinas Faible für Klamotten aller Art änderte sich auch in der
Pubertät nicht. Und wie ihre Jugendlieben zu leiden hatten, an
denen sie ständig herummäkelte, z. B. wenn der aktuelle Freund
wieder mal eine in ihren Augen unmögliche Kombination aus
dem Kleiderschrank gezerrt hatte! Passte das Outfit nicht, gab
es auch kein Treffen mit ihr. Kam das öfter vor, sagte sie dem
betreffenden Jungen Adieu. Wirklich viel hat sich daran nicht geändert – und ich weiß, wovon ich rede, denn ich bin ihr aktueller
Freund.

Es dürfte nicht verwunderlich sein, dass ich sie auf einer
Modenschau kennengelernt habe. Dort wurde damals ihre erste
eigene Kollektion vorgestellt. Das war vor eineinhalb Jahren. Ich
arbeitete dort als Model. Die von ihr entworfenen Klamotten
fand ich zwar gewöhnungsbedürftig, aber solche Runway-Jobs
sind meist ganz gut bezahlt, und da man ohnehin nur als mobiler
Kleiderständer fungiert, muss man einfach darüber hinwegsehen,
was man sich überzuziehen hat. Das fällt unter die Kategorie Job,

und wer professionell ist, beschwert sich nicht, sondern läuft und hält die Klappe.

Als sie mich nach der Show an der Prosecco-Theke ansprach und mich fragte, wie mir ihre Kollektion gefiele, war ich dennoch ehrlich: »Ich muss sagen, auf der Straße würde ich die Sachen nicht tragen. Wenn, dann maximal zum Fasching.« Sie reagierte beleidigt, blieb aber dennoch an meiner Seite stehen. Vorwiegend deshalb, weil sie mich in Sachen Mode bekehren wollte und mir gleich mal ganz direkt mitteilte, was sie an meinem aktuellen Outfit, also an meinen privaten Klamotten, alles auszusetzen hatte. »Deine Jeans bringen deinen Arsch überhaupt nicht zur Geltung, der Schnitt ist, ehrlich gesagt, ein voller Verhau. Und solche Hemden hat man das letzte Mal in den Neunzigern getragen – aber nicht mal da waren sie cool. Du könntest wirklich mehr aus dir machen, wenn du nur wolltest.« Punkt. Wie sollte man bei Frau Designerin denn schon kontern? Der Grund, warum ich damals nicht gleich abgehauen bin, war der, dass sie ihre Kritik mit einem charmanten Lächeln rüberbrachte. Sie stand eben zu dem, was sie sagte, und das machte sie sympathisch. Ich mag Frauen, die mit ihrer Meinung nicht hinterm Berg halten. Außerdem sahen ihre Klamotten an ihr selbst verdammt cool aus. Überhaupt war sie eine äußerst erfreuliche Erscheinung, ungewöhnlich, aber in der Summe einfach stimmig.

»Ich muss sagen, auf der Straße würde ich die Sachen nicht tragen. Wenn, dann maximal zum Fasching.«

Der Abend endete in einer wilden Knutscherei und dem Austausch unserer Telefonnummern. Wenige Tage später trafen wir uns und wenige Wochen später hatten wir eine heiße Affäre laufen, die nach einigen Monaten in eine Beziehung überging. Dass es mit Irina als Partnerin nicht unkompliziert werden würde, war mir allerdings von Anfang an klar. Wenn sie über ihr Lieblingsthema – die Mode – fachsimpelte, dann war ihr alles andere egal. Dazu zählte mitunter auch meine

Meinung. Kaum waren wir zusammen, startete sie ihre Mission, genannt »Rolfs Kleiderschrank«. »Was ist denn hier los?«, fragte ich erstaunt, als ich sie eines Tages in meinem Schlafzimmer vorfand, nahezu verdeckt von einem Riesenhaufen an Kleidungsstücken. Es waren meine Kleidungsstücke, die da überall herumlagen. Sie stand halb im Schrank und ein Teil nach dem anderen flog mir in hohem Bogen entgegen. »Ich durchforste deine Sachen. Sorry, Baby, aber das musste mal sein. Du hast da so viele modische Katastrophen angesammelt, das konnte ich mir nicht länger ansehen. Ein Verschnitt neben dem anderen.« Und schon wieder flog mir ein Pulli entgegen, eines meiner Lieblingsteile, das mich diesmal nur knapp verfehlte. »Spinnst du? Und was soll bei dieser Aktion überhaupt rauskommen?«

> »Ich durchforste deine Sachen. Sorry, Baby, aber das musste mal sein. Du hast da so viele modische Katastrophen angesammelt, das konnte ich mir nicht länger ansehen. Ein Verschnitt neben dem anderen.«

»Dass ich einen gut gekleideten Freund habe. Das soll dabei rauskommen. Und nachher gehen wir einkaufen. Außerdem hab ich ein paar Teile aus meiner aktuellen Kollektion für dich auf Lager. Die werden dir stehen.«

Ich war stinksauer. Aber da ich keinen Streit provozieren wollte, machte ich mich einfach vom Acker. Es gibt ja da diese berühmte Plus-minus-Liste für Beziehungen: Auf der Plus-Seite stehen die Dinge, die in der Partnerschaft positiv sind oder die man am Partner mag. Auf der Minus-Liste stehen die Sachen, die einem stinken. Wenn ich das so im Kopf durchging, überwogen die Punkte auf der Plus-Seite um ein Vielfaches. Es wäre also dumm, wegen so etwas Schluss zu machen. Ich bin da sehr pragmatisch veranlagt.

Die darauffolgende Einkaufstour war jedoch ein klarer Fall für die Minus-Liste. Ich hatte überhaupt keine Lust, die ganzen Klamotten anzuprobieren, die mir meine Freundin in die Kabine brachte. Wir hatten außerdem schon den zehnten supertrendy-stylish-obersmarten Shop in Arbeit, in dem die Bässe diverser House-Kracher aus überdimensionalen Boxen dröhnten und Verkäufer und Publikum vorwiegend um eines bemüht waren: nämlich darum, die hypercoolen, urbanen Kosmopoliten zu geben, was auf mich mehr bemüht als lässig wirkte. Außerdem quälten mich Hunger und Durst. »Irina-Baby, können wir dieser Tortur nicht ein Ende machen und uns einen Burger einwerfen? Ich bin schon total leer«, jammerte ich deshalb verzweifelt und hoffte auf Gnade. »Nein, keine Chance. Das ziehen wir jetzt durch, bis du eine gute Auswahl hast. Sei doch froh, dass ich deine Beraterin mache. Andere Leute bezahlen für so was viel Geld.« Ich hätte in diesem Moment viel Geld dafür gezahlt, wenn sie jemand anderen mit ihrem Klamottenwahn malträtiert hätte und mich in die Freiheit der Straßen entlassen hätte, ohne nervendes Gewummere und asymmetrische, ach-so-trendige Irokesenschnitte nebst megahippen Undercuts. Aber leider war ein Großteil meines Kleiderschrank-Inhalts in die Kleidersammel-Tonne gewandert und wenn ich in der nächsten Zeit nicht ständig in Feinripp und schwarzen Socken durch die Gegend laufen wollte, mussten neue Klamotten her. Deshalb machte ich noch rund zwei Stunden lang gute Miene zum bösen Spiel, bis wir, bepackt mit etwa achtundvierzig Tüten, die Tür zu meiner Wohnung aufschlossen und ich halb tot auf die Couch fiel. Wenigstens ließ sich Irina noch erweichen, mir etwas zu essen zuzubereiten. So viel Entschädigung musste sein.

Gleich am nächsten Tag ging es weiter mit der modischen Gehirnwäsche. Es war Sonntag, und wir mussten nicht zur Arbeit. »Die Zeit nutzen wir jetzt gleich, um ein paar coole Outfits aus der Shoppingausbeute von gestern zusammenzustellen. Die passen auch wunderbar zu meiner neuen Kollektion. Juchuuu, private Fashion-Show!« Meine persönliche Style-Chefin freute sich wie ein Kleinkind. Notgedrungen machte ich mit. Sie hatte taschenweise Klamotten aus ihrem Designatelier mit angeschleppt. Teilweise kam ich mir vor wie ein Clown, wie ich da in Irinas schrägen Kombinationen vor dem Spiegel stand! Ich meine, welcher Mann fühlt sich in einem quietschgrünen Samtsakko wohl? Vor allem, wenn er dazu ein knallorangefarbenes Tuch und eine Hochwasserjeans im Karottenschnitt tragen soll? Aber all meine Einwände stießen bei ihr auf Beton. Immer wieder pochte sie auf ihr Fachverständnis und verlangte, ich solle ihr doch gefälligst vertrauen. »Es geht um Stil, Rolf, Stil ist das Zauberwort! Und du bist ein Typ, der einfach alles tragen kann! Alles, nur keine langweiligen Farben. Du bist auffällig, du bist eine Rampensau, du brauchst das Außergewöhnliche!« Gequält lächelnd blickte ich mich im Spiegel an. »Komm schon, Baby ... wir sind ein tolles Team. Es

> Ich meine, welcher Mann fühlt sich in einem quietschgrünen Samtsakko wohl? Vor allem, wenn er dazu ein knallorangefarbenes Tuch und eine Hochwasserjeans im Karottenschnitt tragen soll?

ist ganz einfach: Ich zieh dich an, du ziehst mich aus«, meinte sie mit verführerischem Schlafzimmerblick und zog mich aufs Bett.

Trotzdem, ich hoffte wirklich, sie würde das alles nicht so ernst nehmen. Ein fataler Irrtum. Kurze Zeit später hatten wir einen fiesen Streit. Es begann damit, dass sie mich auf einen Event meiner neuen Firma begleiten sollte. Den Modeljob hatte ich schon vor einiger Zeit an den Nagel gehängt. Ich freute mich darauf, dass Irina auch einmal meine neuen Kollegen und meinen Chef kennenlernen würde. Und ich konnte sie stolz als meine Freundin vorstellen, die gefeierte Designerin, ein aufstrebender Star am Modehimmel. Nur leider kam es gar nicht dazu. Denn schon, als wir uns für den Abend fertigmachten, flippte Irina vollkommen aus. »Du willst doch nicht ernsthaft *so* dort hingehen, wenn ich mitkomme? Nie im Leben!«

»Was meinst du mit *so*?«, entgegnete ich herausfordernd. Ich fand mich eigentlich ziemlich gut in meinen neuen Jeans (selbst ausgesucht und gekauft) und dem Samtsakko – speziell aus Irinas Kollektion, allerdings das so ziemlich einzige eher dezente Teil daraus, nämlich in Schwarz. »Diese Jeans sind ein modischer Fauxpas! Wie kannst du es wagen, dazu ein Sakko aus *meiner* Kollektion zu kombinieren? Das ist eine Frechheit mir gegenüber! Das nimmt dem Sakko sämtliches Flair! Was, wenn das jemand erfährt? Dann muss ich mich schämen! Das geht so nicht!« Uuuh, da hatte ich ja etwas losgetreten. Eh klar – mein Fehler, ich hätte mir niemals ohne ihre Erlaubnis und ohne ihren fachmännischen Rat Jeans kaufen dürfen! »Wenn du dich für mich schämen musst, dann bleibe ich lieber gleich daheim! Ich hab es satt, mir von dir sagen zu lassen, wie ich mich anziehen soll! Du kannst mich mal!« So befetzten wir uns dann noch eine Weile. Kein Wunder, dass der Abend gelaufen war. Ich verbrachte die Nacht schmollend auf der Couch, Irina hatte sich angesäuert ins Schlafzimmer zurückgezogen. Den ganzen nächsten Tag schwiegen wir uns an.

Und den Tag darauf auch noch. Und noch einen weiteren Tag. Ich rechnete schon langsam damit, dass wir uns trennen würden, wenn das so weiterging. Wir sind beide sture Hunde und wenn wir spinnen, dann aber gewaltig. Und doch kam Irina schließlich zu mir auf die Couch, offensichtlich, um sich zu entschuldigen. Mit hängenden Schultern saß sie da und schaute mich an. Es täte ihr

> Und was, wenn wir einen Kompromiss finden? ... Ich zieh dich an, du ziehst mich aus?

alles furchtbar leid. Die Mode wäre ihr eben so wichtig und ihr Image nach außen, aber sie würde mich so sehr lieben und weiter mit mir zusammenbleiben wollen. Sie weinte. Da werde ich normalerweise immer gleich weich. Trotzdem – ich wollte mich nicht gleich geschlagen geben. »Irina. Ich liebe dich auch. Aber ich bin nicht dein persönlicher Dressman, verstehst du? Das kannst du bei deinen Shows mit den Models machen, aber mit mir nicht mehr. Entweder du liebst mich so, wie ich bin, oder wir lassen es.« Sie schluckte. »Hm … ich kann dich ja verstehen. Und was, wenn wir einen Kompromiss finden? Wenn wir das nur noch hin und wieder machen? Ich zieh dich an, du ziehst mich aus? Hm?« Hmmh … dieses Lächeln. Sofort war mir wieder klar, wofür ich meine Freundin liebte. Und wie sehr.

Den Kompromiss gibt es bis heute. Er sieht folgendermaßen aus: Ich darf wieder anziehen, was ich will, und Irina verkneift sich ihre Meldungen, wenn ich selber einkaufen gehe. Auch mit ihren ständigen Ratschlägen und Kritteleien hält sie sich zurück. Das fällt ihr immer noch sichtlich schwer, muss aber sein – denn das war Bedingung! Ich hingegen frage sie immer wieder gerne um Rat, was sie jedes Mal sehr stolz macht. Sie hat ja Ahnung von ihrem Metier, das kann man ihr nicht absprechen. Und wenn sie eine Modenschau hat, dann lasse ich mich dafür auch freiwillig ganz nach ihren Wünschen einkleiden und mache ihr den persönlichen Dressman. Auch, wenns dann einmal das verhasste quietschgrüne Sakko sein muss. Wurscht, dann bin ich halt für einen Abend lang Kermit, da fällt mir kein Zacken aus der Krone. Solange es nach dem Motto läuft: Sie zieht mich an, dafür zieh ich sie später aus … denn dann hat jeder was davon.

19. KAPITEL

Ist Planung wirklich alles?

Patrick (37), Fitnesscoach, Salzburg,
über
Maria (37), Versicherungsberaterin, Salzburg

Unsere Hochzeit war damals wirklich ein Traum gewesen – ein Tag wie aus dem Bilderbuch, an dem von früh bis spät alles perfekt funktionierte, so wie man es sonst nur aus Hollywoodschinken kennt. Sogar einer dieser professionellen Wedding-Planner hätte neidlos Beifall geklatscht, darauf verwette ich mein Auto. Ich bin eigentlich nicht so der kitschige Typ, aber ich muss sagen, an diesem Tag wurde sogar meine üblicherweise hinter einer rauen Schale verborgene romantische Ader an die Oberfläche gekitzelt.

Die zauberhafte Livemusik während der standesamtlichen Trauung – eine echte Opernsängerin trällerte in höchsten Tönen vor sich hin, während Maria und ich uns mit Freudentränen in den Augen die wunderschönen Weißgold-Ringe an die Finger steckten. Dann der Termin in der Kirche, als Maria, elfenhaft schön, mit einem zarten Schleier vor dem Gesicht von ihrem Vater vor den Altar geführt wurde und ihre Schleppe von ihren beiden in rosaroten Satin gehüllten und mit Blumenhaarreifen geschmückten kleinen Nichten getragen wurde. Das Jawort, bei dem wir uns voller Liebe zärtlich in die Augen sahen … die fünfzig weißen Tauben, die nach der Trauung vor der Kirche in die Lüfte entlassen wurden … das siebengängige Menü, zubereitet von einem namhaften Sternekoch, serviert auf feinstem Porzellan … die edlen Weine, die perfekt mit dem Essen harmonierten, die Band, die immer zur rechten Zeit die richtigen Songs zum Besten gab, ohne peinliche falsche Töne oder betrunkene Bassisten … und nicht zuletzt unsere Hochzeitsnacht, die zwar – aufgrund der ausgelassenen Party – erst um fünf Uhr morgens begann, aber in der ich einfach *alles* gab – und Maria und ich sexuell so harmonierten wie nie zuvor.

Ich sags ja, es war wie im Film. Und dieser vollkommene Tag war vor allem Maria zu verdanken. Schon ein Jahr vor unserer Hochzeit, kurz nach meinem – ich gebe zu, eigentlich wenig romantischen – Heiratsantrag während eines Kurztrips nach Kroatien begann sie mit der Planung für die Hochzeit. Jedes Detail sollte perfekt sitzen, sie wollte nichts dem Zufall überlassen. Schon damals wunderte ich mich über ihr plötzliches Organisationstalent, das ich so von ihr bis dahin nicht gekannt hatte. Eigentlich hatte ich sie als eher chaotisches und ungezwungenes Wesen kennengelernt, das die Dinge meist einfach laufen ließ. Na ja, so kann man sich täuschen. Und ja, sie war wirklich talentiert darin, jedes Fitzelchen im Hinblick auf unseren großen Tag akribisch durchzuplanen. Als ich sie damals fragte, wie sie denn den Überblick behielte, antwortete sie: »Das Geheimnis nennt sich To-do-Liste. Aufschreiben, erledigen, abhaken! Weißt du, was das für ein befriedigendes Gefühl ist, etwas auf der Liste abzuhaken? Ich sags dir, das macht richtig Spaß!«

»Das Geheimnis nennt sich To-do-Liste. Aufschreiben, erledigen, abhaken! Weißt du, was das für ein befriedigendes Gefühl ist, etwas auf der Liste abzuhaken? Ich sags dir, das macht richtig Spaß!«

To-do-Listen waren mir natürlich ein Begriff, aber ich verwendete sie eigentlich nur in der Arbeit. Wieso hätte ich auch noch mein Privatleben mit so etwas durchorganisieren sollen? Das war mir zu sehr Business. Aber nun gut, für die Hochzeitsplanung wars bestimmt eine gute Idee. Maria mutierte zum Checker und für mich blieb relativ wenig zu tun – genauer gesagt, so gut wie gar nichts. Fand ich damals auch o.k. – warum auch nicht, es funktionierte und meine Frau in spe beschwerte sich nie.

Zu dieser Zeit konnte ich noch nicht ahnen, wie bedeutungsvoll diese To-do-Listen für unsere Ehe noch werden sollten. Ich war damals sehr sicher in allem – dass Maria und ich miteinander glücklich sein würden bis an unser Lebensende, so wie wir es halt die Jahre davor auch gewesen waren, nur eben jetzt verheiratet. Was sollte sich schon ändern? Aber wie es so oft im Leben ist – sei dir niemals *zu* sicher. Man soll den Tag nicht vor dem Abend loben. Sollte man sich merken.

Es begann kurz nach unserer Hochzeit. Eines Tages, ich wollte mir ein Brot schmieren und war auf dem Weg in die Küche, da fiel mir auf, dass der gesamte Kühlschrank außen mit Zetteln zugepinnt war. Das war neu. Ich guckte mir die verschiedenfarbigen Zettel in A5-Größe genauer an. Aha ... Listen! To-do-Liste Montag, 25. 8.: Morgentoilette – abgehakt. Frühstück – abgehakt. Vitamintabletten nehmen – abgehakt. Anruf Mama – abgehakt. Einkauf – abgehakt. Arbeiten – abgehakt. Halbe Stunde laufen – abgehakt. *Scrubs* gucken – abgehakt. Abendtoilette – abgehakt. Mind. fünf Seiten lesen in *Wüstenblume* – abgehakt. Die Dienstags-Liste sah ähnlich aus, nur der Punkt »Anruf Mama« fehlte, stattdessen standen da noch »Pilates-Stunde« und »Peeling plus Gesichtsmaske«. Beides abgehakt. Na, das war ja mal amüsant. Dieser Tag war ein Mittwoch, und als ich an meinem Butterbrot kauend Marias Mittwochs-Liste inspizierte, sah ich, dass mehr als die Hälfte der Punkte darauf bereits abgehakt war. Die Tür wurde ins Schloss geworfen und Maria betrat keuchend in ihrer Trainingsuniform die Küche.

»Halbe Stunde laufen kannst du ja jetzt abhaken«, grinste ich schmatzend in ihre Richtung.

Sie warf mir einen irritierten Blick zu.

»Sag mal, machst du dich etwa über mich lustig?«

»Aber nein, ich finds ja o.k. mit den Listen. Wenn es dich glücklich macht ...«

»Ja, das tut es! Die Listen machen mein Leben viel leichter ... seit ich sie habe, läuft jeder Tag wie geschmiert ab. Man kann echt *alles* auf die Liste setzen. Dann vergisst man nix mehr. Solltest du dir auch angewöhnen.«

»Nee, lass mal. Ich glaub, das ist nix für mich. Ich bin eh schon im Job mit diesem Zeugs zugedonnert.«

»Na, wie du meinst. Hör mal, Schatz«, meinte sie von unten, da sie gerade eine Stretching-Übung machte und mir ihren Hintern entgegenreckte, »uff ... also, ich meine, vielleicht ist es ein ungewöhnlicher Moment, um es anzusprechen – aber sollten wir dann nicht bald mal mit unserer Kinderplanung beginnen? Wir reden ja schon ewig drüber ...«

Ein wahrhaft schräger Zeitpunkt, so zwischen Tür und Angel mit einem solch tragenden Thema zu beginnen. Aber sie hatte ja recht ... wir waren beide nicht mehr die Jüngsten, damals schon über dreißig. Trotzdem, von meiner eigentlich sehr romantischen Frau hätte ich mir diesbezüglich mehr Feingefühl erwartet.

> »... vielleicht ist es ein ungewöhnlicher Moment, um es anzusprechen – aber sollten wir dann nicht bald mal mit unserer Kinderplanung beginnen?«

»Eigentlich eine gute Idee. Es kann ja auch oft ganz schön dauern, bis es klappt.«

»Richtig«, schnauf, schnauf, »aber mit ein bisschen ... uff ... Planung funktionierts bestimmt.« Sie hatte soeben vom Bein-Stretching in die »Brücke« gewechselt, eine Stellung, auf der man sich verkehrt herum auf alle viere begab und den Kopf weit nach hinten recken musste.

»Wann ist eigentlich dein ... Eisprung oder wie das heißt? Das ist doch wichtig beim Kindermachen, oder?« Ich war stolz auf mein breites Wissen über den weiblichen Zyklus.

»Keine Sorge, Patrick. Das check ich schon ab. Kommt einfach auf die Liste. Hab eh schon ein paar Ideen für Ergänzungspunkte, fang gleich morgen damit an.«

»Sex« war einer der besagten Ergänzungspunkte, der von diesem Tag an auf Marias To-do-Listen stand. Aber nicht täglich, da wir uns ja auf ihren Eisprung konzentrieren mussten. Das sah folgendermaßen aus: Rund um die Eisprung-Tage stand der Punkt »Sex« bis zu dreimal täglich auf dem Programm. Außerhalb dieser Zeit maximal nur jeden zweiten Tag – zum »Spermiensparen«, wie meine Frau es nannte. Das verstand ich ja noch, ich bin ja auch kein Unmensch und mir ist sehr wohl bewusst, dass man in einer Beziehung oder, wie es bei uns war, in einer Ehe eben Kompromisse eingehen muss. Aber einfach war es nicht für mich – auch Blasen fiel flach, und das fand ich – in Anbetracht dessen, dass Maria darin eine echte Meisterin war – natürlich nicht so lustig. Denn das war noch nicht alles – auch »Handbetrieb« wurde mir von Maria tunlichst untersagt. »Alles Spermienverschwendung!«, erklärte sie mir dieses Verbot und ignorierte meinen Protest komplett. Ich hielt mich dennoch daran, da ich sie nicht enttäuschen wollte und mir wirklich viel daran lag, dass das mit dem Baby funktionieren und dann alles wieder mehr seinen normalen Lauf nehmen würde.

Das war die Zeit, in der unser Beziehungsgerüst langsam zu bröckeln begann. Was mich am stärksten von ihr wegtrieb, war die Art und Weise, wie sie mit unserem Sexleben umging. Wie schon erwähnt – Sex war zu einem Punkt auf der To-do-Liste geworden. An Tagen, an denen Vögeln nicht auf der Liste stand, hatte es nach Marias Meinung nach auch keinen Sex zu geben – das war beschlossene Sache, da fuhr die Eisenbahn drüber und ich konnte tun, was ich wollte, ich bekam eine Abfuhr. »Patrick, heute ist ein sexfreier Tag und basta! Kannst du dich nicht einfach mal an den Plan halten? Übermorgen gehts wieder, bis dahin ist Pause, o.k.?« Niemals hätte ich sie zu irgendetwas genötigt, also zog ich in solchen Fällen schnell Leine. Aber ihr Plan war mir mit jedem Tag mehr zuwider und ich vermisste mehr und mehr die Spontaneität, die unsere Beziehung früher so spannend gemacht hatte.

> Sex war zu einem Punkt auf der To-do-Liste geworden.

An den Tagen, an denen Geschlechtsverkehr auf Marias Liste auftauchte, war es jedoch ganz anders – da hatte ich gefälligst auf Habacht zu stehen. Und das je öfter, desto besser! Für jedes einzelne vollbrachte Mal gab es einen Strich auf der Liste neben dem Wort »Sex«. Schaffte ich es, zweimal zu poppen, kam ein Haken hinzu. Aber wehe, ich hatte an diesen Tagen mal keine Zeit oder keine Lust – dann gabs richtig Zorres! »Du wirfst mir meinen ganzen Plan durcheinander, verdammt!«, schrie sie mich dann an und war stocksauer, was sie mich auch ungebremst spüren ließ.

»Es ist für mich einfach wichtig, jeden einzelnen Punkt auf meiner To-do-Liste abzuhaken, dann ist der Tag für mich gelungen«, verriet sie mir einmal. »Wenn ich das nicht schaffe, ist der Tag gelaufen und meine ganze Struktur zerstört. Und ich genieße diese Struktur in meinem – und in unserem – Leben wirklich, Patrick. Ich mag nicht mehr einfach ins Blaue hineinleben.«

Maria ist nicht dumm, das war sie nie. Deshalb merkte sie auch sehr wohl, dass vor allem die Sache mit dem aufgelisteten Sex unserer Beziehung nicht guttat. Leider tat sie daraufhin nicht das, was ich mir sehnlichst erhofft hatte – nämlich, ihre besemmelten Listen einfach mal Listen sein zu lassen und endlich einmal wieder – ohne viel zu planen und abzuhaken – spontan zu sein, uns beide wieder nur Pärchen sein zu lassen und unserem Leben so den auferlegten Druck zu nehmen. Nein, das tat sie nicht. Stattdessen setzte sie dem Ganzen noch eins drauf – und setzte viermal pro Woche den Punkt »Beziehungsgespräch mit Patrick, 19.30 Uhr, Dauer eine Stunde« mit auf die To-do-Liste. Pünktlich um halb acht Uhr abends sollte ich also jeweils am Montag, Mittwoch, Freitag und Samstag an unserem Küchentisch aufsalutieren, wo Maria bereits mit zwei Gläsern Weißwein auf mich wartete, den Blick akribisch auf die Küchenuhr gerichtet, ob ich auch nicht zu spät auftauchte (da um 20.30 Uhr bereits die alltägliche Abendtoilette, mit oder ohne Peeling / Maske, anstand).

Es war schwierig für mich – ich hatte mich schon immer schwergetan, über Gefühle zu reden, aber noch dazu auf Kommando? Fast unmöglich! Ich habs versucht, bin aber – so meinte zumindest Maria – kläglichst gescheitert. Sie quasselte drauflos, erklärte, warum es ihr gestern so und heute so und morgen so gehen würde, analysierte unsere Beziehung von Grund auf, notierte all ihre Wünsche und so weiter und so fort. Und ich? Ich saß ihr meistens nur stupide nickend und irgendwelche Wortbrocken stammelnd gegenüber, ohne einen vernünftigen Beitrag leisten zu können. Was hätte ich auch sagen sollen? Maria bohrte immer intensiver nach und ich wurde immer stiller. »Wie stellst du dir unsere Beziehung vor? Was hat sich deiner Meinung nach in den letzten Jahren verändert? Warum willst du nicht verstehen, dass wir halt einfach nur an bestimmten Tagen vögeln können, wenn ich schwanger werden soll? Warum unterstützt du mich nicht mit meinen Listen?« Was hätte ich denn auch sagen sollen? Dass ihre blöde Herumplanerei mir auf die Nerven ging und ich deswegen schon öfters den Gedanken an Scheidung in meinem Kopf gewälzt hatte? Das wäre wenigstens ehrlich gewesen – aber ich bin mir sicher, dann hätte es erst richtig Ärger gegeben ...

»Ich will endlich wieder ein normales Leben führen, ohne Sex auf Bestellung, ohne erzwungene Gespräche.«

Fünf Wochen lang hielt ich durch. Sprich – fünf Wochen lang konnte Maria den Punkt »Beziehungsgespräch mit Patrick, bla bla ...« erfolgreich abhaken. Dann streikte ich – ich konnte einfach nicht mehr! »Mir reichts endgültig, ich *kann* und *will* das nicht mehr! Rutsch mir mit deinen bescheuerten Listen den Buckel runter! Ich will endlich wieder ein normales Leben führen, ohne Sex auf Bestellung, ohne erzwungene Gespräche, ohne ... ach, ohne das alles überhaupt! *Bitte*, Maria, hör auf damit ... das zerstört einfach alles zwischen uns ...«, flehte ich sie an und hoffte, sie würde merken, wie ernst es mir war. Leider bemerkte sie es nicht – oder es war ihr egal oder mein Ausbruch hatte sie gekränkt oder was weiß ich. Jedenfalls entwickelte sich daraus ein Riesenzoff, bei dem ganz in Hollywoodmanier sogar Geschirr durch die Küche flog. Da waren sie wieder, Marias Spontaneität und ihr chaotisches Temperament ... leider zum falschen Zeit-

punkt. Dieser Streit hatte unserer ohnehin schon angeknacks-
ten Beziehung den Todesstoß verpasst. Ausgelaugt und kaputt-
gestritten sahen wir uns danach in die Augen und wussten beide,
es würde kein Zurück mehr geben. Maria war die Erste, die es
aussprach. »Ich will die Scheidung.« Ich konnte nichts dagegen
einwenden, so leergestritten war ich.

Gottseidank lief alles einigermaßen reibungslos und vor allem ohne Rosenkrieg ab. Das Ganze ist jetzt mehr als vier Jahre
her; vier Jahre, in denen wir keinen Kontakt mehr hatten. Vor
ein paar Monaten sah ich Maria wieder: schwanger, mit einem
kleinen Mädchen im Arm und einem Mann an ihrer Seite. Die
Sache mit der Kinderplanung schien also Früchte getragen zu
haben – ob mit To-do-Liste oder ohne, weiß ich nicht. Ich habe
sie nicht gefragt. Irgendwie hat es mir schon einen Stich gegeben,
zu sehen, dass sie mit einem anderen jetzt eine Familie aufgebaut
hat. Sie sah durch und durch zufrieden aus. Hatte sie jemals bei
mir so ausgeglichen gewirkt? Aber wie auch immer: Ich muss
mir eingestehen, dass es mit uns nicht geklappt hätte – und ich
wünsche ihr alles Glück der Welt.

20. KAPITEL

Gib der Äffin Zucker

*Norbert (56), Bürokaufmann, Klagenfurt,
über
Elvira (51), Managerin, Klagenfurt*

Meine Exfrau ist schon ein ziemliches Kaliber. Wenn jemand ein Freak ist, dann sie. Aber schon ein Freak von der lässigen Art, ich schätze sie immer noch sehr hoch. Wir sind geschieden, weil wir uns auseinandergelebt haben – oder eigentlich hat sie sich von mir »weggelebt«, sich in eine andere Richtung entwickelt. Sie wollte noch einmal die Welt entdecken, sich selbst finden, eine Weltreise machen – alleine, ohne mich. Schade, aber wenn das ihr Wille ist, soll es eben so sein. Sie wusste nämlich immer schon ganz genau, was sie wollte. Ja, sie ist eine tolle Frau, ich kann nichts Schlechtes über sie sagen. Wir hatten eine super Zeit, ganze fünfzehn Jahre lang. Unglücklich war ich nie mit ihr. Obwohl sie schon so ihre Eigenheiten hat, und die sind nicht ohne. Das hab ich jedoch stets mehr als Herausforderung gesehen, weniger als Problem.

Aber der Reihe nach. Wir hatten uns bei der Arbeit kennengelernt, sie war in einer anderen Abteilung, ein ziemlich hohes Tier – und damals war das schon noch etwas ganz Besonderes als Frau. Ich hatte sie bislang nur als »die Furie« gekannt. Ja, Elvira war ganz schön gefürchtet unter den Mitarbeitern. Ein Alphaweib, das seinesgleichen suchte, hieß es immer! Viel bekam ich davon aber nicht mit, da sie ja nicht meine direkte Vorgesetzte war. Zum Glück, kann ich jetzt sagen, denn sonst wäre aus uns bestimmt nie ein Paar geworden. Die meisten ihrer Untergebenen waren vorwiegend damit beschäftigt, den Ball flach zu halten, um nur ja keinen Fehler zu machen und im schlimmsten Fall so zu enden wie Dieter. Denn auf den hatte sie es ganz besonders abgesehen. Der war echt arm dran. Er konnte ihr einfach nichts recht machen, selbst, wenn er sich noch so sehr ins Zeug legte, irgendwas gab es immer, was sie daran zu bemängeln fand. Wenn Elvira ihn zu sich ins Büro bestellte, wussten wir schon, jetzt würde es wieder laut werden. Denn das war es, womit Elvira sich den Titel »die Furie« eingefangen hatte: Sie war cholerisch ohne Ende. Wenn ihr etwas gegen den Strich ging, mutierte sie zur

Brülläffin. Zuerst lief ihr Kopf hochrot an, dann öffnete sie den Mund und dann ging es los mit dem Stakkato. Frauen können einen ja verbal sowieso gut fertigmachen, das haben sie drauf. Aber Elvira kombinierte ihre Argumentation noch dazu mit einer Lautstärke, die einem das Blut in den Adern gefrieren ließ! Markerschütternd war das immer. Wenn Dieter nach einem Termin bei Elvira aus ihrem Büro marschierte, ging er so gebückt, dass man glauben konnte, sie hätte ihn windelweich geprügelt. Hatte sie natürlich nicht – zumindest nicht körperlich. Ich glaube, oder besser gesagt, ich weiß ja, dass ihre harte Art auch daher rührte, dass sie es in ihrem Job nicht so leicht hatte. Es war kein Leichtes gewe-

> Frauen können einen ja verbal sowieso gut fertigmachen, das haben sie drauf.

sen, sich in einer Männerdomäne so weit nach oben zu arbeiten und vor allem, dann dort oben zu bestehen. In einer Zeit, in der die jetzt so wichtigen »Social Skills« noch nicht mal in den Kinderschuhen steckten, zählte neben fachlicher Qualifikation speziell eines: nämlich, Führungskraft zu beweisen. Und wer keine Eier in der Hose hatte, musste umso mehr um den Respekt seiner Mannschaft buhlen.

Eines gab es aber, bei dem Elvira ihre harte Schale sofort ablegte: Süßigkeiten! Gib der Frau Zucker, und du kannst alles von ihr haben. Das wusste ich bereits von Kollegen, die sich mit regelmäßigen süßen Mitbringseln ihre Gunst sicherten. Und ich machte es mir gleich zunutze, als wir uns zum ersten Mal privat trafen. Auf unserem alljährlichen Betriebsausflug hatten wir uns super verstanden. Bei mir hatte es dabei ein wenig gefunkt, und so hatte ich sie um ein Treffen gebeten. Mit der besten Schokolade, die ich in der Confiserie bekommen konnte, wartete ich auf sie. Es wurde ein wunderschöner Abend mit viel Gelächter und noch mehr Funkensprühen – auf beiden Seiten. Besonders, als Elvira genüsslich ihre Doppelportion Mousse au Chocolat verspeiste, erwärmte sich mein Herz. »Hmmmh ... bei Süßem werde ich schwach«, schnurrte sie. Dass jemand diese Frau »die Furie« nannte, konnte ich mir in diesem Moment beim besten Willen nicht vorstellen.

Na ja, ich musste das dann schon revidieren. Im Laufe unserer Beziehung und unserer späteren Ehe wurde mir sehr schnell klar, warum und vor allem wie sie einem die Angst in die Knochen treiben konnte. Wobei, ich bezeichnete ihr Verhalten nie als cholerisch, sondern als temperamentvoll. Und von diesem Temperament besaß sie jede Menge! Elvira war es einfach gewohnt, die Hosen anzuhaben. Da hatte ich als Mann nicht viele Meter. Wenn ihr etwas gegen den Strich ging, dann konnte schon mal eine Glastür zerspringen, weil sie sie mit voller Wucht zugeknallt hatte. Oder ein Teller gegen die Wand fliegen. Oder ein Blumentopf aus dem Fenster. Ist alles passiert! Ich bin aber genau das Gegenteil von einem dominanten Macho, also hatte ich damit keine allzu großen Schwierigkeiten. Wenn es mir zu viel wurde, dann ging ich einfach. Und zu viel wurde mir meist nicht das Geschrei allein, sondern dessen Lautstärke! Ohrenbetäubend, im wahrsten Sinne des Wortes. Ich kannte das zwar schon aus dem Büro, aber im Privaten ist das schon noch mal was anderes. »Aaaaaaaaaaaah! Ich zucke gleich aus, wenn du nicht S-O-F-O-R-T ...« Das bekam ich ziemlich oft von ihr ins Gesicht gebrüllt. »Ich habe es *satt*, verstehst du, einfach S-A-T-T, immer selber für alles hier zu sorgen, also beweg gefälligst deinen Hintern und hilf mir im Haushalt!« Machte ich doch gerne. Wenns sein musste, mit zugehaltenen Ohren.

Klar gab es Kollegen, die mich im Stillen bemitleideten, weil ich mit Elvira zusammen war, und die es sicher nicht verstehen konnten, dass ich »die Furie« sogar vor den Altar gebeten hatte! Aber wer versteht schon die Liebe?

Das Positive daran und wahrscheinlich auch einer der Gründe, warum ich nicht das Weite gesucht habe, war, dass meine

Frau ihre Wutanfälle mit Humor nahm und sich danach dafür entschuldigte. Nicht nur bei mir, auch bei den Mitarbeitern. Das war Ehrensache für sie, und es macht eine Person doch um einiges sympathischer, wenn sie die eigenen Schwächen mit einem Lächeln nach außen trägt. Außerdem hatte ich noch immer einen Joker im Gepäck: Schokolade oder Kuchen. Wenn sich einer ihrer Ausbrüche früh genug ankündigte, konnte ich sie immer mit etwas Süßem besänftigen. Dann machte die Wildkatze einer sanften Schmusetigerin Platz und ich wiegte mich in Sicherheit. Wenn meine Frau ausgeglichen und glücklich war, war sie nämlich der umgänglichste Mensch der Welt. Kinder hatten wir auch keine, also gab es niemanden, der ernsthaft Schaden nehmen konnte, wenn sie aufdrehte. Nicht einmal die Nachbarn haben sich jemals beschwert.

> Außerdem hatte ich noch immer einen Joker im Gepäck: Schokolade oder Kuchen.

Bis auf den einen besagten Abend: Ich hatte vergessen, nach dem Büro noch in den Supermarkt zu fahren, obwohl Elvira mich am Morgen ausdrücklich darum gebeten hatte, Milch und natürlich Schokolade zu besorgen. Sie hatte ein längeres Management-Meeting, oder besser gesagt, eine Konferenz, wie man so etwas damals noch bezeichnete, und würde erst nach Ladenschlusszeit heimkommen. Erst zu spät kam ich drauf, dass ich den Einkauf schlichtweg vergessen hatte. Nämlich, als sie sich erschöpft auf die Couch legte und ich ihr eine Tafel süßes Glück bringen wollte, da ich schon merkte, dass sie ziemlich geladen war. Verdammter Mist, schoss es mir durch den Kopf, als ich die Schoko-Lade öffnete und mir nichts als gähnende Leere ins Auge sprang, das gibt Saures. Mit gebeugtem Haupt kehrte ich ins Wohnzimmer zurück und beichtete, nicht ohne vorher noch meinen treuherzigsten Hundeblick aufzusetzen. Leider ohne Erfolg. Selbst bei gedimmtem Licht konnte ich mit ansehen, wie Elviras Kopf sich langsam verfärbte, um mir schließlich in bedrohlichem Dunkelrot entgegenzuleuchten. Das akustische Gewitter, das darauf folgte, brauche ich hier nicht im Detail auszubreiten. Es spielt auch keine Rolle, was sie alles vor sich hin brüllte – jedenfalls hatte ich schon viel von ihr erlebt, doch diese Lautstärke machte jedem Presslufthammer Konkurrenz. Ich bat flehentlich darum, dass sie sich doch beruhigen solle, aber ich glaube, mehr als meine Mundbewegungen kamen nicht bei ihr an. Wie denn auch? »NORBEEEEERT! AAAAAAAAAAH, du bist so UNFÄHIG! UNFÄHIG! Wozu rede ich überhaupt? Wozu bitte ich dich um etwas? W-O-Z-U? Ha? WOZUUUUUUUUU?« Und sie wurde immer lauter.

> Ich stapfte los, um die Sache zu regeln wie ein Mann. Als ich durch den Türspion lugte, rutschte mir jedoch das Herz in die Hose.

Während sie ausflippte, warf sie mit Polstern um sich und hatte zu meinem Entsetzen schon eine Tasse in der Hand, noch halb gefüllt mit Tee. »Als ob ich nicht schon im Büro genügend Stress hätte. Jetzt machst du es mir noch SCHWERER! WIESOOO?« Plötzlich hörte ich ein Klopfen an der Wand. Es kam aus der Nachbarwohnung. »Elvira, jetzt hör doch mal, sogar die Nachbarn bekommen deine Schreierei jetzt schon mit! Ist dir das denn nicht peinlich?«

»NEEEEEIN, ist mir EGAL! Sollen die sich doch beschweren, ich schreie, wann ich will! Du nimmst mich ja nicht ernst, wenn ich NORMAL MIT DIR REDE!« Doch, das hätte ich getan, aber dazu ließ sie mir ja gar keine Gelegenheit. Als es plötzlich an der Tür klingelte, verstummte sie mitten im Schrei. Wie angenehm diese Ruhe doch auf einmal war. »Siehst du, jetzt läuten die Nachbarn sogar schon bei uns. Schämst du dich denn gar nicht?« Ich stapfte los, um die Sache zu regeln wie ein Mann. Als ich durch den Türspion lugte, rutschte mir jedoch das Herz in die Hose. Das waren nicht die Nachbarn. Das war die Polizei! Himmel, Arsch und Zwirn, so weit war es also schon gekommen, dass die Polente bei uns auf der Matte stand! Zögernd öffnete ich die Wohnungstür. Da standen sie, zwei Einsatzmänner in ihrer vollen Pracht. Ängstlich starrte ich sie an.

»Guten Tag. Einer ihrer Nachbarn hat angerufen und sich wegen des Lärms beschwert. Bei Ihnen scheint wohl ein heftiger Streit im Gange zu sein? Wir müssen das überprüfen, nicht nur wegen der Lärmbelästigung, auch, um sicherzugehen, dass hier keine Gewalt im Spiel ist.« Na, da hatte meine Frau ja eine Glanzleistung vollbracht! Am liebsten wäre ich vor lauter Scham im Boden versunken. »Elvira, kommst du mal?«, rief ich in Richtung Wohnzimmer. Dann wandte ich mich zu den uniformierten Herren an der Tür. »Entschuldigen Sie bitte das mit dem Lärm. Meine Frau und ich, wir hatten eine kleine ...«

»... Diskussion«, ergänzte Elvira, die mittlerweile auch im Flur erschienen war. »Es tut mir leid, verzeihen Sie die Unannehmlichkeiten. Ich muss zugeben, ich bin manchmal etwas ... cholerisch, um es mit den richtigen Worten zu sagen. Und ich hatte heute einen harten Tag im Büro. Außerdem war keine Schokolade im Haus und ohne Zucker im Blut, wissen Sie, da werde ich immer zickig. Kein Grund zur Sorge. Und Gewalt gibt es in diesen vier Wänden natürlich keine«, grinste sie den Polizisten entgegen. Die grinsten auch, wohl verwundert über so viel Ehrlichkeit. Ich fand das ehrlich gesagt auch ganz schön patent von meiner Frau, dass sie in diesem Moment so offen zu ihrer Schwäche stand. »Können Sie mir trotzdem vielleicht noch sagen, wer Sie angerufen hat? Das wüsste ich nämlich gerne.«

»Nein, Frau Eisner, da muss ich Sie enttäuschen. Das dürfen wir Ihnen nicht sagen. Aber wenn jetzt Ruhe ist, werden wir noch einmal von einer Anzeige absehen«, entgegnete der größere der beiden Männer.

»Und, war dir das jetzt nicht ganz schön peinlich?« Diese Frage konnte ich mir nicht verkneifen, als die Herren Freund und Helfer wieder von dannen waren.

»Ja, klar, was glaubst du denn? Ich wüsste nur zu gerne, welcher Nachbar da gepetzt hat ... na, dem würde ich den Marsch blasen, glaub mir, aber so was von die Meinung sagen würde ich ...«

»Nichts da, meine Liebe«, unterbrach ich sie. »Es ist sogar gut, dass du das nicht weißt. Und jetzt halt dich mal ein wenig zurück. Wir wollen ja nicht gleich wieder die Polizei im Haus haben. Oder gar eine Anzeige«, beschwichtigte ich Elvira, deren Gemütszustand sich schon wieder in die Gefahrenzone zu bewegen drohte. Die Erwähnung der Polizei zeigte zum Glück Wirkung, denn sie atmete tief durch und verzog sich kommentarlos aufs Sofa.

»Sag mal, hast du eigentlich schon einmal überlegt, etwas gegen deine Zornesausbrüche zu unternehmen? Das kann man sicher behandeln lassen. Vielleicht mit autogenem Training?« Seltsam, dass ich sie noch nie früher danach gefragt hatte, das hatte ich die ganze Zeit über komplett versäumt. Eigentlich beschämend für einen Ehemann. »Ach, was für eine Frage. Einmal? Hundertmal! Du kannst dir gar nicht vorstellen, wie viel Geld ich früher investiert habe, um gelassener zu werden. Unsummen! Aber weißt du was? Es funktioniert einfach nicht. Ich muss das einfach akzeptieren, was bleibt mir anderes übrig? Ich weiß ja selbst, dass ich eine richtige Furie werden kann. Ja, und ich weiß auch, dass man mich im Büro so nennt! Das hab ich schon mitbekommen. Aber damit muss ich leben, was solls, es gehört eben zu mir. Ich meine es ja nicht bös.« Nein, böse meinte sie es nie, das könnte ich auch heute noch ohne zu zögern unterschreiben.

»Das weiß ich, aber trotzdem wäre es schön, wenn du jetzt mal ein paar Tage etwas leiser sein könntest. Dafür tu ich dir auch einen großen Gefallen«, grinste ich. »Welchen denn?« fragte sie.

»Ich fahre jetzt zur Tankstelle und kaufe das gesamte Sortiment an Süßigkeiten auf. Alles. Schokolade, Kuchen, Eis, sämtlicher Süßkram, den ich finde. Aber nur, wenn du mir versprichst, dass ...«

»Ja! Ich tus! Ich schwöre! Aber fahr los – S-O-F-O-R-T!«

21. KAPITEL

Martin, allein zu Haus ...

Martin (33), Betriebswirt, Graz,
über
Maria und Sanja (beide ca. 28), Beruf und Wohnort unbekannt

Fesselspielchen« hatten für mich eigentlich immer etwas Aufregend-Verruchtes, Reizvolles an sich, etwas, das ich gerne bereit war, in der Horizontalen einmal auszuprobieren. Nie, nie, wirklich niemals hätte ich gedacht, dass ich irgendwann peinlich berührt zusammenzucken würde, wenn ich den Ausdruck zu Ohren bekommen sollte. Bis zu jenem besagten Abend, der meine Einstellung von Grund auf umkrempeln sollte ...

Um zu erklären warum, muss ich etwas ausholen. Ein Kommilitone namens Joe hatte mich zu einer Fete in seiner WG eingeladen. Keine Ahnung wieso – ich kannte ihn damals nur flüchtig, aber dennoch erfüllte es mich mit Stolz, denn die Feiern in seiner Wohnung galten als legendär, und man musste damals schon zur Party-Elite zählen, um von ihm eingeladen zu werden. Höchst geehrt hatte ich mich bedankt und gefragt, ob ich denn etwas mitbringen sollte. Seine Antwort: »Nein, danke, ist nicht nötig. Wir haben von allem genug: Alkohol, Essen, Musik und Frauen. Hauptsache, du bringst Motivation für einen richtig schmutzigen Abend mit«, meinte er mit bedeutungsvollem Unterton.

Ein »schmutziger« Abend also. Das klang ja mal vielversprechend. Voller Vorfreude machte ich mich partytauglich. Was in meinem Fall bedeutet: saubere Jeans, frisch gewaschener Kapuzensweater und ein Klecks Haargel. Bei Joes Wohnung angekommen, stand ich vor der Tür und blickte auf ein großes, stylishes Schild mit dem kopierten Logo vom »Studio 54«, dem berühmt-berüchtigten New Yorker Partytempel, der nicht nur mit promitechnischen Exzessen Furore gemacht hatte. Das Motto war also klar: Feiern, bis der Arzt kommt. Aus dem Inneren der Wohnung wummerten die Beats. Ich klingelte zweimal kurz, zweimal lang, zweimal kurz – der vereinbarte Code. Die Tür öffnete sich einen Spalt und ein dunkel gekleideter Typ lugte heraus. »Wie lautet die Devise?«

Ein »schmutziger« Abend also. Das klang ja mal vielversprechend.

»Geheimcode Kamikaze.« Ich war gebrieft. Die Schleusen ins Mekka des Abends öffneten sich. Schon das Vorzimmer war dekoriert mit schwarzen Stoffbahnen. Discokugeln projizierten sich drehende Punkte auf die schwarz verkleideten Wände. Diese Deko zog sich durch die ganze Wohnung. Im Wohnzimmer drängten sich etwa dreißig Leute, die Jungs edel in schwarzen Anzügen, die Frauen in eleganten Cocktailkleidern. Na toll – danke auch an Joe, dass er mich darauf nicht vorbereitet hatte! Da stand ich nun ganz verloren vor dieser aufgestylten Meute. In meinen zerrissenen Jeans, dem Schlabber-Hoodie, und meinen ausgelatschten Turnschuhen musste ich wie ein Penner wirken. Aber einen Anzug besaß ich damals noch gar nicht!

Angefressen wollte ich schon fast wieder umdrehen, als Joe aus der Küche kam und mir ein riesiges Glas mit einer braunen Flüssigkeit, Eiswürfeln und Trinkhalm in die Hand drückte. »Long Island Iced Tea. Lass es dir schmecken. Aber aufpassen – ist 'n kräftiger Mix. Und viel Spaß dir auch … Mario?«

»Martin.«

»O.k., Martin. Die Mädels stehen zur freien Verfügung.« Nun gut – er konnte sich zwar nicht mal mehr richtig an meinen Namen erinnern, aber sein Angebot mit den Mädels stimmte mich doch gleich etwas versöhnlicher.

Wir stießen an. Ich sah mich weiter um. Alle Möbel waren mit dem schwarzen Stoff bedeckt, dazwischen standen silbern glänzende Stehlampen, aus deren Glühbirnen rotes, gedämpftes Licht erstrahlte. Auf dem Bildschirm des monströsen Flat-TVs flimmerte ein Porno, der aber von niemandem wirklich wahrgenommen wurde. Was mich bei dem Repertoire an weiblichen Gästen auch nicht wunderte: Sie alle sahen aus wie Supermodels – eine schöner als die andere. Und das auch noch zahlreich. Ich zählte durch: Auf einen männlichen Partygast kamen etwa fünf Frauen. Wow! So einen Bekanntenkreis hätte ich auch gerne gehabt.

»Ach ja, von der Kleinen in der Ecke da drüben lässt du bitte die Finger, ja? Mein Terrain«, sagte Joe und deutete auf eine Schwarzhaarige, die in ein glänzendes Kleid gehüllt war, das ihre Beine in den Netzstrümpfen fast zur Gänze freigab. »Aber alle anderen gehören dir, wenn du willst. Bedien dich.«

»O.k., danke.« Weg war er wieder und überließ mich mir selbst. Das hielt allerdings nicht lange an. Denn als ich da so stand, an meinem Cocktail-Gerät schlürfend und zur lauten Musik wippend – Discopop aus den Siebzigern –, stieß mich plötzlich jemand von hinten an. »Du bist ja niedlich!« Ich drehte mich um und blickte in zwei dunkel geschminkte Augen. »Bist du ein Freund von Joe?«, fragte das hübsche, südländisch anmutende Gesicht dazu. »Ähm, ja, so was Ähnliches.« Das fand die Frau, die zu dem hübschen Gesicht gehörte, offenbar total witzig, denn sie schüttelte sich vor Lachen und fischte gleich ein zweites Mädel heran, der sie lachend erklärte: »Hihi ... ein Freund von Joe! Schau ihn dir an – ist er nicht süüüß? Ganz anders als die ganzen Schnösel hier!«

Ich – ein kleiner, damals noch ziemlich unerfahrener Student –, ich sollte einen Dreier mit zwei scharfen Frauen haben?

Die zweite, eine Blondine mit Brüsten enormen Ausmaßes, stimmte hysterisch ins Lachkonzert mit ein und musterte mich eingehend von oben bis unten. Ich stand da wie ein begossener Pudel bei der Hundeausstellung, der nicht wusste, wie ihm gerade geschah, und dessen Herrchen sich aus dem Staub gemacht hatte.

Weil ich keine Ahnung hatte, was die beiden mit mir vorhatten, begann ich halt auch zu lachen. Frauen finden Humor ja angeblich sexy. »Hör mal, Mister Niedlich«, begann die Dunkelhaarige, »ich bin Maria und das ist meine Freundin Sanja. Wir sind hier in dieser Stadt nur zu Besuch und haben Bock auf ein bisschen Spaß. Bist du dabei?«

Der »Spaß« sah folgendermaßen aus: Die Mädels nahmen mich in ihre Mitte und lotsten mich durch die Gänge in ein dunkles Zimmer. Joes Schlafzimmer, wie sie mir erklärten. Dort war ziemlich bald klar, worauf das Ganze hinauslaufen würde: auf einen Dreier. *Ich* – ein kleiner, damals noch ziemlich unerfahrener Student – *ich* sollte einen Dreier mit zwei scharfen Frauen haben? Keine Frage – ein Nein meinerseits kam gar nicht in die Tüte. So eine Gelegenheit würde sich wohl so schnell nicht wieder bieten – und das alles ohne verzweifelte Bagger-Versuche, sondern von den Mädels forciert! Eine Dunkelhaarige, eine Blonde – volles Paket – und ich mittendrin! Der Traum eines jeden Mannes! Yes!

Zum Glück hatte der Killer-Cocktail all meine Hemmungen in Luft aufgelöst, denn sonst wäre ich wohl zu feige für so eine Aktion gewesen. Aber so genoss ich es in vollen Zügen, als die beiden – noch immer glucksend, wie seit der ersten Minute unseres Kennenlernens – mir erst meine Schuhe, dann die Jeans, den Sweater, mein T-Shirt und zuletzt meine Unterhose vom Leib rissen und mich auf die schwarze Satin-Bettwäsche schubsten. Sie wirkten wie ein eingespieltes Team, auch, als sie begannen, sich mit geschmeidigen Bewegungen die engen Abendkleider von ihren kurvigen Körpern zu schälen.

Meine Augen wanderten von Maria zu Sanja, von Sanja zu Maria, wieder von Maria zu Sanja. Wie bei einem Tennismatch – hin und her, hin und her, nur dass es statt eines Tennisballs hier perfekte Kurven zu verfolgen galt … dann, endlich, erlösten sie mich von der bloßen, meine Augen fast überfordernden Zuschauerei und gesellten sich zu mir ins Bett. Oh ja, die hatten es drauf. Ich fühlte mich wie im siebten Himmel. Als ich nach ewiger Fummelei schon spitz wie Nachbars Lumpi war und endlich richtig loslegen wollte – in meinem Kopf die Frage, wen von den beiden ich wohl zuerst vögeln durfte –, setzte sich Maria entschlossen auf mich und drückte meine Hände auf die Matratze. Ich schloss die Augen und wartete ab, was jetzt passieren würde.

Geräusche ließen vermuten, dass Sanja irgendwo herumkramte – offensichtlich suchte sie etwas?

»Hast dus? Wir brauchen vier Stück! Wie immer ...« Wie immer? Ich verstand nur Bahnhof.

Plötzlich, ich immer noch in geiler Erwartungshaltung – spürte ich, dass jemand an meinem Handgelenk hantierte und irgendetwas aus Stoff drum herum wickelte. Neugierig blickte ich hoch. Es war Blondie. Verführerisch grinste sie mich an. »Wir fesseln dich jetzt, Süßer. Hab keine Angst, hihi!« Angst? Nö, hatte ich nicht. Wieso auch? Rambazamba, die beiden inszenierten unser Intermezzo bis ins letzte Detail. Aber mir sollte es recht sein. »Stehst du auf Fesselspielchen? So richtig geile Fesselspielchen?«, fragte Maria und küsste mich. »Oh ja, ich glaub, ich steh drauf ...«, stöhnte ich lüstern.

Es war meinen zwei Gespielinnen jedoch nicht genug, meine beiden Hände gefesselt zu wissen. Sie wollten mich vollkommen ergeben unter sich – und obwohl ich mich dabei schon ein wenig unwohl zu fühlen begann, törnte mich der Gedanke zugleich total an. Mein sogenannter »freier Wille« war zerflossen wie Butter in der Mittagshitze. Festgeschnallt, wie ich nun war, wartete ich gespannt darauf, wie es nun weitergehen würde. Denn Sanja und Maria standen nach getaner Arbeit einfach nur vor mir, schauten mich kichernd an und klatschten ab. Versteht mich nicht falsch, zwei

> »Stehst du auf Fesselspielchen? So richtig geile Fesselspielchen?«

nackte Geschosse vor sich zu haben ist natürlich eine Sache, die nicht zu verachten ist – aber wir waren ja schließlich nicht zum Gucken da! Und zum Lachen schon gar nicht! Die beiden machten jedoch keine Anstalten, meiner schon fast schmerzhaften Geilheit gerecht zu werden. Nein, stattdessen glucksten sie nur und meinten plötzlich, sie hätten Durst und würden mal schnell was zu trinken holen gehen.

»Bringt mir dann aber auch was mit!«, schrie ich ihnen schon fast sauer hinterher. Aber ich glaube, meine Worte waren in ihrem Gelächter untergegangen. Gut, dachte ich – einen Dreier kriegt man ja nicht so einfach geschenkt, da muss man schon auch mal warten können, wenns nicht mehr ist. Ich versuchte also, ruhig zu bleiben und mich auf das zu freuen, was hoffentlich bald passieren würde.

Zehn Minuten später lag ich immer noch da und wartete. Zwanzig Minuten später lag ich immer noch da – und wartete. Die Uhr an der Wand zeigte mittlerweile halb eins in der Nacht. Und ich lag da ... und wartete. Die Minuten vergingen. Mir war kalt. Wo bitte waren meine Gespielinnen? Was lief da draußen ab? Die feierten da ihre lumpige Schmutzparty, und ich? Niemand schien mich zu vermissen! Ich versuchte, meine Hände und Füße aus den Schlingen der Tücher zu lösen, mit denen ich an die Bettpfosten gekettet worden war. Keine Chance.

Die beiden machten jedoch keine Anstalten, meiner schon fast schmerzhaften Geilheit gerecht zu werden.

»Sanjaaaaaaa! Mariaaaaaaaa! Hallooooooooo?« Nichts.

Mir wurde kalt. Klar, dass meine Erektion sich inzwischen vertschüst hatte. Hassgedanken keimten in mir auf und ich verfluchte Maria und Sanja. Wenn ich die beiden in die Finger kriegen würde, na warte!

Viertel vor eins.

»Hilfeee!« Keine Reaktion. Ich starrte auf die Uhr, die vor sich hin tickte. Was ... ich hörte die Uhr ticken? Verdammt ... die Musik war aus!!! Was hatte das zu bedeuten? Nein ... waren die ganzen Leute etwa ...? Ich lauschte. Nichts. Die wummernden Bässe waren kompletter Stille gewichen.

»Aaaaah! Hilfe!« Mir wurde immer kälter und ich begann zu zittern. All meine Versuche, mich aus meinen Fesseln zu lösen, blieben erfolglos. Kein Ton kam mehr aus der Wohnung. Man hatte mich hier einfach liegen gelassen! Erniedrigend war das. Und wieder schrie ich: »Hilfeeeeeeeee!« Zwecklos.

Da lag ich nun wie ein geklopftes Schnitzel. Wie lange würde ich noch warten müssen, bis mich jemand aus meiner Gefangenschaft befreite? Und wie blöd war ich gewesen, diesen beiden ständig kichernden Dumpfbacken zu vertrauen, die mir heißen Sex in Aussicht gestellt hatten, um mich dann dermaßen zu verarschen? Wie blöd? Gut, es hätte schlimmer kommen können: Wenigstens hatten sie mich nicht ausgeraubt. Glaubte ich zumindest. Das war in diesen Momenten aber nur ein schwacher Trost.

Um sechs Uhr morgens – ich hatte, in der Hoffnung, jemand würde auftauchen und mich retten, kein Auge zugetan – erlag ich schließlich meiner Verzweiflung. Ich fühlte mich einsam, verlassen und schmutzig. Ja, so »schmutzig«, wie Joe es angekündigt hatte!

Bittere Tränen begannen, in Sturzbächen über mein Gesicht zu laufen. »Ich will doch nur hier weg … wieso hilft mir denn keiner … ich Idiot, ich Vollidiot«, schluchzte ich zu mir selbst. Es war ja niemand da, der mein Klagen hören konnte. Die ganze Nacht hatte ich bis auf den Lärm von der Straße keinen Ton gehört – ein Indiz dafür, dass ich noch immer ganz alleine in der Wohnung war. Martin, allein zu Haus …

Die Erlösung kam um halb acht Uhr morgens, als die Tür ins Schloss fiel. Mein Herz begann zu klopfen und ich wie am Spieß zu schreien: »Hilfe! Hilfeee! Ich bin hier, im Schlafzimmer! In Joes Schlafzimmer!« Die Tatsache, dass ich hier in voller, nackter Pracht und wie ein Gepäckstück verschnürt auf einem Bett lag, das nicht mal meines war, spielte für mich keine Rolle mehr. Ich wollte nur noch weg, wie, war mir wurscht.

Schritte. »Hallo?« Ein kaputtgefeiertes, aber neugieriges Gesicht blickte zur Tür herein. Und brach vor Lachen fast zusammen, als es mich erblickte.

»Lach nicht, sondern hilf mir lieber!« Es war Joes Mitbewohnerin Greta. Eine Frau auch noch! Wie viel Peinlichkeit kann man eigentlich in eine Situation packen?

In Lachen aufgelöst, kam sie ans Bett und bewies zumindest noch so viel Anstand, mir nicht auf den – aufgrund der Kälte auf Minimalgröße geschrumpften – Schniedel zu starren, sondern bemühte sich, mich stattdessen rasch aus meinen Fesseln zu befreien.

> Die Tatsache, dass ich hier in voller, nackter Pracht und wie ein Gepäckstück verschnürt auf einem Bett lag, das nicht mal meines war, spielte für mich keine Rolle mehr.

So schnell, wie ich in meine Klamotten sprang, als ich endlich frei war, so schnell suchte ich danach auch gleich das Weite. Nein, ausgeraubt hatten die beiden Hyänen mich nicht. Wenigstens etwas! Gretas Angebot, »auf den Schreck« noch gemütlich einen Kaffee zu trinken, schlug ich dennoch dankend ab. »Wir waren noch im Klub. War ja so geplant. Aber sag, was ist eigentlich passiert?«, fragte sie, immer noch grinsend. »Wer war das?«

»Glaub mir, das willst du nicht wissen.«

»Doch!«

»Vergiss es … trotzdem danke, Greta. Hast was gut bei mir.« Und weg war ich.

Die Gelegenheit, mich wie versprochen bei meiner Retterin zu revanchieren, habe ich nie genutzt. Was vielleicht auch daran liegt, dass ich der ganzen Clique rund um Joe seit diesem schrecklichen Erlebnis nach Möglichkeit aus dem Weg gehe. Verständlich, oder? Auch die Angst, Joe würde mich wieder zu einer seiner – wie auch immer das gemeint war – »schmutzigen« Partys einladen und ich müsste absagen oder vielleicht sogar noch erklären warum, erwies sich als unbegründet. Denn er lud mich nie wieder ein. Wieso? Keine Ahnung. Ich weiß bis heute nicht, ob er jemals erfahren hat, was in dieser Nacht in seinem Schlafzimmer geschehen ist. Hoffen tue ich es natürlich nicht! Ob Maria und Sanja immer noch in Männer fesselnder Mission unterwegs sind, steht in den Sternen. Zutrauen würde ich es ihnen allemal.

22. KAPITEL

Miss Unersättlich

Christoph (39), Krankenpfleger, Villach,
über
Uschi (36), Stylistin, Villach

Frauen, die so richtig gierig auf Sex waren, hatte ich bisher nur aus einschlägigen Filmchen, Büchern oder Erzählungen gekannt. Niemals hätte ich gedacht, dass solche Wesen auch in der Realität existieren. Uschi belehrte mich eines Besseren. Sie war nicht nur verrückt nach Schweinereien, sie war regelrecht besessen davon. Das wurde mir schon nach wenigen Dates klar.

Parkbänke, Toiletten diverser Lokalitäten, die Motorhauben fremder parkender Autos, Treppenhäuser – Uschi konnte immer und wollte immer. Wahnsinn! Endlich eine Frau, die nie Kopfschmerzen hatte, nie zu müde war oder einfach nur kuscheln wollte. Bei Uschi gabs immer Rambazamba, Blümchensex war nicht ihr Ding – sie kratzte, biss, schrie, wollte richtig rangenommen werden und nahm sich im Gegenzug auch ungeniert, was sie begehrte.

> Parkbänke, Toiletten diverser Lokalitäten, die Motorhauben fremder parkender Autos, Treppenhäuser – Uschi konnte immer und wollte immer.

Dabei sah sie aus wie das Mädchen von nebenan: brauner Pagenkopf, mittelmäßige Figur, sportliche Kleidung. Ich hatte das, was ich mir schon immer gewünscht hatte, von dem ich aber niemals gedacht hatte, es zu bekommen: eine Frau, die im Bett wie eine Nutte agierte, nach außen hin jedoch wie ein Engel wirkte. Noch dazu war sie eine coole Haut, mit der man über alles quatschen konnte und die mit einer gehörigen Portion Humor gesegnet war.

Ich war der glücklichste Mann der Welt. Keine Frage, dass ich mit meinen sexuellen Prahlereien in meiner Männerrunde der Oberhero war. Außerdem hatte ich eine Freundin, die man nicht mit Samthandschuhen anfassen musste und die sogar bei schmutzigen Witzen herzlich mitlachte. Das Schönste daran: Ich musste nicht einmal übertreiben bei meinen Erzählungen über sie. Die Jungs waren zutiefst neidisch auf meine neue Eroberung. Ha!

Wenn ich bei ihr oder sie bei mir schlief, trieben wir es die ganze Nacht. Rein, raus, rein, raus ... An Schlummern nicht zu denken. Nach einigen Wochen mit Uschi hatte ich vor Schlaflosigkeit schon schwarze Ringe unter den Augen. Aber das war mir wurscht, denn ich fühlte mich ausgeglichen wie noch nie. Sie polierte mein Ego auf Hochglanz.

»Los, du Hengst – zeigs mir!« Und schon ging es wieder rund. Meine Güte, die Frau hatte ein Verlangen ...

»Waaas? Die Gummis sind aus? Das gibts ja nicht! Verdammt ... Hol neue, aber schnello!«

»Jawohl, zu Befehl!«

Und – schwupps – hatte ich mich um zwei Uhr früh ins Auto geworfen und fuhr zur nächsten Tanke, um eine Familienpackung Kondome zu besorgen. Da ich dort mittlerweile schon zum Stammgast geworden war und im Schnitt dreimal die Woche dasselbe kaufte, erntete ich bereits belustigte Blicke vom Verkäufer. Ach was, bestimmt war der auch nur neidisch.

»Uschi ... ich kann grad nicht. Ich habe Kopfweh.«

»Was? Du Lusche! Warte nur ... das Kopfweh werd ich dir schon noch austreiben, wirst schon sehen ...« Und schon öffnete sie mit gekonntem Handgriff meinen Gürtel und ging in die Knie. Meine Güte ... respektierte sie meine Einwände etwa überhaupt nicht?

»Nein, Uschi, wirklich! Ich mag jetzt nicht! Können wir uns nicht einfach mal einen Film ansehen, so wie alle anderen Paare auch? Ich bin total fertig ... bitte!!!«

»Hmpf ... so was hab ich ja noch nie erlebt. Du findest mich einfach nicht scharf, so ist es doch, oder?«

»Nein, Schatz, das stimmt doch nicht! Du bist wahnsinnig scharf! Aber ich bin müde, und mein Kopf ...«

»Ist schon klar, hab verstanden«, unterbrach sie mich, ließ von meiner Unterhose ab, schnaubte wutentbrannt und funkelte mich erzürnt an.

»Ich gehe jetzt. Das hab ich echt nicht nötig.«

»Aber Uschi ...« Zu spät. Mit lautem Knall hatte sie bereits die Tür hinter sich zugeschlagen. Ich fühlte mich wie ein Idiot, der keinen hoch brachte, und war enttäuscht von mir selbst – enttäuscht, ihren Erwartungen nicht gerecht zu werden und peinlich berührt, weil ich – und das als Mann – keine Lust auf Schnackseln hatte. Sie hatte recht. Ich war eine Lusche.

Zwei Tage später setzte ich alles daran, meinen sexuellen Fauxpas wiedergutzumachen. Ich rammelte Uschi, was das Zeug hielt. Sie genoss es sichtlich und in einer kurzen Verschnaufpause, in der wir schnell eine Zigarette pafften, lächelte sie mich selbstzufrieden an. »Endlich ist mein Hengst wieder der Alte!« Das hörte ich gerne. »Dass du mir ja nicht wieder mit solchen blöden Kopfschmerzen daherkommst, gell?« Das weniger. Uff! Kann man einen Mann noch stärker unter Druck setzen? Ich denke nicht.

»Hast du das vorhin ernst gemeint?«, fragte ich deshalb in der nächsten Pause zögernd und blies ein paar Rauchringe in die Luft.

»Na, das mit den Kopfschmerzen ... ich konnte doch nichts dafür! Kann ja wohl jedem passieren!«, verteidigte ich mich mit flehendem Unterton.

»Na ja ... sicher kann das jedem passieren. Aber das ist doch noch lange kein Grund, auf Sex zu verzichten! Ist doch alles nur Ausrede, so was. Kopfweh schnackselt man einfach weg, basta! Da kenn ich nix.«

»Ist doch alles nur Ausrede, so was. Kopfweh schnackselt man einfach weg, basta!«

»Verstehe ... wenn du meinst.« Ich verzichtete darauf, die Diskussion weiterzuführen – und Uschi hatte offenbar ebenso keine Lust mehr auf Reden, denn sie hatte sich schon wieder auf mich draufgewuchtet. Miss Unersättlich war bereit für die nächste Runde. Ready to rumble!

Ja, so war das mit Uschi. Eines Tages, es war so gegen sieben Uhr abends, gingen uns während eines Popp-Marathons wieder einmal die Kondome aus.

»Hast du etwa keine gekauft? Mensch, Christoph … denkst du überhaupt nicht mit? Du solltest doch dafür sorgen, dass immer genug Gummis im Haus sind! Aaaaah …«

»Tschuldigung, habs vergessen.« Innerlich atmete ich jedoch auf, da die Hoffnung in mir keimte: Vielleicht hatte ich meine Schuldigkeit für diesen Abend schon getan und wir konnten uns einfach mit einer Pizza vor den Fernseher werfen … meine Güte, welch herrliche Vorstellung! Das hatten wir noch nie gemeinsam gemacht!

»Schätzchen, ist ja nicht so schlimm. Lassen wirs halt gut sein. Ich hab Hunger, du auch? Ich kann uns eine Pizza …«

»Spinnst du? Ich verbringe doch nicht den Abend mit 'ner blöden *Pizza* auf der Couch! Wie tief gesunken ist das denn? Wir sind doch kein fades Ehepaar!«

Uff. Schande über mich. »Ja dann … aber ich hab keine Lust, schon wieder zur Tanke zu fahren. Fahr du doch mal.«

Kaum hatte ich ausgesprochen, trafen mich Blicke, die hätten töten können.

Gut, Christoph. Fehler. Seufzend erhob ich mich aus den verknüllten Deckenbergen, um mich anzuziehen.

»Na, lass mal. Bleib liegen, ich organisier uns schon was. Bin gleich wieder dahaaa!«, säuselte Uschi plötzlich und sprang auf.

»Wo willst du hin?«

»Ich frag mal die Nachbarn.«

»Gute Idee!«, lachte ich auf. »Die haben doch nie und nimmer Gummis im Haus! Die sind so prüde, die rufen glatt die Sittenpolizei, wenn du bei denen antanzt und sie um Pariser anbettelst!«

Uschis Nachbarn – die Beyers, ein etwa 50-jähriges, kinderloses Buchhalter-Ehepaar, stets Grau in Grau gekleidet und überkorrekt. Ich wette, die beiden hatten weder vor noch während der Ehe jemals auch nur irgendetwas Unanständiges miteinander angestellt. Denkbar schlechte Ansprechpersonen für ein solch frivoles Anliegen.

»Ich mein ja nicht die. Sondern die mit den vielen Kindern. Wenn die keine Gummis im Haus haben, na wer dann, hm?«

Tja, wer dann? Wenn jemand fünf Kinder in die Welt setzt und gerade ein sechstes unterwegs ist, dann werden die ganz bestimmt viele Kondome im Haus haben. »Dass ich nicht lache! Die wissen ja nicht einmal, wie man Verhütung schreibt! Uschi! Lass das sein! Komm, wir machen uns einen gemütlichen A...«

»Sicher nicht! Komme gleich wieder!« Sprachs, und weg war sie. Zum Glück hatte sie sich wenigstens die Decke um ihre Nacktheit gewickelt. Als Gott das Schamgefühl an die Menschheit verteilt hat, ist Uschi nämlich nicht unter denen gewesen, die laut »Hier!« geschrien haben. Sie stand zu ihrer sexuellen Freizügigkeit, ohne sich um Sittlichkeiten zu scheren. Wenn es etwa unerwartet an der Tür klingelte, während wir gerade mitten im Liebesakt waren, machte sie sich meist nicht einmal die Mühe, sich ein Shirt überzuziehen, sondern sprang auf, lief zur Tür und öffnete einfach in voller Blöße. Es erklärt sich von selbst, dass sich dadurch immer wieder peinliche Situationen ergaben.

»Und?«, fragte ich, als sie zurück war.

»Pah ... Mistviecher!«

»Wieso?«

»Die haben nichts.«

Ich atmete innerlich auf.

»Hast du wirklich in diesem Aufzug dort geklingelt und nach Gummis gefragt? Uschi, ich glaubs nicht ...«

»Neeein. Ich habs viel schlauer gemacht.«

Großes Fragezeichen in meinem Gesicht.

»Ich hab gesagt, wir haben hier gerade eine Kinderparty am Laufen und wir brauchen noch Luftballons. Clever, oder?«, freute sich Uschi.

Ich konnte mich vor Lachen kaum noch halten.

»Ahahahahaaaaa, Uschi! Das gibts ja nicht! Welche Kinderparty für welche Kinder? *Das* haben sie dir abgenommen?«

»Weiß nicht. Die Frau hat ein bisschen erschrocken gewirkt … egal.«

Stimmt, schnurzpiepegal. Es waren schließlich eh ihre und nicht meine Nachbarn. Amüsant wars allemal. Plötzlich schoss mir ein äußerst unangenehmer Gedanke durch den Kopf.

»Uschi, sag mal … hast du wirklich gedacht, dass ein Luftballon über meinen Schwanz passt?«

»Na ja … nicht? Hm … aber du kannst mir ja gerne das Gegenteil beweisen.«

»Wie denn das?«

»Indem du zur Tanke fährst und die größten Gummis holst, die es dort gibt.«

Punkt für sie. Ich gab mich geschlagen.

So oder so – irgendwann nahmen meine Kopfschmerzen immer massivere Ausmaße an. Sprich, Uschis überschäumendes Verlangen wurde mir unheimlich. Ich versuchte immer wieder, ihr zu erklären, dass ihre Sexgier mich überforderte und ich mir eine ganz normale Beziehung wünschte, in der auch mal – zumindest einen Tag lang – ganz normale Flaute im Bett herrschte. Keine Chance. Bei Uschi stieß ich damit auf völliges Unverständnis. Entweder nannte sie mich »Lusche« oder sie drückte auf die Tränendrüse, um mir ein schlechtes Gewissen zu bescheren, da ich sie ja offensichtlich überhaupt nicht mehr begehrte. Ich wollte sie nicht verlieren, da ich sie liebte, aber ich war ratlos.

Mit der Zeit suchte ich deshalb immer öfter nach Ausflüchten, um unsere Treffen auf die Wochenenden zu beschränken und ihren Klauen zumindest wochentags zu entkommen. Ich meldete mich freiwillig für alle möglichen Nachtdienste im Krankenhaus, was mir als Krankenpfleger satte Bonuspunkte bei meinen Kollegen bescherte. Bei Uschi nicht. Anstatt sich ihrerseits zurückzuziehen, gab sie Vollgas: Ständig stand sie unangemeldet vor meiner Tür. Und wenn sie schon mal da war, ließ ich sie auch rein – Sesam öffne dich, wie gesagt, ich war verliebt und wollte ihr nicht wehtun.

Dann kam der Tag, als meine Schwester zu Besuch kam. Sie sollte für eine Woche bleiben, da sie ein Praktikum in der Stadt machte. Ich hatte Uschi gebeten, mir an diesen Tagen etwas Luft zu lassen, damit ich Lisa die Stadt zeigen konnte und wir außerdem ungestört quatschen konnten – was in Anbetracht der emotionalen Situation von Lisa, frisch getrennt und akut herzschmerzgeplagt – dringend nötig war.

Natürlich beredeten wir nicht nur Lisas Situation, sondern auch meine Probleme mit Uschi. Lisa verstand mich, zog mich aber gleichzeitig auf mit dem »Unglück im Glück«, es offensichtlich mit einer Nymphomanin zu tun zu haben. »Christoph, willst du etwa Mitleid? Jeder Mann würde dich beneiden«, grinste sie, als wir am Küchentisch saßen und heißen Tee tranken. Ich grinste auch, zwar mehr verzweifelt als belustigt, aber ich freute mich zumindest, Lisa in ihrem Kummer ein Lächeln entlocken zu können.

»Ich geh mal ins Bett, Lisa … Du weißt ja, die Uschi raubt mir jeglichen Schlaf«, scherzte ich.

»Gute Nacht, Bruderherz. Bin eh auch schon müde.«

Ich freute mich auf eine erholsame Nacht, machte es mir gemütlich und beschloss, noch ein paar Seiten in meinem Buch zu lesen. Plötzlich klingelte es. Wer das wohl sein konnte? Es war schon nach elf. Ich hörte, dass Lisa zur Tür stapfte und öffnete. Ich lauschte. Stimmengewirr. Zwei weibliche Stimmen … Lisas Stimme … und Uschis Stimme! Nein! Nein, nein, nein!

Ich weiß nicht warum, aber in diesem Moment überkam mich eine Panik, als wäre der weiße Hai hinter mir her, mit vollem Flossenschlag und der bedrohlichen Hintergrundmusik: Ta-ta-ta-ta-ta-ta … Mein Herz klopfte bis in den Hals. Bumm, bumm, bumm.

Ich hörte die Tür ins Schloss fallen. Puh.

Leider ging das Stimmengewirr im Flur weiter – und Uschis Stimme war immer noch dabei. Oh Shit. Danke, Lisa!!! Wieso hatte ich Idiot nicht vorgesorgt und meine Schwester gebrieft, dass sie Uschi einfach sagen sollte, ich sei nicht da, wenn sie auftauchte? Aaaah!

Zu spät. In meinem Gehirn nur ein Gedanke: Flucht!

Nur – wohin sollte ich? Erster Gedanke: durchs Fenster.

Denkbar schlecht, wenn man im dritten Stock wohnte.

Zweiter Gedanke: unters Bett.

Blöd, wenn man Besitzer eines Futons war, der zwischen Boden und Matratze nur circa fünf Zentimeter Platz bot, und man selbst kein Ringelwurm war.

Die Stimmen kamen näher. Mist, mir blieb keine Zeit mehr!

Dritter Gedanke: Stell dich der Situation. Sag Uschi, dass du deine Ruhe haben willst.

Da kann ich mich doch gleich erschießen!

Vierter Gedanke: mein Schrank. Ja, das wars! Ab in den Schrank!

Ich konnte gerade noch die Tür meines Kleiderschranks hinter mir zuziehen, als die Zimmertür sich öffnete und ein forderndes »Schahaaatz?« ertönte.

Rund um mich war alles dunkel. Ich versuchte, so leise wie möglich zu atmen.

»Schahaaatz? Wo bist du denn? Lisaaa? Wo ist Christoph? Sollte er nicht hier sein?«

Ja, sollte er. Ha, ich lachte mir innerlich ins Fäustchen. Trapp, trapp. Ich hörte Lisa hereinkommen. »Hm, komisch … eben war er noch da … seltsam.« Was war das für ein Ton in Lisas Stimme? Bitte nicht …

Und da gackerte sie auch schon los.

»Was wird hier gespielt? Sag mal, verarscht ihr mich beide oder wie?«, kreischte Uschi stocksauer.

»Sorry ...«, prustete es aus Lisa heraus. »Sorry, Uschi ... ich lach dich nicht aus, aber ...«

»Ihr Ratten, ihr verdammten!«

Da wurde die Tür des Kleiderschranks aufgerissen und ich starrte in Uschis wütende Augen. Kurz stand die Zeit still. Sie schien überrascht zu sein, fing sich aber gleich wieder. Wie in Zeitlupe verfolgte ich, wie sie mit ihrer rechten Hand ausholte ... und diese sich ganz langsam auf mein Gesicht zubewegte.

KLATSCH!

»Auaaa!« Ich hatte soeben eine Ohrfeige der Extraklasse kassiert.

»Das hast du verdient, du Arschloch! Scher dich dorthin, wo der Pfeffer wächst, du feige Lusche! Hätt ichs doch gleich wissen müssen, dass du zu nix fähig bist! Du ... aaaaah!«

Offenbar fielen ihr keine Schimpfwörter ein, denn mit einem entnervten Prusten drehte sie sich auf dem Absatz um und verließ – natürlich nicht, ohne auf ein finales Türenknallen zu verzichten – die Wohnung.

Lisa und ich kugelten uns noch minutenlang vor Lachen auf dem Boden. Ja, die Situation war traurig, da ich wusste, dass die Beziehung mit Uschi damit gelaufen war – aber zugleich so komisch, dass ich in diesem Moment einfach nicht trauern konnte.

Der Herzschmerz holte mich erst am nächsten Tag ein – so war mein Schwesterchen wenigstens nicht mehr alleine in ihrem Kummer und wir konnten uns gegenseitig unsere Wunden lecken. Mit viel Schokolade und Rotwein geht so was ganz gut. Unser beider Kummer ist heute Schnee von gestern. Aber Lisa und ich keksen uns immer noch herrlich ab, wenn wir an Uschi zurückdenken.

23. KAPITEL

Mit Hohoho und Pipapo ins Nirgendwo

Andreas (38), Werbeberater, Rosenheim,
über
Gerlinde (29), vermutlich Agentur-Inhaberin, Rosenheim

Ein lautes »Hohohooo« war das Erste, womit Gerlinde meine Aufmerksamkeit auf sich zog. Sie hatte sich neben mich an die Bar gedrängt und versuchte, den Kellner zu sich zu winken. »Hohohooo, Johnny! Hierher!« Offenbar schien sie die Schankdüse persönlich zu kennen sowie noch einige andere Leute rund um den Tresen, denn sie schickte da und dort Luftküsschen in die Menge und erntete immer wieder ein Winken aus allen Richtungen. Scheint in dieser Bar so was wie ein »It-Girl« zu sein, war mein erster Gedanke.

Schlecht sah sie ja wirklich nicht aus. Ich musterte sie von oben bis unten. Sie überragte mich um ein ganzes Stück (gut, sie trug auch Schuhe, die in Kennerkreisen unter dem Namen »Killer-Heels« bekannt waren), war schlank und hatte langes hellbraunes Haar, das sie zu zwei Zöpfen gebunden hatte. Ihre nackten Beine waren lang und gebräunt und ihr Minirock wäre auch als breiter Gürtel durchgegangen. Dazu trug sie ein glitzerndes Top mit offenherzigem Ausschnitt, das ihre hochgepushten Brüste präsentierte. Alles in allem eine auffällige Erscheinung. Aber nicht von schlechten Eltern.

> Sie überragte mich um ein ganzes Stück (gut, sie trug auch Schuhe, die in Kennerkreisen unter dem Namen »Killer-Heels« bekannt waren) ...

»Vier Spritzer, Johnny! Aber dalli, bin in Feierlaune, hohoho!«

Meine Güte. Was war denn mit der los?

»He, Schnitte, mach ein bisschen Platz da!«, pflaumte sie mich plötzlich an, nahm eine Zigarette aus ihrer Packung, steckte sie sich in den Mund und sah mich erwartungsvoll mit großen Augen an.

»Haffu Fffeuer?«, fragte sie ungeduldig, die Kippe zwischen die Lippen geklemmt.«

Wortlos fingerte ich in meiner Hosentasche herum, fand schließlich mein Feuerzeug und zündete ihr die Zigarette an.

»Puh, danke.« Erleichtert blies sie den Rauch aus und zeigte Zähne. Was für ein schönes Lächeln, schoss es mir durch den Kopf.

»Und, was machst du so?« Komische Frage. Fragt man nicht mal zuerst nach dem Namen?

»Bin Werbeberater.«

»Ach, wie süß. Da kenne ich einige. Kennst du den ...«

Sie brach mitten im Satz ab, als jemand in der Menge auf einmal laut »Lindeee!« rief.

»Muss weg! Du ... ach, warte mal.« Sie schnappte sich einen Bierdeckel vom Tresen, kramte einen Kugelschreiber aus ihrer Tasche und kritzelte eilig etwas drauf. »Ruf an, wenn du Lust hast«, strahlte sie mich an, schnappte sich ihre Gläser und verschwand mit lautem »Hohohooo« im Tumult. Hatte ich da soeben die uneheliche Tochter des Weihnachtsmannes kennengelernt oder was? Diese Laute erinnerten mich bedenklich an das »Ho-ho-ho«, das Santa Claus bei jeder Gelegenheit von sich gab. Ich schüttelte den Kopf, bestellte einen weiteren Drink und begutachtete den Bierdeckel. »Linde«, stand da in krakeligen Buchstaben, darunter eine Telefonnummer.

Obwohl ich über diese kauzige Puppe mehr als verwundert war, ging sie mir an den nächsten Tagen nicht mehr aus dem Kopf. Ob hinter der lauten, auffälligen Fassade noch mehr steckte? Ich beschloss, es herauszufinden, und rief sie an.

»Hallo?«

»Hallo, hier spricht Andreas.«

»Andreas? Wie, wer?«

»Wir haben uns am Wochenende beim Weggehen kennengelernt. Du hast mir deine Nummer gegeben. Auf einem Bierdeckel. Klingelts?«

Stille. Da war wohl gerade jemand angestrengt am Überlegen.

»Aaaaah ... der Dunkle, stimmts? So ein Chuck-Norris-Verschnitt, lieg ich richtig?«

»Wenn du es so haben willst, ja.«

»Haha, sehr witzig! Ja cool, dass du anrufst. Was willst du?«

Was für eine Frage! Die Lady war offensichtlich auch noch arrogant.

»Mich mit dir treffen, was sonst? Oder wofür dann hast du mir deine Nummer aufs Kreuz gedrückt?«

»Hm, stimmt. Also, wann?«

Die fackelte nicht lange. Das gefiel mir doch irgendwie.

»Morgen? Um acht am Hauptplatz? Wir könnten was essen gehen.«

»Essen find ich nicht so prickelnd. Aber ja, um acht am Hauptplatz. Schaun wir halt, was wir dann machen.«

Den ganzen nächsten Tag zerbrach ich mir den Kopf darüber, warum sie nicht mit mir essen gehen wollte. War das nicht das, was alle Frauen sich von einem ersten Date erhofften? Essen und Wein bei Kerzenschein? Seltsam. Na ja, mir blieb nichts anderes übrig, als das Treffen auf mich zukommen zu lassen. Ich hatte ja nur vor, sie kennenzulernen, und nicht, sie gleich zu heiraten. Also ruhig Blut.

»Heyyy, Andiii, komm her, Bussi!«

Etwas Großes kam überschwänglich auf mich zu getrappelt und begrüßte mich mit Küsschen-links-Küsschen-rechts. Ich kam gar nicht dazu, etwas zu sagen, denn schon schoss es weiter aus ihr heraus: »Du musst dir vorstellen, was mir gerade passiert ist. Da hab ich doch glatt einen Strafzettel verpasst bekommen, nur weil ich direkt vor einer Einfahrt geparkt hatte.«

Und das in einer Lautstärke, die über den ganzen Platz schallte. Mann, hatte die Frau ein Organ! »Diese blöden Politessen gehen mir echt auf den Wecker mit ihrem ganzen Pipapo, unvorstellbar!«

Ja aber wirklich, hohoho-unmöglich, so was! Ich wollte etwas dazu sagen, wurde aber prompt von einem nervenden Klingelton gestoppt. Es war Lindes Handy.

»Schatzilein, meine Güte, dich hatte ich doch ganz vergessen! Morgen Abend, ja, hohoho! Ich freu mich so! Hast du schon gehört ...« Alter Schwede.

Die nächste Viertelstunde war ich damit beschäftigt, mich in Bewegung zu halten, um in der herbstlichen Kälte nicht zu erfrieren, während Linde am Telefon einen schier endlosen Monolog hielt, ohne auch nur einmal Luft zu holen. Wie machte die das? Und wie musste sich erst die Person am anderen Ende der Leitung fühlen, die mit diesem Stakkato an Wortsalven zugedonnert wurde? » ... ich muss dann mal, heute noch ein bissel ausgehen und so Pipapo, du weißt ja eh, wie das ist ... Tschühüüüssiii!«

Endlich. »Das war Gernot, der ist auch Werbeberater. So wie du. Bist du doch, oder?«

»Jaja. Gutes Gedächtnis!«

»Danke! Und jetzt?«

»Entscheide du.«

Wir landeten in einer Bar, in der Linde offenbar häufiger verkehrte. Denn auch hier kannte sie jeden Kellner persönlich, wurde mit Bussibussi geherzt und schäkerte erst mal minutenlang herum, bevor sie sich wieder ihrem Date – also mir – widmete. Ich fühlte mich schon jetzt wie ein Trottel. Wie sollte das werden, wenn das den ganzen Abend so ging? Na hohoho, sag ich da nur.

»So, jetzt trinken wir erst mal was. Für mich einen großen Spritzer, Paul!«

»Ähem, für mich ein Bier, bitte.«

Wir prosteten uns zu. »Du, was hältst du davon, wenn wir nachher doch noch was essen gehen?«, fragte ich Linde zögernd.

»Ach nee ... du, das ist mir zu stressig. Ich trink lieber.« Schon wieder bimmelte Lindes Handy, als ich etwas entgegnen wollte.

Zu stressig – so war das also! Langsam dämmerte mir, dass es ihr eigentlich völlig egal war, mit wem sie da an der Bar saß, denn abermals quasselte sie eine gefühlte Ewigkeit voller Pipapos und Hohohos in ihr Mobiltelefon, ohne von mir auch nur Notiz zu nehmen. Sie unterbrach ihren Redeschwall nur, um sich entweder eine Zigarette anzuzünden oder sich von Paul hin und wieder einen frischen Spritzer servieren zu lassen.

Langsam wurde mir langweilig und zur Langeweile gesellte sich so etwas wie Wut. Was bildete die Tussi sich eigentlich ein? Da kam Paul an die Theke, um eine Zwischenrechnung zu machen. Schichtwechsel. Linde redete munter weiter, nickte ihm nur zu und deutete auf mich, à la: Er bezahlt! Herrgott, war die dreist! Aber als Mann kann man sich bei einem Date nicht die Blöße geben, die Frau bezahlen zu lassen. Also fischte ich einen Fünfziger aus dem Portemonnaie und beglich die Rechnung, ohne zu murren.

Das Ganze wiederholte sich noch eine Getränkerunde lang, dann noch eine. Linde erklärte lediglich zwischen ihren ständigen Telefonaten, dass sie heute ja so viel zu organisieren hätte, geschäftlich und so, das ganze Pipapo, man kenne das ja.

»Nö, kenne ich nicht, das Pipapo. Was machst du denn geschäftlich?«, nutzte ich meine Chance, zu fragen, als sie gerade dabei war, einen monströsen Schluck aus ihrem Glas zu nehmen, und dadurch gezwungenermaßen auf Sendepause war.

»Ach, bin selbstständig. Werbeagentur.«

»Aha, interessant. Und wie heißt die?«

Klingelingeling … die Antwort blieb mir verwehrt, da mein weibliches Gegenüber bereits wieder ihre »Hohohooo, ja halloo, das freut mich aber«-Leier runtersäuselte. Seufzend wandte ich mich ab und tat das, was ich bereits den ganzen Abend über getan hatte: Ich wartete. Eigentlich dachte ich, diese Tussi könne mir mit ihrer Ignoranz den Buckel runterrutschen – wer war sie denn, dass ich da neben ihr auf Standby verharrte und darauf wartete, endlich ein Gespräch mit ihr anfangen zu können? Aber mein Stolz wurde überdeckt von Neugier. Neugier und einer seltsamen Faszination, die von dieser Frau ausging. Es war nicht allein ihr gutes Aussehen. Aber an ihrem ganzen Busy-Getue, kombiniert mit ihrer offensichtlichen Arroganz, war irgendetwas, was dazu führte, dass ich mich stark zu ihr hingezogen fühlte. Es beeindruckte mich, dass sie Unternehmerin war und dass sie ihre Arbeit – die offensichtlich zu einem Großteil aus Networken bestand – so in den Vordergrund stellte. Das hatte ich noch nie zuvor bei einer Frau beobachtet.

»O.k., du, mein Akku ist gleich aus – muss Schluss machen! Tschühüüüsss, babatschiii, bis bald, Bussiii!« Ha, endlich. Das nervige Gebimmel würde jetzt wohl passé sein. Meine Chance, endlich mit ihr ins Gespräch zu kommen!

»So, du, Linde, hör mal. Willst du mir nicht mal was über deine Arbeit erzählen?«

»Ja, gleich. Du, ich hab Hunger. Theooo, bring mir eine Portion Nachos, bitte! Und eine Packung Marlboro Lights!«

Während Linde ihre Nachos mampfte – mir war der Hunger beim Warten vergangen, außerdem wurde ich von zu viel Bier (und das hatte ich an diesem Abend aus Gründen der Langeweile bereits gehabt) stets pappsatt –, versuchte ich, sie auszufragen.

»Nja, weischt du, ich betreib die Firma zuschamm' mit meiner Schtieftante«, quetschte sie mit vollem Mund heraus. »Schon scheit zschwei Jahren. Läuft gansch gut, aber schtressig halt mit dem ganschen Pipapo rundherum. Brauchsch du nicht zufällig ne Agentur oder nen Job?« Nö, brauchte ich nicht. Aber ich fand es sehr süß, wie sie genüsslich – und augenscheinlich, ohne sich um die Tausenden Kalorien in den vor Fett triefenden, mit Käse überbackenen Nachos zu scheren – alles in sich reinstopfte. Ich grinste sie nur besemmelt an und sah ihr begeistert beim Essen zu. Auweia … ich begann wohl gerade, mich zu verlieben.

»So.« Linde war fertig mit essen, schnappte sich eine Zigarette, zündete sie an und nahm einen tiefen Zug.

»Ich würde dich gerne wiedersehen«, sagte ich.

»Was?«

»Wiedersehen. Ich – dich. Ich würde dich gerne wiedersehen«, leierte ich mein Anliegen nochmals herunter.

»Ach so, ja«, murmelte sie beiläufig und bestellte sich noch einen weiteren Drink. Mann, das war eine harte Nuss. Da musste ich wohl schärfere Geschütze auffahren. Linde stöckelte auf die Toilette und ich nutzte die Zeit, um zu überlegen, wie ich es anstellen konnte, sie in meinen Bann zu ziehen.

Mein Grübeln wurde jäh unterbrochen, als neben mir ein lautes, altbekanntes »Hohohooo!« ertönte. Linde war zurück und anscheinend hatte sich jemand an die Bar gestellt, den sie kannte. »Tommiii! Schatzilein, lass dich umarmen!«, rief sie begeistert aus und fiel einem dicklichen Typen mit Baseballmütze und Brille um den Hals. Er schmiegte sich an sie und – ich traute meinen Augen kaum – tätschelte ihr den Hintern.

»Tommi, das ist … äh …«

»Andreas«, warf ich schnell ein, um ihr die Peinlichkeit zu ersparen. Mittlerweile hatte sich mein Stolz wieder zurückgemeldet und ich kochte vor Wut, nicht nur wegen des Anblickes der fremden Hände auf Lindes wohlgeformtem Hintern.

> Mittlerweile hatte sich mein Stolz wieder zurückgemeldet und ich kochte vor Wut, nicht nur wegen des Anblickes der fremden Hände auf Lindes wohlgeformtem Hintern.

»Ah ja, genau. Andreas, das ist Tommi, ein alter Bekannter.« Bekannter! Dass ich nicht lache. Wie muss man drauf sein, um sich von einem Bekannten einfach so auf den Hintern grapschen zu lassen? Widerlich!

Ich kam jedoch gar nicht dazu, meinem Ärger Luft zu machen. Linde und Tommi hatten sich schon an die Theke verkrümelt und waren in ein emsiges Gespräch verwickelt. Dazu kippten sie fleißig Tequilas. Für die beiden schien ich gar nicht mehr zu existieren. Frechheit!

Trotzdem – Linde hatte meinen Jagdtrieb herausgefordert, und ich dachte gar nicht daran, jetzt aufzugeben. Vielleicht konnte ich sie mit einer Extraportion Coolness beeindrucken. Auf eifersüchtige Typen stand sie nämlich ganz bestimmt nicht.

So dachte ich jedenfalls, lehnte mich lässig an die Bar und bestellte noch ein Bier. In stiller Eintracht mit Gerstensaft und Zigarette lümmelte ich da, überlegte und tat einfach so, als wäre mir völlig egal, was Tommi und Linde da neben mir besprachen. Natürlich waren meine Ohren in Wirklichkeit groß wie Satellitenschüsseln. Leider bekam ich trotzdem nur Gesprächsfetzen mit. »… dort heute noch hin … volle Kanne Party … Chef von Agentur soundso … kennenlernen … das ganze Pipapo.« Du meine Güte, war das anstrengend!

»So, wir machen jetzt 'nen Abflug. Hohoho, tschüss mit ü, hühühüüü!«

»Was? Du kannst mich doch nicht hier so … kann ich nicht mitkommen?«

»Nein du, das geht nicht. Das ist ne geschlossene Veranstaltung dort, wo wir hingehen. Mit Gästeliste«, erklärte Linde mir in einem Ton, als wäre es das Selbstverständlichste der Welt, sein Date einfach so mir-nichts-dir-nichts sitzen zu lassen und mit einem anderen Typen weiter in den Abend zu ziehen.

»He, das ist jetzt aber …«, weiter kam ich nicht, Linde hatte sich bereits ihren roten Lackmantel übergeworfen, schnappte Tommi bei der Hand, warf mir eine Kusshand zu und rauschte ab. Einfach so. Aber ich hatte mich an diesem Abend noch nicht genug geärgert: Als ich zahlen wollte, traf mich wieder einmal fast der Schlag. »Eine Portion Nachos, sieben Spritzer, vier Bier, zehn Tequila und insgesamt drei Packungen Zigaretten. Macht 77 Euro.«

»Wie bitte?«

»Ja, die Linde hat gemeint, du zahlst die Rechnung«, meinte Theo ganz selbstverständlich. »Ah ja, klar.« Wie bitte, kam ich dazu, die Drinks und die Zigaretten von diesem Tommi mitzublechen? Dumme Tusse!

»Achtzig.«

»Danke dir. Schönen Abend noch!«

Jetzt war ich richtig sauer. So konnte man mit mir nicht umgehen! Noch im Taxi beschloss ich, meinem Ärger Luft zu machen und Linde die Meinung zu geigen. »Hallooo, hier ist die Mobilbox von Lindeee! Bin gerade nicht erreichbar, sprich mir was drauf – hohohooo, ich freu mich!« Argh. Hatte ich doch glatt vergessen, dass ihr Akku alle war. Nun gut, dann gabs eben eine böse SMS. Oder nein, doch nicht böse. Huch, mir schwirrte der Schädel von den ganzen Bieren … Vielleicht war sie ja nur gestresst, und in Wirklichkeit war sie ganz eine Liebe … Hm, ja, so musste es sein.

»Liebe Linde, in Anbetracht dessen, dass unsere heutige Verabredung nicht ganz so toll gelaufen ist, wollte ich fragen, ob wir uns vielleicht noch mal treffen können? Wie schon gesagt, ich würde dich gerne wiedersehen. Du auch? Gib mir Bescheid, ich wünsche dir einen schönen Samstag!«

Als ich am nächsten Tag gegen Mittag durch ein Piepsen geweckt wurde, rieb ich mir schlaftrunken die Augen, um folgende SMS von Linde zu lesen »SPÄTER BITTE«.

In Großbuchstaben, ohne Satzzeichen. Nicht mal ein »Hohohooo!« Ich wusste nicht, ob ich lachen, weinen oder einfach nur um mich schlagen sollte. Aber zumindest eines war geschehen: Ich hatte es kapiert. Und löschte Lindes Nummer aus meiner Kontaktliste. Ganz ohne Pipapo.

24. KAPITEL

Ohne meine Milch geht gar nichts!

Matze (28), Student, Graz,
über
Mila (ca. 26), Studentin, Graz

Ich war schon längere Zeit nicht mehr unterwegs gewesen, aber an diesem Samstag juckte sie mich schon seit dem frühen Morgen in den Fingern: die Lust, mal wieder so richtig auf die Tube zu drücken. Also zückte ich mein Handy, um meine Jungs anzurufen, die bestimmt mit von der Partie sein würden. Es wurde eh Zeit, dass sie mal wieder rauskamen aus ihrem kuscheligen Beziehungstrott, in den sie trotz anfänglicher »Nein, bestimmt werde ich trotz Freundin meine Freundschaften nicht vernachlässigen«-Versprechungen verfallen waren. Als eingeschworener Single war es meine Aufgabe, sie von ihren Couchen loszureißen.

Aber egal, wen ich auch anrief – Hannes, Udo, Flo, Martin, Patrick, Jochen –, keiner hatte Zeit, mit mir auf die Piste zu gehen. »Heute nicht, ich gehe mit Julia ins Kino«, »Vielleicht nächste Woche, ich bin zu erschöpft vom Shoppingtrip mit Ida«, »Leider, ich habe Tatjana versprochen, dass wir uns einen gemütlichen Abend machen«, bla bla bla. Wie langweilig sie doch alle geworden waren. Ich schmollte eine Runde. Aber so leicht wollte ich mich nicht unterkriegen lassen. Ihr könnt mich doch alle mal, dachte ich, das krieg ich auch alleine hin! Bleibt ihr nur bei euren Häschen zu Hause sitzen – ihr habt ja keine Ahnung, was ihr versäumt! Pantoffelhelden!

Obwohl ich es noch nie davor gemacht hatte, fühlte ich mich saugut, als ich um 21 Uhr, angetan mit meinem besten Outfit und einer partytauglich festgegelten Frisur, aufbrach, um mich ganz alleine ins Nachtleben zu stürzen. Fand ich ganz schön mutig von mir. Aber muss man ja mal gemacht haben, oder?

Allerdings kam der Abend nicht so recht ins Laufen. Die Bar, die ich als Erstes in Angriff genommen hatte, entpuppte sich als schnöder Laden, in dem so gut wie gar nichts los war. Keine Stimmung. Trotzdem kippte ich ein Bierchen rein, damit zumindest *ich* in Feierlaune kam, wenn die anderen schon nicht wollten. Auch Location Nummer zwei konnte mich nicht recht überzeugen – zu viele Männer, sprich zu viel Konkurrenz. Die dritte Bar war schon etwas besser: Frauenüberschuss. Was logisch war, in Anbetracht der nervigen Vocal-House-Playlist, mit der der DJ die Menge beschallte. Eigentlich unerträglich für wählerische Ohren wie meine, aber man muss ja auch mal Abstriche machen. Zwei, drei Getränke mehr, und das Gedudel würde meine Synapsen ohnehin nur mehr peripher tangieren.

»Du auch alleine hier?« Ich schaute nach links. Eine fesche Dunkelhaarige lehnte neben mir an der Bar und lächelte mich an.

»Ja, ganz alleine … heute wollte keiner.«

»Geht mir auch so. Aber ich musste einfach raus.«

»Dann haben wir ja schon mal was gemeinsam!«

Wie sich herausstellte, hieß die Hübsche Mila. Sie hatte wie ich heute vergebens ihre Partymädels durchtelefoniert. Alle zu faul, zu beziehungstechnisch eingeteilt, zu frisch verliebt. Das kannten wir ja schon.

»Und deshalb hab ich heute so richtig Lust, mir einen anzutrinken«, meinte sie. Außerdem hatte sie sich gerade eben von ihrem Freund getrennt und brauchte Ablenkung. Ablenkung? Bitte schön, hier bin ich! Frisch getrennte Mädels sind ja meistens mehr als aufgeschlossen für One-Night-Stands. Ein gefundenes Fressen also für mich. Mila winkte gleich ab, als ich wieder ein Bier bestellen wollte. »Nichts da, heute trinken wir was Ordentliches. Wodka auf Eis bitte, zweimal!«

Ich brauche wohl niemandem zu erklären, dass Wodka auf Eis kein Getränk für zarte Gemüter ist. Vor allem nicht in rauen Mengen. Umso überraschter war ich, dass Mila selbst nach der zehnten Runde noch recht nüchtern wirkte, während ich schon Hubschrauber fuhr. Im Gegensatz zu mir stand sie immer noch gerade und zeigte keine Anzeichen von Sprechdurchfall.

»Wie machst du das denn?«, quetschte ich deshalb nach Runde elf mühsam heraus.

> Die dritte Bar war schon etwas besser: Frauenüberschuss.

»Was meinst du? Das Trinken? Ach, keine Ahnung. An-trainiert! Meine Freunde sagen auch, dass ich saufe wie ein Mann!« Damit lagen die wohl richtig.

Als sie kurz abgelenkt war, da ihr Handy gepiepst hatte und sie sich daranmachte, einen SMS-Roman (wieso tun Frauen sich das eigentlich überhaupt an?) zu tippen, kam mir die zündende Idee. Ich beugte mich über den Tresen, bestellte eine weitere Runde Wodka on Ice und flüsterte dem Kellner zu: »Für mich bitte nur Wasser!« Er grinste und schüttelte den Kopf, besann sich aber dann, auf meinen flehenden Blick hin, doch auf die männliche Solidarität. Zwinkernd stellte er ein Glas mit Wodka vor Mila, die immer noch tippte, und eines mit Wasser vor mich. Kein Unterschied zu bemerken. Ich war erleichtert. Mir war schon klar, das war keine sonderlich gentlemanlike Aktion, aber noch ein Glas und ich wäre der Länge nach umgekippt. Denn Doppel-bilder sah ich schon – ein untrügliches Zeichen dafür, dass der Alk-Exitus nicht mehr weit war.

So, fertiggetippt. »Ah, danke, dass du bestellt hast!«

»Gern. Zum Wohl!«

Die Strategie funktionierte. Mein weibliches Gegenüber bekam nichts mit und ich orderte eine Runde nach der anderen – »Wie vorher bitte!« –, die der Barkeeper immer wieder von Neuem mit grinsendem Kopfschütteln zubereitete, immer mit dem Rücken zu uns, sodass Mila nicht sah, was er da trieb.

Und obwohl sie so alkoholresistent zu sein schien – irgend-wann hatte sie doch einen sitzen, und der war nicht von schlech-ten Eltern. Mit ihrer immer schlaffer werdenden Körperhaltung lockerte sich auch ihre Zunge zusehends. Sie erzählte von ihrem Ex, diesem Idioten, der ihre Bedürfnisse jahrelang ignoriert hatte und jetzt, da sie sich getrennt hatte, in Stalker-Manier ständig wie-der bei ihr anrief und versuchte, sie mit heißen Liebesschwüren zurückzugewinnen. Ein altes Männerproblem. Zuerst kriegen wir den Hintern ewig lang nicht hoch, und wenn die Freundin dann Ernst macht und sich trennt, erwacht der Eroberungstrieb wieder und wir spielen Hündchen. Ob das evolutionstechnisch sinnvoll ist? Wird wohl so sein. Aber nicht so wichtig. Viel wichtiger war mein Einsatz – denn an diesem Abend brauchte Mila einen Tröster. Diese Rolle war mir schon immer wie auf den Leib geschnitten gewesen.

Stunden später schleifte ich eine stockbesoffene Mila aus der Bar. »Will noch nich' schlafen gehn, kommst du mit zu mir?« Auf diese Frage hatte ich nur gewartet. Allerdings war ich mir nicht sicher, ob sie körperlich überhaupt noch zu einem Schäferstündchen in der Lage war. Egal – wer nicht wagt, der nicht gewinnt, oder?

Sie bewohnte mit einer Studienkollegin eine Wohnung im Tiefparterre. Die Mitbewohnerin war übers Wochenende nach Hause gefahren – sturmfreie Bude also. Tja, es sah allerdings nicht so aus, als würde Mila das Bedürfnis haben, die Gelegenheit auszunutzen – denn plötzlich stand sie in einem rosaroten, megaweiten Pyjama-Overall vor mir, der an einen Teletubbie erinnerte. »Tinky-Winky?«, fragte ich deshalb scherzhaft, als ich den Mund wieder zubekommen hatte. »Blödmann«, gab sie zurück, knuffte mich gespielt beleidigt in den Oberarm und setzte sich an den Küchentisch. »Ich hab Lust, weiterzutrinken. Guck mal, was da oben noch im Regal steht.« O.k., machte ich.

»Eine Flasche Kahlua, zwei Heineken, Malibu und noch ein bisschen Wodka ... wieder Wodka?«, ich fühlte mich schon wieder imstande, meinen Alkoholpegel ein wenig in die Höhe zu treiben, »Mila? Hallo?«

Der Teletubbie hing schräg auf seinem Sessel, sein Kopf lag auf dem Küchentisch. Ich seufzte laut und stupste Mila an. Keine Reaktion. Nun gut, das würde wohl heute nichts mehr werden.

> Stunden später schleifte ich eine stockbesoffene Mila aus der Bar. »Will noch nich' schlafen gehn, kommst du mit zu mir?«

Also schulterte ich sie, wobei sie leise stöhnte und irgendetwas murmelte, was ich nicht verstand, und trug sie in ihr Zimmer, legte sie aufs Bett, mich selbst daneben und knipste das Licht aus. Ich konnte warten. Ich war geduldig. Neben mir begann Mila, leise zu schnarchen. Und kaum hatte ich mich versehen, war ich auch eingepennt. Als ich erwachte, schien bereits die Sonne ins Zimmer. Ich blinzelte und rief mir die Erinnerung an den gestrigen Abend ins Gedächtnis. Mila. Sehr nett, diese Mila. Bis auf den Flughörn-chen-Pyjama. Ich drehte mich nach links. Keine Mila. Ich setzte mich auf und schaute mich um. Keine Mila. Auch nicht in der Küche, auch nicht im Badezimmer, nirgends.

> Ich hatte mich schon mit dem Gedanken abgefunden, dass ich ohne sexuelles Erlebnis nach Hause gehen würde …

»Milaaa?« Nichts. Komisch … na dann eben nicht. Ich hatte mich schon mit dem Gedanken abgefunden, dass ich ohne sexuelles Erlebnis nach Hause gehen würde, schnappte mir meine Jacke von der Garderobe, schlüpfte in die Sneakers, überlegte noch, ob ich ihr meine Telefonnummer geben sollte, als mir einfiel, dass wir schon gestern Nummern getauscht hatten, und verließ die Wohnung. Von der Tür führten ein paar Stufen hoch ins Erdge-schoss des Treppenhauses. Als wir in der Nacht heimgekommen waren, waren diese noch leer – soviel ich mich erinnern konnte. Jetzt nicht mehr. Etwas Rosarotes lag quer über den Stufen.

»Mila? Was machst du hier? Milaaa!« Ich rüttelte das rosarote Bündel.

»Aua … aua, mein Kopf«, stöhnte es mir entgegen.

»Wieso liegst du hier auf den Stufen? Wolltest du flüchten? Aus deiner eigenen Wohnung?« Ich war mehr als verwundert, wenn auch ein wenig amüsiert.

»Milch … ich wollte Milch holen. Für den Kaffee. Hab keine mehr zu Hause. Bin eingeschlafen … mir is' so schlecht. Und ich will unbedingt Kaffee … Kaffee!«

»Aber heute ist Sonntag! Da haben die Geschäfte zu.«

»Ach nein, verdammt.« Sie überlegte. »Hast du vielleicht Milch zu Hause? Du wohnst doch gleich um die Ecke.«

Hatte ich zu Hause, ja. Und in Anbetracht dessen, dass ihre braunen Rehaugen mich in diesem Moment – trotz ihres lädierten Zustandes – fast um den Verstand brachten, schlug ich vor, dass wir gemeinsam schnell welche holen gingen. In meiner Wohnung konnten wir allerdings nicht bleiben – die wurde nämlich von meinem schrägen Mitbewohner Chris und seiner zickigen Freundin belagert. Und auf die beiden hatte ich gerade überhaupt keinen Bock.

»Passt, gehen wir.«

»In diesem Aufzug? Du hast noch deinen Pyjama an.«

»Is' mir wurscht. Ist ja nur ein Stück … ich schaffs nicht, mich jetzt umzuziehen.«

Nun gut. Gestern das erste Mal alleine auf die Piste gegangen, heute zum ersten Mal mit einem Teletubbie-Flughörnchen im Schlepptau durch die Straßen gewandert. Eine bemerkenswerte Ausbeute für ein Wochenende.

Mila hielt die Milchpackung an ihre Brust gedrückt, als würde es sich dabei um einen kostbaren Schatz handeln. »Ohne Kaffee geht bei mir gar nichts«, erklärte sie ernst, als sie meinen amüsierten Blick bemerkte. »Mit viiiel Milch.«

Ein lustiges Mädel, dachte ich mir, mit der könnte man bestimmt jede Menge Spaß haben.

»Übrigens, ich habe in der Nacht noch mit meinem Ex telefoniert. Ich glaube, dabei bin ich auch auf der Treppe gelandet«, grinste sie.

»Hmh.«

»Wir haben uns wieder versöhnt. Er kommt nachher vorbei.«

Was? Vor Schreck blieb ich stehen.

»Danke, dass du dir gestern meine ganze Jammerei angehört hast. Das hat mir wirklich geholfen. Ich glaub, jetzt kann ich ihm verzeihen.«

Wollte die mich verarschen? Wozu hatte ich denn den ganzen Aufwand betrieben, sie zuerst nach Hause und dann ins Bett zu tragen, dann noch voller Hoffnung neben ihr einzuschlafen, sie von den Stufen aufzuklauben und jetzt noch in dieser Kostümierung mit ihr eine Tüte Milch zu holen, damit sie ihren verdammten Kaffee so trinken konnte, wie sie ihn wollte?

»Zigaretten brauch ich auch noch«, meinte sie beiläufig und stapfte zum Automaten. Wie automatisch ging ich in die gleiche Richtung, obwohl ich nicht mehr wusste wozu eigentlich.

»Es war gut für mich, das alles mal mit einem Mann zu besprechen. Das ganze Freundinnen-Gelaber nützt doch in Wahrheit gar nichts ... du bist ein richtiger Frauenversteher, weißt du das?«, Klirrend verschwanden die Münzen im Schlitz des Automaten. »Meinst du, wir könnten so richtig Freunde werden? Also so wie Carrie und der Typ mit der Brille, dieser schwule Freund von ihr. Also natürlich weiß ich, dass du nicht schwul bist, aber ...« Bla, bla, bla. Das war zu viel. Was für eine Frechheit, mich mit dieser kleinen, kugelförmigen Witzfigur aus dieser Tussensendung zu vergleichen!

Langsam ging ich einen Schritt zurück. Sie redete weiter. Und noch einen. Bla, bla, bla ... so nett, guter Freund, du und ich, bla, bla ... noch einen Schritt. Und dann drehte ich mich um und verschwand flugs hinter der nächsten Hausecke. Geschafft. Dort verharrte ich nun und beobachtete sie. Mila quasselte noch immer und warf Münzen nach. Sie hatte noch nicht einmal bemerkt, dass ich weg war! Ich lugte weiter hinter meiner schützenden Ecke hervor.

»Übrigens habe ich mich mit meinem Ex wieder versöhnt. Er kommt nachher vorbei.«

Plopp – die Zigaretten waren zur Entnahme bereit. Noch immer quasselnd nahm sie ihre Beute entgegen. So, jetzt drehte sie sich um. Erstaunen machte sich auf ihrem hübschen Gesicht breit. »Matze? Maaatze? Maaatzeee?«

Haha … ich beobachtete alles aus sicherer Entfernung. Sie machte ein paar Schritte nach links, ein paar nach rechts. »Idiot!«, kreischte sie wütend. Ein paar Passanten drehten sich neugierig nach ihr um. Und dann stapfte sie von dannen – ein rosaroter Teletubbie mit seinem »Schaaaatzsssss« – der Milch. Die war ich los.

Leider ging bei ihrem Abgang etwas schief: Denn nach wenigen Metern stolperte sie über ihre eigenen Füße – und schlug der Länge nach hin. Ihre Zigaretten flogen dabei in weitem Bogen durch die Luft – die Milchpackung jedoch hielt sie auch noch im Sturz fest an sich gedrückt, sodass sie zerplatzte und die weiße Flüssigkeit in alle Richtungen spritzte. Ich, hinter meiner Hausecke, lachte mich halb tot! Tja, Pech eben. Hätte sie sich nicht für ihren Ex entschieden, wäre ich mit ihr gekommen – und hätte sie aufgefangen, wer weiß … So hatte ich zwar keinen Aufriss, aber dafür eine weitere Nummer in meinem Handy, die ich getrost löschen konnte – und wenigstens etwas zu lachen.

25. KAPITEL

Projekt:
Generalsanierung

Juan (47), Schönheitschirurg, Madrid,
über
Luzia (34), Kindergärtnerin, Madrid

Ich denke, ich bin das, was man gemeinhin als »gute Partie« bezeichnen würde. Ein Hombre, ein stattlicher, gut aussehender und gepflegter Mann im besten Alter mit einem Top-Beruf: Ich bin Schönheitschirurg. Dass mein Konto und meine damit verbundenen Besitztümer nicht von schlechten Eltern sind, versteht sich von selbst.

Und trotzdem tat ich mich schon immer schwer mit den Frauen. Früher, weil ich zu schüchtern war, weil ich dachte, ich könne keiner etwas bieten. Dadurch war ich ziemlich gehemmt. Als meine finanzielle Situation nach Eröffnung meiner ersten Praxis sich schnell ins Gegenteil wandelte, machte meine Schüchternheit einem gesunden Selbstbewusstsein Platz: Ich war vom milchgesichtigen Studenten zum gut verdienenden Doktor, sprich zu einem Frauenmagneten, mutiert. Aber trotz des sich dadurch ergebenden Überangebotes auf dem Paarungsmarkt wollte mir der Knopf mit dem weiblichen Geschlecht nicht so recht aufgehen. Denn wie sich bald herausstellte, hatten es die meisten Frauen, die sich von mir angezogen fühlten, entweder auf mein Geld oder auf meinen Status oder, schlimmstenfalls, auf beides zusammen abgesehen. So was war noch nie meins und deshalb hatten auch sämtliche meiner Tête-à-Têtes nur eine kurze Halbwertszeit.

Es ist jedoch nicht zu leugnen, dass auch bei Männern, zumindest war es bei mir so, irgendwann die biologische Uhr zu ticken beginnt. Da ich noch nie zu den übermäßig freiheitsaffinen Abenteurern zählte, sondern eher der häusliche Typ mit Hang zum gediegenen Familienleben bin, beschloss ich irgendwann: So geht es nicht weiter. In Anbetracht der heutigen vielfältigen Möglichkeiten der Partnersuche entschied ich mich für die Hightech-Variante: eine Singlebörse. Neben der immensen Fülle an Studenten-, Teenie- oder reinen Seitensprungseiten gibts da zum Glück auch Sachen mit Niveau. Akademikerseiten sind aber meist übervoll von karrieregeilen Egoweibern, die einen guten Grund haben, dort zu wildern – nämlich, um sich einen waschlappigen Typen zu angeln, der zwar gut verdient und belesen ist, außerdem aber ohne eigene Meinung und mit Hang zur Unterordnung ausgestattet ist. Und so registrierte ich mich auf einer Website für Singles, die nicht gänzlich nach Fickflohmarkt oder Intellektuellentreff aussah, aber dennoch ganz propere, alleinstehende Frauen zu bieten hatte. Denn das war genau das, wonach ich suchte: eine einigermaßen »normale« Frau, die mich vor allem privat, als Mensch, schätzen würde.

Zuschriften bekam ich jede Menge. Den Großteil sortierte ich aus, weil ich merkte, dass die Betreffenden sich zu sehr für meinen Verdienst interessierten. Ein paar der Frauen traf ich, aber es wollte einfach kein Funke überspringen. Eine Zuschrift jedoch hatte mich gleich von Anfang an

Wie sich bald herausstellte, hatten es die meisten Frauen, die sich von mir angezogen fühlten, entweder auf mein Geld oder auf meinen Status oder, schlimmstenfalls, auf beides zusammen abgesehen.

in den Bann gezogen: Luzia, eine nette Mittdreißigerin, Kindergärtnerin mit den Hobbys Malen, Kino, Lesen. Das klang herrlich normal. Ebenso die E-Mails, die wir uns schrieben – sie wirkte intelligent, aber nicht übertrieben, und sie schien Humor zu haben. In puncto Aussehen war sie zwar kein Knaller, keine feurige Latina, aber da ich mit zu schönen Frauen ohnehin nur schlechte Erfahrungen gemacht hatte, störte mich das nicht die Bohne. Nach einigem Hin-und-her-Mailen beschlossen wir also, uns zum Abendessen zu treffen.

Ich saß im Restaurant und wartete. Als Erkennungszeichen hatte ich – ganz klischeehaft – eine rote Rose mitgebracht. Ich hoffte, ich würde Luzia gleich erkennen, wäre doch peinlich, wenn nicht! Da schneite eine zwergenhaft anmutende Frau in einem omamäßigen Tweedmantel zur Tür herein. Im gleichen Moment, in dem ich noch dachte »Nein, hoffentlich ist sie das nicht!« – ihre Fotos im Internet waren von sehr schlechter Qualität gewesen –, erblickte sie mich auch schon und kam freudestrahlend auf mich zugelaufen. »Hallo, ich bins, Lucy«, begrüßte sie mich mit einem labbrigen Händedruck. So was stößt mich total ab. Entweder fest zugreifen oder gar nicht!

Auch das, was da nun vor mir saß, kitzelte mein Begeisterungszentrum nicht wirklich. Es entsprach so ganz und gar nicht dem, was sie in der Singlebörse von sich behauptet hatte: Ihre »langen braunen Haare« waren in Wirklichkeit ein aus hundsbraunen Flusen bestehendes Etwas, das der Bezeichnung »Frisur« nicht würdig war. Ihre Figur, die in dem fusseligen kleinen Schwarzen sichtbar wurde, war nicht »schlank«, wie online propagiert, sondern eher auf der molligen Seite. Und ihr Gesicht war – bis auf eine knollig hervortretende Nase und die blassen, strichförmigen Lippen – einfach nur unauffällig. Wie ein junges Mäuschen saß sie mir gegenüber, mit schüchternem Blick und hängenden Schultern. Ich musste wohl schon ziemlich lange sprachlos gewesen sein, denn plötzlich piepste sie: »Ist irgendetwas? Du wirkst, als wärst du ein wenig enttäuscht. Sehe ich etwa nicht so aus, wie du es erwartet hast?« Das war in der Tat so, aber das kann man ja als Gentleman nicht so einfach sagen!

»Nein, ich bin nur … ich war nur gerade in Gedanken«, log ich deshalb. Beim Durchsehen der Karte ließ sie sich ewig Zeit. Dreimal war der Kellner schon an unserem Tisch gewesen, um jedes Mal wieder von dannen zu ziehen, weil Luzia das Menü noch immer von vorne nach hinten, von hinten nach vorne durcharbeitete. Ich bestellte eine Flasche Wein, um die Stimmung zu lockern. Vielleicht sollte ich mir einfach einen Ruck und ihren inneren Werten eine Chance geben.

Das Blöde war nur, dass ich von diesen inneren Werten erst mal nicht viel mitbekam. Sie saß nur da und kaute bzw. knibbelte nervös an ihren Fingernägeln und schwieg sich aus.

So piepsend, wie sie ihr Wasser (»Ich trinke nämlich keinen Alkohol«) und ihre Nudeln mit Salat bestellte, so zurückhaltend verhielt sie sich auch mir gegenüber. Unser Gespräch kam nur sehr stockend ins Laufen. Ich erkundigte mich nach ihrer Arbeit, nach ihren Freizeitaktivitäten und so weiter. Sogar auf diese völlig harmlosen Fragen antwortete sie nur zögernd und mit kaum mehr als einem Satz. Hätte man »Und was machst du so beruflich?« mit »Ja« oder »Nein« beantworten können, Luzia hätte es getan.

»Du bist also Schönheitschirurg«, überwand sie sich nach dem Hauptgang doch endlich einmal, das Wort zu erheben. Ich erzählte ein wenig über meine Arbeit, während sie dazu schüchtern nickte.

»Und was verdient man da so? Ich meine, das ist doch ein ziemlich teures Restaurant hier«, flötete sie leise und sah sich mit großen Augen in dem Nobelladen um, den ich ausgewählt hatte.

»Keine Sorge, ich kann mir das schon leisten.« War sie etwa auch nur an meinem Geld interessiert? Konnte ich mir bei diesem Mauerblümchen kaum vorstellen.

Sie wurstelte ein Taschentuch aus ihrer Handtasche und wischte sich die klebengebliebene Nudelsoße aus den Mundwinkeln. »Weißt du«, meinte sie und richtete sich plötzlich in ihrer nicht vorhandenen Größe auf, »ich will mal ehrlich sein. Also, ich habe dich ja nicht so ganz ohne Grund ausgewählt. Nicht, dass du nicht gut aussehen würdest und nett wärst, aber ich finde vor allem deinen Beruf interessant.« Nun, so was war mir ja nichts Neues.

> »Ich bin schon lange auf der Suche nach einem Partner, der Schönheitschirurg ist.«

»Vor allem für mich.«

»Wie meinst du das jetzt genau?«

»Was ich damit sagen will, ist: Ich bin schon lange auf der Suche nach einem Partner, der Schönheitschirurg ist.« Tja, Chica, bei deinem Aussehen wundert mich das nicht, meldete sich mein

Sarkasmus zu Wort. Aber ich schwieg weiterhin und schaute sie nur auffordernd an, neugierig darauf, was da jetzt wohl kommen würde.

»Ich sehe ja nicht gerade blendend aus. Aber ich dachte, wenn ich mit einem Mann wie dir zusammen wäre, könnte sich das ja schnell ändern.«

»Du meinst, du suchst einen Schönheitschirurgen, der an dir herumschnipselt?«

»Ja! Genau so hab ich das gemeint!« Puh. Ich orderte erst mal eine weitere Flasche Wein, um mich zu beruhigen.

»Und dabei hättest du auch völlig freie Hand, wenn du verstehst, was ich meine«, fuhr sie begeistert fort.

»Aha. Das heißt?«

»Du kannst mich ganz nach deinen Vorstellungen umbauen. Ich meine, vielleicht nicht ganz. Es gäbe da schon ein paar Sachen, die ich ganz gerne selber bestimmen würde.«

»Und die wären?«

»Hier, bei meinen Brüsten. Also die fallen ja jetzt eher in die Kategorie ›Brett mit Warzen‹. Die gehören natürlich vergrößert. Aber nicht so auf Fußballgröße – ist klar, würde ja auch nicht zum Rest meines Körpers passen. Also maximal Handballgröße, maximal!«

»Aha. Und weiter?« Noch neugieriger geworden, hatte ich beschlossen, die Absurdität der Situation zu vernachlässigen und mich auf das Gespräch einzulassen.

> »Du kannst mich ganz nach deinen Vorstellungen umbauen.«

»Hier. Die Bauchgegend.« Sie reckte sich über den Tisch und schnappte sich meine Hand, um mich selbst fühlen zu lassen. »Alles viel zu schwabbelig. Da gehört jede Menge weg. Und wenn ich ›jede Menge‹ sage, dann meine ich auch jede Menge. Aber nicht so eine Wespentaille, das wäre dann doch zu wenig. Ebenso gehört etwa die Hälfte von meinem Arsch abgesaugt. Der soll klein und knackig sein, nicht so ein J-Lo-Gerät, eher ganz klein, und richtig fest, verstehst du?«

»Bueno. Und im Gesicht?«

»Seien wir ehrlich, das ist doch die größte Baustelle bei mir«, seufzte sie.

Nun, wo sie recht hatte, hatte sie recht.

»Die Nase. Da könntest du aber machen, was du willst. Sofern du halt nicht auf so extrem stupsige Dinger stehst – Luft kriegen würde ich schon noch ganz gerne. Und die Lippen ...«

»Aufpumpen?«

»Ja, natürlich, aufpumpen. So viel, wie du möchtest. Da hab ich solche Ansprüche – da dürftest du selbst entscheiden!«

»Sonst noch etwas?«

»Die Haare! Machst du so etwas auch?«

»Haarverlängerung? Nein, da muss ich dich enttäuschen. Nicht mein Metier.«

»Och, schade.« Enttäuscht widmete sie sich wieder ihren Fingernägeln.

»Willst du noch ein Dessert?«, fragte ich sie.

»Nein, danke. Du, Juan?«

»Ja?«

»Und, was sagst du jetzt?«

»Wozu?«

»Na zu meinem Vorschlag! Du, ich, wir zusammen – und du machst bei mir 'ne Generalsanierung! Eine Win-win-Situation für uns beide: Ich sehe besser aus und du hast dann eine Frau ganz nach deinen Wünschen! Deal or no deal?«

»Ähem, Lucy, tut mir leid, aber da muss ich dich enttäuschen. Erst mal bin ich ein seriöser Arzt und zweitens ... ach vergiss es: Nein.«

»Mann. Mist.« So sehr sie sich zuvor in ihrer Redewut aufgebäumt hatte, so sehr sank sie nun wieder in sich zusammen, wie ein Häufchen Elend.

»Ich dachte, davon würde jeder Schönheitschirurg träumen. Die eigene Frau als Projekt, ein Wunschtraum, den man sich selber zusammenbasteln kann.«

»Das hast du doch nicht wirklich geglaubt, oder?« Irgendwie tat sie mir schon auch ein bisschen leid. Ich meine, die meisten Frauen, die ich bis jetzt kennengelernt hatte, hatten mich gleich anfangs gewarnt: »Glaub ja nicht, dass du an mir herumschnippeln kannst, so wie du es dir vorstellst!« Die, die den Wunsch nach einer Korrektur gehabt hatten, wollten alle selber entscheiden, was, wo und wie viel davon weg- oder dazukommen sollte. Wohlbemerkt, ich habe trotzdem noch nie an einer Frau »herumgeschnippelt«, mit der ich zusammen war. Ich will nicht als Gutmensch dastehen – aber das widerspricht wirklich meinen Prinzipien, und die sind eisern.

»Luzia. Wie wäre es denn noch mit einer leckeren Mousse au Chocolat?«, versuchte ich, das Thema abzuschließen. Dass wir keine gemeinsame Zukunft haben würden, stand für mich sowieso bereits außer Frage, aber warum nicht den Abend trotzdem wie zwei Erwachsene beschließen, auch wenn das Date in die Binsen gegangen war?

»Du bist ein Arschloch. Aber so ein richtiges!« Wow. Diese mausgraue Lady konnte ja richtig Emotionen zeigen. »Du solltest dir die Idee aus dem Kopf schlagen, dass du einen Schönheitschirurgen als Partner dazu überreden ...«

»Und wenn es nur an den Brüsten liegen sollte – darüber können wir reden. Notfalls kann ich auch mit zwei Fußbällen leben, wenns denn sein muss!«

»Mensch, Juan! Als Kindergärtnerin kann ich mir das doch nicht leisten, zu irgendjemandem zu gehen, bei dem ich dafür bezahlen muss!!!« Ah ja, also wehte der Wind doch daher. War klar.

»Ich gehe jetzt, und ich werde schon noch einen finden, der mein Angebot zu schätzen weiß! Da kannst du Gift drauf nehmen!« Und damit beendete sie unseren gemeinsamen Abend, knallte eine schmuddelige Visitenkarte auf den Tisch und verließ mich mit den Worten: »Für den Fall, dass du es dir anders überlegen solltest, da steht meine Adresse drauf. Und wenn es nur an den Brüsten liegen sollte – darüber können wir reden. Notfalls kann ich auch mit zwei Fußbällen leben, wenns denn sein muss!«

Sprachlos, wie ich war, kommentierte ich dies nur noch mit einem stupiden Kopfnicken. Nein, auch die Fußbälle hätten diesen »Deal« nicht besser gemacht. Nur hatte ich mich in diesem Moment dafür entschieden, den Chicas auf der Akademiker-Paarbörse doch noch eine Chance zu geben. Vielleicht war ich bis dahin doch ein wenig zu streng mit ihnen zu gewesen.

26. KAPITEL

Schummeln ist ihr Hobby

*Ferdinand (34), Physiker, Genf,
über
Daria (33), Physikerin, Genf*

Daria bekam immer, was sie wollte. Ausnahmslos immer. So hatte es mir jedenfalls Mark erzählt, und der musste es ja wissen. Der Arme hatte schließlich über vier Jahre in einer Affäre mit diesem Frauenzimmer festgehangen. Ich will nicht gemein klingen, aber es fällt mir wirklich schwer, ein gutes Haar an Daria zu lassen. Denn was sie sich geleistet hat – und sich wahrscheinlich immer noch leistet –, ist unterste Schublade.

Dabei strahlte Mark nur so vor Glück, als er mir das erste Mal von ihr erzählte. Sie war aus einer anderen Stadt hergezogen und studierte jetzt wie wir Physik. Wie toll und lustig sie denn sei und wie hübsch, schwärmte er. Ich hatte sie an der Uni noch nie gesehen, aber als ich sie dann das erste Mal zu Gesicht bekam, zweifelte ich an seiner optischen Wahrnehmung. Das Mädel war klein und hatte – drücken wir es mal höflich aus – einen Arsch, der eine eigene Postleitzahl verdient hätte. Ihre Haare reichten bis zu ebendiesem, ähem, Po, waren aber ungepflegt und leuchteten in undefinierbar gefleckten Farbmustern von Blond bis Schwarz. Hatte wohl zu oft mit Farbe herumexperimentiert, die Gute. Spitze Nase, die Haut leuchtete bleich. Irgendwie sah sie aus wie eine Mini-Hexe. Es hätten nur noch ein zipfeliger, schwarzer Hut gefehlt und der Besen und das Bild wäre komplett gewesen, ich schwörs. Nicht falsch verstehen: Ich bin echt kein oberflächlicher Typ aber wer weiterliest, versteht wahrscheinlich, warum ich Darias Aussehen so kritisch beschreibe. Es war vor allem ihr Charakter, der mir die Kabel anschwellen ließ vor Wut. Und der präsentierte sich mir gleich beim ersten Kennenlernen in voller Pracht. Außerdem habe ich eine gute Menschenkenntnis, das haben mir schon viele bestätigt.

Es war auf einem Sommerfest vom Physik-Institut. Als Mark mich mit Daria bekannt machte, war ich noch völlig unvorein-

Das Mädel war klein und hatte – drücken wir es mal höflich aus – einen Arsch, der eine eigene Postleitzahl verdient hätte.

genommen. Nur ihr schrilles Lachen ließ mich sofort zusammenzucken, und das gleich mehrmals innerhalb weniger Minuten,
denn sie giggelte ständig über alles, ob es nun witzig war oder
nicht. An sich ja keine schlechte Eigenschaft, aber die Töne dazu
jagten mir einen Schauer über den Rücken.

»Sie hat zwar einen Freund, aber es sieht trotzdem ziemlich gut für mich aus. Das spür ich«, steckte mir Mark in ver-
schwörerischem Flüsterton.

»Aha. Na, wenn das mal nicht in die Hose geht«, zweifelte ich,
wollte ihn aber in seiner Euphorie nicht runterziehen und fügte deshalb noch hinzu: »Ich wünsche dir in jedem Fall viel Glück, mein
Freund.« Er grinste verklärt. Verliebten ist halt nicht zu helfen.

»So, Mark, ich hab Hunger wie ein Stier! Bringst du mir was
vom Buffet?«, tönte es plötzlich ungeduldig aus dem Hintergrund.

»Aber sicher, Daria. Was darfs denn sein?«, flötete mein
Freund und salutierte wie beim Heer. Wie peinlich!

»Ein bisschen was von allem«, orderte seine Angebetete.
»Salzig, sauer und süß! Und was zu trinken!« Kein »bitte«, kein
»danke«. Mark schien das nicht weiter zu stören, denn er machte
sich schnellen Schrittes auf in Richtung Buffet.

Ich fand sie da schon etwas unverschämt. »Willst du dir denn
nicht lieber selber etwas zu essen aussuchen?«, fragte ich Daria
deshalb und fügte hinzu: »Ihr Frauen seid ja meist etwas heikel«,
um das Ganze mit Humor rüberzubringen.

»Pff … Ehrlich gesagt, bin ich zu faul dazu, da rüberzulatschen.
Mit Fußwegen hab ichs nicht so! Wenn es ginge, würde ich sogar
mit dem Auto aufs Klo fahren«, antwortete sie, und mir dünkte,
dass sie das vollkommen ernst meinte. Nur zur Information: Das
Buffet lag etwa fünfzehn Meter von uns entfernt.

»Und du studierst auch Physik?«, versuchte ich, trotzdem ein
wenig Small Talk mit ihr zu betreiben. »Ja, aber nicht so ernsthaft. Also schon … ach, irgendwie halt.«

Ich schaute nur fragend und sie erklärte, dass sie eigentlich nur sehr wenige Stunden an der Uni verbringen würde und die meiste Zeit mit »Kohlescheffeln« beschäftigt sei. Das mit dem Studium laufe so nebenbei, sie trickse da ziemlich herum und das funktioniere ganz gut. Irgendwie schummele sie sich immer durch die Prüfungen, das hätte auf ihrer ehemaligen Uni schon gut funktioniert. Sie hätte eben keine Lust, sich anzustrengen. Ich fragte gar nicht weiter nach. Leute, die sich durchs Leben schummeln und auch noch stolz darauf sind, kann ich nicht leiden. Außerdem blieb gar keine Zeit mehr, denn Mark war mit Getränken und einem Teller aufgetaucht, dessen aufgehäufter Inhalt dem Kilimandscharo in nichts nachstand. »Ich weiß ja, dass du essen kannst wie ein Pferd«, grinste er und überreichte den Teller Daria. Klar, irgendwo musste dieser Hintern ja auch seinen Ursprung haben!

Während sie zu essen begann, holten auch Mark und ich uns etwas von den aufgetischten Speisen, die auf den wackeligen Bierbänken standen. Der typische Sommerfest-Fraß: Nudelsalate, Mozzarella mit Tomaten, Spießchen, diverse Kuchen, alles bereits von der Hitze mitgenommen und nicht mehr besonders appetitlich anmutend. Mark, der noch nie ein Gourmet gewesen war, häufte seinen Teller ebenso auf Kilimandscharo-Ausmaße an. Der dürre Haken konnte ja auch reinhauen wie ein Berserker, ohne jemals etwas zuzunehmen. Ich hielt mich etwas zurück – es sollte schließlich noch genügend Flüssigkeit Platz finden. Zurück an unserem Platz war Daria mit ein paar anderen Studenten in ein Gespräch verwickelt, brach es aber sofort ab, als sie unsere Teller sichtete. Schnurstracks wandte sich ihre Aufmerksamkeit von ihrem eigenen Essen auf unseres. »Was habt ihr da?«, fragte

> Das mit dem Studium laufe so nebenbei, sie trickse da ziemlich herum und das funktioniere ganz gut.

sie neugierig und zückte schon ihre Gabel, um sich eine meiner Nudeln aufzuspießen. Verängstigt wich ich ein paar Schritte zurück und nahm mein Futter in Schutz. Mark begann zu lachen. »Immer das Gleiche mit dir, Daria!« Das fand er wohl auch noch witzig? Offensichtlich ja, denn bereitwillig hielt er ihr seinen Teller hin, in dem sie gleich gierig herumzustochern begann und sich die besten Teile herauspickte.

»Findest du das etwa normal?«, fragte ich Mark auf dem Heimweg.

»Was meinst du?«

»Dass man einfach ohne zu fragen auf fremden Tellern herumstochert!«

»Ach, das. Ich finde das süß an Daria. Sie schert sich eben um nichts«, meinte er, als wäre dieses Verhalten das normalste der Welt.

Kurze Zeit später nahm Marks Unglück seinen Anfang. Er hatte es geschafft und Daria »erobert«. Das heißt, sie hatten etwas laufen – aber sie machte dennoch keine Anstalten, ihren festen Freund zu verlassen, mit dem sie nach ihrem Umzug eine gemeinsame Wohnung in der Stadt bezogen hatte. Meinem Kumpel jedoch schien das zu genügen – er meinte nur, sie würde sich schon noch für ihn entscheiden, wenn er sie nur ausreichend davon überzeugen würde. Und dafür tat er einiges: Er führte sie regelmäßig aus, zahlte alles, führte sie überallhin, holte sie von überall ab, tagsüber, nachts, am Wochenende. Er kopierte seine Mitschriften von den Vorlesungen und versah sie in mühsamer Kleinarbeit mit Anmerkungen und Erklärungen für Daria, damit sie sich auskannte, ohne den Hörsaal jemals von innen gesehen zu haben. Er machte ihre Auswertungen und verfasste ihre Protokolle für Seminare, in denen sie hauptsächlich mit spärlicher Anwesenheit glänzte. Schriftliche Prüfungen, die die beiden gemeinsam belegten, liefen so ab: Sie sicherten sich einen Platz nebeneinander und Mark begann nicht als Erstes mit dem

Ausfüllen seiner Fragebögen, sondern schrieb alle Antworten auf kleinformatige Zettel, die er dann unauffällig unter den Tischen zu Daria schob, woraufhin diese alles abschrieb. Saß ich im gleichen Hörsaal und musste dieses ausgeklügelte Spielchen live mit ansehen, schäumte ich innerlich vor Wut. Standen mündliche Prüfungen an, saß er stundenlang mit ihr zusammen und betete ihr die Stoffgebiete vor, erklärte, skizzierte, arbeitete sämtliche potenziellen Fragestellungen sorgfältig aus und, jetzt kommts – sprach sie sogar auf Band, damit sie sich vor der Prüfung alles anhören konnte, um es in ihr Kurzzeitgedächtnis zu bugsieren und nach dem Ende der Prüfung wieder zu vergessen.

Man muss dazu sagen, Mark konnte sich diesen zeitlichen Aufwand durchaus leisten, denn er galt schon seit Beginn seiner Schulzeit als Turbochecker und war somit immer Jahrgangsbester, was sich auch im Studium nicht geändert hatte. Daria heimste also locker-flockig ihre Lorbeeren ein, ohne ihr Köpfchen selbst anstrengen zu müssen, und schummelte sich so mühelos von Semester zu Semester. Ihre kargen Prüfungserfolge der ersten Studienzeit waren Geschichte und so zog sie in puncto abgelegter Seminarscheine schnell mit Mark und mir gleich.

Als Gegenleistung dafür vögelte sie ihn zur Besinnungslosigkeit. Überall trieben es die beiden – Mark erzählte mit leuchtenden Augen von Schäferstündchen in verwaisten Institutsräumen, in Kellerlaboren, auf Toiletten in der Uni. Obwohl das Techtelmechtel zwischen den beiden mittlerweile schon über ein Jahr lang lief, schien es ihn nicht zu stören, dass sie noch immer mit ihrem langjährigen Macker in einer gemeinsamen Wohnung lebte und mit diesem eine ganz normale Beziehung zu führen schien. Ihm die Skurrilität der Situation vor Augen zu halten, hatte ich mittlerweile aufgegeben, denn er schob jegliche Bedenken zur Seite und sagte immer nur: »Glaub mir, Ferdl, das wird schon noch. Irgendwann fruchten meine Bemühungen schon und sie entscheidet sich für mich.« Wenn er meinte. Ich jedenfalls versuchte immer mehr, jeglichen Kontakt zu dieser Schummelhexe abzuwehren, denn sonst hätte ich sie noch irgendwann verpetzt.

Als es Zeit wurde, uns Plätze für den praktischen Teil unserer Diplomarbeit zu suchen, keimte die Hoffnung in mir auf, dass sie und Mark weit weg von mir landen würden. Freundschaft hin oder her – so dicke waren Mark und ich inzwischen auch nicht mehr, also lag mir nicht allzu viel daran, mit ihm gemeinsam in einem Labor zu arbeiten. Und dass die beiden auch diese Sache gemeinsam durchziehen würden, war klar. Ohne Mark wäre Daria schließlich komplett aufgeschmissen gewesen! Leider landeten wir dann doch am selben Institut. Und mein Hass auf Daria wuchs ins Unermessliche. Ständig ließ sie Mark alles für sich machen, weil sie selbst nichts auf die Reihe brachte. Und nicht nur Mark – nein, auch die anderen Jungs, die dort arbeiteten, erlagen ihrem fragwürdigen Charme und waren sofort hilfsbereit zur Stelle, wenn sie doof kichernd wieder mal keine Ahnung hatte. Der Institutsleiter schnallte gar nichts und überhäufte sie mit Lob für ihre Ergebnisse.

Am Mittagessens-Ritual in unserem Stockwerk – alle aßen gemeinsam, meistens holten wir uns etwas vom Imbiss, manche hatten etwas Selbstgemachtes mit oder es wurde groß aufgekocht – nahm ich ein paar Mal teil, bis ich es nicht mehr ertragen konnte, wie sich Daria ständig schamlos über die Teller der anderen hermachte und einmal sogar einer Kollegin ihr gesamtes mitgebrachtes Lunchpaket abschnorrte. Die Arme saß daraufhin den ganzen Nachmittag mit knurrendem Magen vor ihrem PC. Ein Trauerspiel. Grund genug für mich, ab diesem Zeitpunkt auf das Mittagessen zu verzichten und einen Riesenhaufen Arbeit vorzuschieben.

Tja, am Ende kam dann doch alles so, wie es kommen musste. Nachdem Mark sich weiterhin aufgeopfert hatte wie ein Verrückter, um bei Daria zu punkten, und sie – welch Wunder – ihn trotzdem immer noch nicht als festen Freund haben wollte, begann ihn das langsam zu nerven. All der Aufwand, den er betrieben hatte, schien nicht zu fruchten. Ich traue mich hier gar nicht zu erwähnen, wie maßgeblich er an ihrer Diplomarbeit beteiligt war, aber ich denke, man kann es sich vorstellen.

Das selbstgefällige »Siehst du, das hätte ich dir gleich sagen können«, das mir auf der Zunge lag, schluckte ich hinunter.

Kurz vor dem Abgabetermin jedenfalls, der bei uns dreien derselbe war, da wir an ähnlichen Projekten gearbeitet hatten, ging alles in die Binsen. Ich kam eines Morgens ans Institut und fand einen in sich zusammengesunkenen Mark auf der Treppe vor dem Gebäude. Bäche von Tränen flossen seine Wangen hinab. »Diese Schlampe!« Solche Wörter hatte ich noch nie aus dem Mund meines so korrekten Freundes vernommen. Das selbstgefällige »Siehst du, das hätte ich dir gleich sagen können«, das mir auf der Zunge lag, schluckte ich hinunter.

»Sie hat mit ihrem Freund Schluss gemacht.«

»Aber das ist doch gut? Das wolltest du doch immer?«, entgegnete ich verwundert.

»Ja, aber sie hat ja mit mir auch Schluss gemacht!«

»Und warum das jetzt?«

»Sie hat einen ganz Neuen. Deshalb! So eine Schlampe!«

Klarer Fall von: Ich-hab-dich-doch-gewarnt. Offensichtlich brauchte sie Mark jetzt nicht mehr, nachdem er seine Funktion für sie erfüllt hatte. Und der Neue war anscheinend so eine gute Partie, dass er ihr es sehr wohl wert war, ihren langjährigen Stecher zu verlassen ... was ihr bei Mark nicht in den Sinn gekommen war. Als wäre das noch nicht genug gewesen, schnappte sie meinem Freund nach dem Abschluss des Studiums sogar noch den Job am Institut weg, auf den er sich schon so lange gespitzt hatte. Der Institutsleiter erklärte ihm seine Entscheidung mit »Darias guten Fähigkeiten und ihrer hohen sozialen Kompetenz«, woraufhin Mark fast der Kragen geplatzt wäre und er drauf und dran war, nach all den Jahren mal Tacheles zu reden – sprich, Daria endlich auffliegen zu lassen. Er versteifte sich dann aber doch auf seine männliche Würde und hielt den Mund. Allerdings verließ er das Institut daraufhin, ohne jemals wieder einen Fuß hineinzusetzen. Den Job, eine ziemlich hohe leitende Funktion, hat die Hexe übrigens bis heute inne, wie uns ein Bekannter kürzlich erzählt hat. Wie sie das schafft, können Mark und ich uns nicht erklären. Aber sie wird sich schon irgendwie durchschummeln, so wie sie das schon immer getan hat. Ihr neuer Depp wirds schon richten!

27. KAPITEL

Tu einfach so, als wär sie gar nicht da

Richard (32), Biologe, Zürich,
über
Pamela (ca. 45), Beruf und Wohnort unbekannt

Es war mein zweiter Sommer als Animateur in Griechenland. Ich könnte jetzt sagen: Ich war jung und brauchte das Geld. Aber, mal ehrlich, was kann man sich als 22-jähriger männlicher Student Schöneres vorstellen, als sich seine Kohle so zu verdienen: den ganzen Tag im Klub oder am Strand in der Sonne bei durchschnittlich 30 Grad, am Meer? O.k., o.k., als Position im Lebenslauf nicht unbedingt ein Glanzstück, aber mit ein wenig Lebenslaufkosmetik ... Jaja, und auch die Urlauber, die ich zu »animieren« hatte, waren zum Teil nicht die Angenehmsten. Da gabs schon einige Hausmeistermentalitäten und zickige All-inclusive-Pauschalurlauberinnen mit Hang zur Fettleibigkeit. Oder Familien mit fünf Kindern, bei denen sich selbst in der Ferienzeit ihre komplette Überforderung mit dem Leben an sich nicht verbergen ließ. Oder achtzigjährige Grandes Dames, die sich schon frühmorgens bei ihrer ersten Aqua-Jogging-Session lauthals über die nicht eingehaltenen Versprechungen des Hotelservices beschwerten ... insofern doch ein Knochenjob.

Jedoch wurde ich bereits mit einem sonnigen Gemüt geboren, sodass sich solche Gäste nicht allzu sehr auf meine Laune auswirken konnten. Ich konzentrierte mich ohnehin mehr auf die positiven Seiten: die jungen, hübschen Ferienhasen nämlich. Mal abgesehen von den Mädels britischer Abstammung, die bekanntlich in Sachen Stil, Aussehen und Kleidung nicht unbedingt zur Hautevolee zählen, tummelte sich da einiges, das es wert war, meine Aufmerksamkeit voll in Anspruch zu nehmen. Und das Beste daran: Die meisten weiblichen Gäste in dem Klub, in dem ich tätig war, hatten nur zwei Dinge im Kopf – Party und Sommerflirts. Sie hofften auf eine unverbindliche Ablenkung von dem sonst so tristen Alltag im Büro, am Bankschalter, hinter dem Verkaufstresen. Ein gefunde-

Schon seit meiner Ankunft vor drei Wochen hatten sich zahlreiche Gelegenheiten ergeben, die unbändige Triebhaftigkeit diverser Urlauberinnen zu meinen Gunsten zu nutzen.

nes Fressen für mich – jung, ungebunden und vollgepumpt mit männlichen Hormonen. Schon seit meiner Ankunft vor drei Wochen hatten sich zahlreiche Gelegenheiten ergeben, die unbändige Triebhaftigkeit diverser Urlauberinnen zu meinen Gunsten zu nutzen. Einer der großen Vorteile dieses Jobs – er wirkt sexy, lustig, anziehend auf Frauen. Kein Klischee, sondern die nackte Wahrheit. Ja, ich fühlte mich wie ein Hengst – schier unbesiegbar und auf dem Gipfel meiner Sexualität.

Mein Tagesablauf als Animationsprofi: frühmorgens aufstehen, die Katersymptome vom Vortag mit einem reichhaltigen Frühstück aus starkem Kaffee, Kohlehydraten und – Experten werden wissen warum – einer großen Portion Ananas kurieren, dann ab zum Stretching mit den Hausmuttis, Aqua Jogging mit den schon erwähnten Grandes Dames, Beachvolleyball mit der hoch motivierten Baggertruppe, Strandsoccer mit den Hausmeistern, die nicht mal im Urlaub genug vom runden Leder bekommen konnten, und so weiter und so fort. Abends Entertainment mit Live-Musik – die Gäste zum Mitmachen bewegen, die Damen zum Tanz fordern, danach Party, bis der Arzt kommt, Cocktails und griechischer Wein in rauen Mengen. Und am nächsten Tag wieder dasselbe …

Wie gesagt, ich fühlte mich unbesiegbar. Auch an diesem einen besagten Abend. Die grottenschlechte Band gab wie jeden Tag ihre Leiern zum Besten. Die hyperpeinliche Line-Dance-Performance hatten wir bereits hinter uns, jetzt war normales Tanzen angesagt. Noch eine Stunde Pflichtprogramm also, bevor der Spaß, die Party ohne animationstechnische Zwänge, endlich beginnen würde und ich mich wieder auf die Pirsch wagen konnte. Damit die Ladys, deren träge Eheschlaffis keine Lust hatten, sich zu einem Tänzchen mit der werten Gattin aufzuraffen, sich in ihrem Urlaub wenigstens ein bisschen amüsierten, war es die Aufgabe von uns Animateuren, den Gentleman zu geben und die Damen auf den Dancefloor zu bitten. Primär eben die Frauen, deren Partner sich weigerten, das

Tanzbein zu schwingen – nicht, wie wir es bevorzugen würden, die schicken Hasen, die mit lüsternem Blick auf den billigen weißen Plastiksesseln zur Abholung bereit saßen – so die Order des Klubinhabers. Er würde uns doch nicht für unseren Spaß bezahlen, sondern für harte Arbeit, hatte es geheißen. Also gut. Wieder mal so tun, als würde es nichts Schöneres geben, als mit einer etwas angetrockneten Ferienmaus ein paar Runden zu drehen. Ich sah mich um nach dem nächsten weiblichen Wesen, das mich bittend ansehen würde, ihm doch ein wenig Abwechslung in die pauschalurlaubsschnöde Tristesse zu bringen, indem ich mit ihm zu *Stayin' alive von* den Bee Gees eine heiße Sohle aufs Parkett legte. Hm … die anderen Animateure, es waren etwa 15 an der Zahl, starteten in die Tischmenge und kamen pflichtgetreu mit ihrer »Beute« am Arm zurück, um in flotter Foxtrottmanier loszulegen. So sehr ich auch durch die Gegend schaute, ich konnte keine Dame finden, die dem angeordneten Schema entsprach. Pech? Nein, natürlich nicht. Denn so hatte ich die freie Wahl! Und da saß sie auch schon: eine ansehnliche Mittdreißigerin, die mich unverschämt anstarrte.

»Hey, ich bin Pamela.«

»Wie die Anderson? Klingt ja vielversprechend.«

»Schwing hier keine großen Reden – tanz endlich mit mir!«

Es stellte sich heraus, dass Pamela – Pam, wie sie mir gleich befohlen hatte, sie zu nennen – mich schon seit ihrer Ankunft vor ein paar Tagen ins Visier genommen hatte. Ein Wunder, dass sie mir bis dahin nicht aufgefallen war …

Unverhohlen gab sie zu, dass sie mich ziemlich scharf fand und vorhatte, mich heute Nacht mit auf ihr Zimmer zu nehmen. Solche Frauen waren mir am liebsten – nicht lange um den heißen Brei herumreden, sondern gleich mal klarlegen, was Sache ist.

> »Runter mit der Hose, mach schon!« Was für ein Tempo! Das erlebte ich nicht oft. War sie jetzt der Animateur oder ich?

»Weißt du, ich bin schließlich hier, um Spaß zu haben!«

»Ich auch!«

»Nein, du bist eigentlich hier, um zu arbeiten«, grinste sie.

»Auch. Aber nicht nachts …«

»Ich muss jetzt mal pausieren. Ich krieg Stress, wenn ich mich zu lange nur mit einem Gast beschäftige. Das sieht mein Boss nicht so gern.«

»Ich mag es eigentlich gar nicht, wenn ich abgewiesen werde … aber gut. Sehen wir uns nachher beim Rettungsschwimmer-Turm am Strand? Muss eh auch noch meinen Verpflichtungen nachgehen.«

»Verpflichtungen – im Urlaub?«

»Ja. Bis dann!«

Nach getaner Arbeit verzichtete ich also auf das rege Party-treiben und wartete stattdessen vor dem »Lifeguard«-Thron auf Pam. Ich wartete und wartete … bis sie endlich kam. Und gleich loslegte, ohne lange herumzufackeln. So fordernd, wie sie mich knutschte, als wir unter dem Sternenhimmel im warmen Sand lagen und das Meer vor uns rauschen hörten, so fordernd war sie auch in den Anweisungen, die sie mir immer wieder zwischendrin gab: »Fass mir an den Hintern! Fester! Fester, hab ich gesagt!«, oder »Runter mit der Hose, mach schon!« Was für ein Tempo! Das erlebte ich nicht oft. War sie jetzt der Animateur oder ich?

Ich musste sie bremsen: »Warte mal! Da gibts ein Problem. Wenn ich mit dir am Strand erwischt werde, dann flieg ich hier raus. Können wir nicht auf dein Zimmer gehen?«

Sie ließ von mir ab, wirkte genervt und druckste herum. »Muss das denn sein?«

»Ich krieg Stress …«

»… mit dem Chef, schon klar. Ach, ihr Animateurbubis. Im-mer dasselbe mit euch. Na dann wollen wir mal sehen, was sich machen lässt.«

Offensichtlich hatte sie bereits Erfahrung mit dem Abschleppen von Ani-Jungs. Das war ich nicht gewohnt. Die meisten Mädels, die meinem Charme auf den Leim gingen, waren eher stolz darauf, jemanden mit einem »Staff«-Shirt zu ihren Eroberungen zählen zu dürfen. Nun gut, was sollte es – sie war ja keine 18 mehr. Mit über dreißig darf man als Frau auch schon was erlebt haben, dachte ich und verschob alle Gedanken, die mein männliches Ego trübten, in die hinterste Ecke meines Gehirns.

»Willkommen in meinem kleinen Reich!« Ein schönes, großes Zimmer mit Meerblick. Ein schönes, großes Bett, das einladend in der Mitte des Zimmers ... holy Shit, was war das? In der Ecke neben dem großen, einladenden Doppelbett stand noch ein weiteres – ein Einzelbett. Und in diesem lag, friedlich schlummernd, ein kleines, blond gelocktes Mädchen, den Daumen in den Mund gesteckt und ganz leise schnarchend.

»Ist das ... *dein* Kind?«

»Wessen Kind sonst? Glaubst du, ich habs geklaut? Klar ist das meins!«

»Ja, aber – warum hast du das nicht gleich gesagt? Du willst doch nicht ernsthaft hier in diesem Zimmer, neben deiner Tochter ...«

»Mit dir in die Kiste hüpfen? Und warum nicht? Trixi hat einen guten Schlaf, keine Sorge. Hier, trink das mal«, meinte sie unbeeindruckt und reichte mir einen riesigen Becher mit Retsina. Na toll. Eine heiße Liebesnacht konnte ich mir da gleich abschminken.

»Du, ich weiß nicht ... ich glaub, ich geh jetzt lieber. Das ist mir nicht so geheuer hier, neben deiner Tochter. Was soll sie denn von dir denken, wenn wir hier ... nein.«

»Sei kein Weichei. Die schläft immer durch, da kannste 'ne Bombe daneben explodieren lassen.«

Auweia. Ich hatte keine Ahnung, was ich tun sollte. Auf meinen Schultern saßen zwei imaginäre Gestalten. Das Engelchen, das kopfschüttelnd und mit erhobenem Zeigefinger flüsterte: »Richie, bist du irre? Das kannst du doch nicht bringen. Neben einem kleinen *Kind*! Moralisch auf keinen Fall vertretbar. Sag ihr, dass du da nicht mitmachst, und such das Weite. Das tut man nicht.«

Und das Teufelchen, das mich diabolisch grinsend herausforderte: »Mensch, Alter, diese Gelegenheit kannst du dir doch nicht entgehen lassen! Die Schnecke ist leichte Beute, die *will* dich! Sei ein Mann und tu, was ein Mann tun würde. Wie oft kriegt man einen guten Fick geschenkt, wie oft, hä? Enttäusch mich bloß nicht, du Feigling!«

Was soll ich sagen … Pams perfekte Bauchmuskeln, die unter ihrem korsettartigen Oberteil hervorblitzten, die langen, weißblonden Haare, die festen, apfelförmigen Brüste und der anbetungswürdige Arsch schalteten meinen Verstand auf Durchzug. Ich zeigte dem Engelchen den Stinkefinger. Der kleine Teufel sprang jauchzend auf meiner Schulter herum, als ich den Viertelliter Retsina auf Ex kippte und mich seufzend ergab. »Ja, ja, ja, Richie! Sie will es so! Du bist ein Zuchthengst, Richie! Viel Vergnügen, altes Haus! Auf in den Kampf, Torero!«

»Aaah, aaaaah, jaaaa! Weiter! Schneller! Fick mihiiich!« Die nackte Schönheit unter mir stöhnte in einer Lautstärke und Frequenz, die ich bis dahin noch nicht mal in Hardcore-Pornos erlebt hatte.

»Nicht so laut«, versuchte ich zu beschwichtigen und drosselte mein Stoßtempo, immer mit einem Seitenblick auf das kleine Mädchen, das unschuldig im Bett nebenan lag.

»Scheiß drauf! Weiter, weiter!«

Ich konnte mich nicht auf meine sexuelle Performance konzentrieren. Ständig wanderten meine Augen zu Trixi, in der Angst, sie würde gleich die Lider aufschlagen und den Schock ihres Lebens bekommen: ihre Mutter, nackt, stöhnend und schwitzend unter einem ebenso unbekleideten, südländisch anmutenden Typen, der sich mit mehr oder weniger rhythmischen Moves auf ihr abrackerte. Noch schlief die Kleine zwar friedlich, aber in Anbetracht der Lautstärke …

»Was ist? Du Weichei! Mach weiter, ich hab doch nicht ewig Zeit!«

> Die nackte Schönheit unter mir stöhnte in einer Lautstärke und Frequenz, die ich bis dahin noch nicht mal in Hardcore-Pornos erlebt hatte.

»Ich glaub, ich kann das nicht … dein Kind … Trixi …«

Entnervt stoppte Pam ihr Gestöhne, packte mich noch fester am Hintern und schaute mir tief in die Augen. »Tu einfach so, als wär sie gar nicht da. Klar?«

»O.k.« Und weiter – stoßen, stoßen, stoßen. »Mensch, Richie – jetzt gib doch mal Gas! Das Kind nebenan ist doch egal! Ist doch nicht deins! Zeig der Puppe, wo es langgeht! Mach mich stolz!«, wetteiferte das Teufelchen.

Ich gab alles. Ich versuchte wirklich, meinen Mann zu stehen – aber meine Angst machte mir einen Strich durch die Rechnung. Als Trixi sich plötzlich im Bett nebenan zu rühren begann und sich, leise »Mama« murmelnd, umdrehte, sendete mein Verstand ein strenges »Stopp – Rückzuuug!« in meine Lendengegend.

»Was ist denn jetzt los? Du … du Schlaffi!«

Sense … das war mir noch nie passiert. Mein bestes Stück hatte den Geist aufgegeben. Vor Schreck löste ich mich von Pamela und sprang aus dem Bett. Sie starrte auf meine traurig herabhängende Männlichkeit und – als ob die Situation nicht schon demütigend genug gewesen wäre – begann lauthals zu lachen. Gehässig. Und so laut, dass »Neben ihr könnte eine Bombe explodieren«-Trixi aufwachte. Und mich ebenfalls aus großen, blauen, unschuldigen Kinderaugen anstarrte.

»Mama, was macht der Mann da?«

»Schlaf weiter, Trixi-Schatz. Der Mann ist gleich wieder weg.«

Das war mein Stichwort. Ohne ein weiteres Wort zu sagen, raffte ich meine Sachen zusammen und verschwand aus dem Hotelzimmer in die Nacht.

Ich brauche wohl nicht zu erklären, dass die folgende Zeit bis zu Pamelas Abreise einem Spießrutenlauf glich. So sehr ich mich auch bemühte, ihr aus dem Weg zu gehen – in einer geschlossenen Klubanlage läuft man sich zwangsläufig über den Weg. Jedes Mal, wenn sie mit ihrer Tochter irgendwo aufkreuzte, begann sie, gehässig in sich reinzulachen, und ich fühlte mich beschämt – wie ein Schlappschwanz eben.

Drei Tage hielt ich tapfer durch – bis zu dem einen Morgen: Ich war wieder einmal dabei, meine alltägliche Aqua-Jogging-Truppe zu Höchstleistungen anzufeuern, als Pam und Trixi mit ihrem Strandequipment vorbeischlenderten. Trixi blieb stehen und musterte mich. »Mama, Mama! Ist das nicht der nackte Mann aus deinem Zimmer?«, rief sie lauthals und zeigte mit ihrem kleinen Finger direkt auf mich. Die Granny-Truppe begutachtete zuerst das Mutter-Kind-Gespann, dann mich. Und die grau gelockten Köpfe begannen, sich synchron zu schütteln. Und die faltigen Münder begannen, empört zu tuscheln.

»Junge Aufreißer ... immer dasselbe ... nutzen ihre Arbeit aus, um ...«

Es war grausam. Die Demütigungen stiegen mir bis zum Hals. Ich hielt noch bis zum bitteren Ende der Stunde durch, aber kaum aus dem Wasser, trottete ich mit gebeugtem Haupt ins Büro meines Chefs und heuchelte eine massive Magen-Darm-Grippe vor, die mich zwingen würde, die nächsten Tage völlig isoliert in der stickigen Dunkelheit meines Personalzimmers zu verbringen. Ohne Meer, Strand, Cocktails ... und Frauen. Aber von denen hatte ich nach diesem Erlebnis ehrlich gesagt auch die Schnauze voll – wenn auch nur temporär.

28. KAPITEL

Eine (un)schöne Kackophonie

Thomas (31), Bankbeamter, Salzburg,
über
Anina (ca. 25), Rom, Beruf unbekannt

Es war mein erster Urlaubstrip nach Italien. Ich war 28 und musste einfach weg, nachdem meine Freundin Christina mich knallhart gegen einen anderen Typen ausgetauscht und zum Mond geschossen hatte. Die Ratte war älter, reicher, und – zugegeben – auch um einiges besser aussehend als ich. Ein blonder Jüngling in Führungsposition. Aus reichem Hause. Mit Mercedes und Penthouse. So richtig zum Kotzen halt. Nicht, dass ich es gewollt hätte – aber da konnte ich selbst mit viel Fantasie nicht mithalten. Pech eben.

Weil ich noch keine neue Bleibe gefunden hatte, sondern die Nächte auf der zerschlissenen Couch meines Cousins verbrachte, wollte ich eine Auszeit von meiner tristen Heimatstadt und den damit verbundenen Erinnerungen an Christina und die Ratte nehmen, mich von weiblichen Wesen fernhalten, meine Wunden lecken, in der Sonne liegen und endlich braun werden. Mehrere gute Bücher lesen, über Beziehungen nachdenken und darüber, was ich beim nächsten Mal alles besser machen könnte. Außerdem wollte ich mich durch die italienische Küche schlemmen und mich neu einkleiden. Summa summarum also eine Art Selbstfindungstrip mit einer gehörigen Portion an Dolce Vita, Tiramisu und Sonnencreme.

Das Hotelzimmer war zwar klein, aber sehr nett, die Italiener ebenso (soweit ich ihr energisches Palaver deuten konnte), das Essen schmeckte lecker, die Sonne schien zuverlässig vom Himmel, das Meer rauschte beständig vor sich hin. Den Mädels, egal ob einheimisch oder Urlauberin, ging ich geflissentlich aus dem Weg und schlenderte mit Scheuklappen durch die engen Gassen der Altstadt und am Lido entlang. Ich war weise geworden – oder sagen wir es so, von frauentechnischen Desastern hatte ich die Schnauze voll, und ich wollte meine Askese zielstrebig durchziehen. Eine Zeit lang zumindest!

Aber schon am zweiten Ferientag, abends in einer trendigen Bar in Strandnähe, kam *sie* mir in die Quere und durchkreuzte einfach all meine Pläne. Sie, das war eine dieser Frauen, die man(n) sich kaum anzusprechen traut, aus Angst, ausgelacht und als größenwahnsinnig eingestuft zu werden. Außer man ist der Typ Superhero oder -model.

Zu dieser Fraktion zähle ich als »Typ Schriftsteller mit Ansatz zum Wohlstandsbauch und schütterem Haar« nicht mal im Entferntesten. Des-

Sie, das war eine dieser Frauen, die man(n) sich kaum anzusprechen traut, aus Angst, ausgelacht und als größenwahnsinnig eingestuft zu werden.

halb machte ich einen auf unbeeindruckt, nippte cool wie James Bond an meinem Martini (zwar ohne Wodka, dafür mit Olive) und schmauchte genussvoll meinen Zigarillo. Blies Rauchringe in die Luft, bewunderte die Bella höchstens ein bisschen aus der Ferne und malte mir in Gedanken aus, wie es wäre, sie zur Freundin zu haben.

»Un Martini, per favore!«

»Si, signore, ecco!«

»Grazie!«

Mmmh … herrlich, der starke Martinigeschmack, die Würze des Zigarillos – und dieser Anblick! Mit ihren goldblonden Haaren, den langen Beinen, den gut definierten Armen und dem muskulösen, braun gebrannten Bauch, der zwischen ihrem glänzenden Top und den hautengen Jeans hervorblitzte, stand sie da am Tresen und nippte an ihrem Caipi, entspannt lächelnd und sanft im Takt der Musik mitwippend. Und allein. Ganz klar: Traumfrau-Alarm!

Aber irgendwie war es doch seltsam, dass sie so ganz alleine an der Bar stand … die italienischen Jungs rund um sie herum schienen sie völlig in Ruhe zu lassen oder, besser gesagt, sie kaum wahrzunehmen. Waren die Südländer nicht eigentlich Meister in Sachen peinlich-aufdringliches Balzverhalten? Und war diese Frau nicht eine magnetische Zielscheibe für männliche Begierden jeder Art? Na egal, mir sollte es nur recht sein. So hatte ich sie für mich allein und konnte ungestört starren. Das tat ich nämlich jetzt. Bye-bye, Contenance!

Diese Brüste, dieser Hintern, diese Haare!

Oh-oooh ... eben diese Haare bewegten sich nämlich nun und drehten sich schwungvoll und geschmeidig mit der ganzen Göttin mit – und zwar in meine Richtung! Mein Herz schlug ein paar Saltos, als sich unsere Blicke trafen. Verdammt, hatte sie mich etwa wirklich zur Kenntnis genommen? Konnte nicht sein. Und doch, ihre Pupillen hafteten zielstrebig an meinen und sie ließ ihre perfekten Zähne blitzen. Herausfordernd glitt ihre Zunge über den Rand des Glases. Ich bekam Stielaugen und verschluckte mich fast an der Olive in meinem Drink. Plötzlich war die Umgebung um mich herum nur noch verschwommen, ich nahm keine Musik mehr wahr, nichts. Die Beats waren verschwunden. In meinem Kopf ein komplettes Vakuum. Mein Tunnelblick hatte nur noch sie im Visier. Als sie mich grinsend zu sich herwinkte, nahm der Kloß in meinem Hals die Ausmaße eines Medizinballes an und mein Herz raste wie eine Nähmaschine. Bumm, bumm, bumm, bumm, bumm. Bumm, bumm, bumm.

Mein Körper fühlte sich auf einmal weich und schlapp an, wie der einer Nacktschnecke, als hätten sich meine Knochen aufgelöst. Ich konnte nicht mehr anders – wie ein hilfloses, von einem unsichtbaren Magnet angezogenes Hündchen steuerte ich auf sie zu.

Als »Anina« stellte sich die Traumfrau vor. Ich nahm alles nur in Trance wahr. Aaaniiinaaa ... wie gut das zu ihr passte ... mmh ... wie sexy ... der Name zerging auf der Zunge wie Butter und schickte ein wohliges Kribbeln über meine Haut. Wir unterhielten uns (ja – die Traumfrau sprach mit mir! Mit MIR!!!) mit kleinen Hindernissen – sie war gebürtige Italienerin, beherrschte weder Deutsch noch Englisch, und die Sprachkenntnisse, die ich mir für diesen Urlaub angeeignet hatte, gingen leider nicht über »Ciao, bella«, »Una birra, per favore« und »Pagare, prego«

hinaus. Wozu auch, ich war schließlich frisch getrennt, wollte mich selbst finden und fühlte mich nicht bereit, mich mit einer anderen Frau einzulassen. Nun, so hatte ich mir das zumindest vorgestellt. Ernsthaft. Bis zu dem Moment, in dem Anina in mein Leben getreten war.

Aaaniiinaaa. Wie selbstverständlich orderte sie eine Caipi-Runde nach der anderen. Salute, salute, salute! Die Caipis schmeckten lecker, stark und süß, und mit jeder Runde, die wir auf ex in uns hineinkippten, wurde sie in meinen Augen schöner, begehrenswerter und anbetungswürdiger – sofern eine Steigerung überhaupt noch möglich war.

Wir unterhielten uns also mit Händen und Füßen, tanzten ausgelassen (sie bewegte sich geschmeidig wie eine Katze, was mein rhythmisches Defizit optimal ausglich). In puncto Gesang war sie weniger talentiert – Anina kannte zwar alle Texte der gespielten italienischen Songs auswendig und trällerte sie auch laut und begeistert mit, jedoch jenseits der eigentlichen Melodie. Was ihr aber keineswegs peinlich war.

»Bene?«, fragte sie mich am Ende jedes Liedes mit freudiger Erwartung, leuchtenden Augen und herzerweichendem Traumfrau-Grinsen, und obwohl ihre gesangliche Performance einfach schauderhaft war, konnte ich nicht anders, als ihr jedes Mal möglichst glaubhaft zu bestätigen, dass alles »Si si, molto bene« war.

> Eine Frau mit dem Aussehen eines Supermodels, die trank wie ein Mann – was für eine Kombi! Ich Glückspilz.

Meine Ex war nun definitiv Geschichte. Danke, Christina, dass du mich verlassen hast! Jetzt war Anina Programm, nur noch Anina. Und das fühlte sich so richtig gut an. Eine Frau mit dem Aussehen eines Supermodels, die trank wie ein Mann – was für eine Kombi! Ich Glückspilz. Schon jetzt freute ich mich darauf, meinen Kumpels von dieser Bekanntschaft zu erzählen. Grün vor Neid würden sie werden, jawohl, grüner als grün! Nach gefühlten zwanzig Drinks war Anina noch immer voll in Aktion. Keine Ahnung, wie sie nach diesen Mengen an Sprit noch gerade stehen konnte – denn mir schwankte bereits der Boden unter den Füßen, und zwar gewaltig. Aber sie war kaum zu bremsen. Als sie schließlich auch noch begann, nach jedem Caipi einen kolossalen Rülpser von sich zu geben, und dabei über sich selbst lachte wie ein verzücktes Kind, lag ich ihr endgültig zu Füßen.

»Bene?«

»Si si, molto bene!« Und rüüüüülps!

Wo, bitte schön, findet man schon eine Frau mit derart derbem Humor, neben der man sich nicht ständig zurückhalten muss? Na eben. Ich rülpste also begeistert mit und wir erstickten fast an unserem Gelächter. Der Barkeeper war bereits seit Längerem damit beschäftigt, uns böse Blicke zuzuwerfen. Jetzt waren sie am Rande der maximal möglichen Verächtlichkeit angelangt. Geil. High five, Anina, ich glaube, ich werde dich heiraten, du weißt nur noch nichts davon – so mutig wurden meine Gedanken jetzt, obwohl ich mich natürlich nicht traute, sie laut auszusprechen. Wozu auch, Anina hätte mich ohnehin nicht verstanden … Also genoss ich den Moment und ließ mich einfach fallen. Meine Geduld machte sich bezahlt.

Denn plötzlich ließ Aninas Lust aufs Rülpsen nach und sie begann, mich zu küssen. Hemmungslos rollte sie ihre Zunge in meinem Hals herum, ich konnte ihren mit Caipi-Aroma gewürzten Speichel schmecken, sie saugte fordernd an meinen Lippen, was zum Teil fast schmerzhaft wurde. Aber es gefiel mir. Sehr sogar. Was ich schließlich auch an dem massiven Brett in meiner Hose bemerkte. Tja, ich bin eben auch nur ein Mann. Und ich wollte ficken, definitiv. Die logische Schlussfolgerung: Es war höchste Zeit, abzuhauen! Der Barkeeper würde vor Erleichterung eine Lokalrunde spendieren. Als könnte sie Gedanken lesen, grinste mich die Göttin dreckig an, gab ein verruchtes »rrrrrh« von sich, packte mich bei der Hand und schleifte mich energisch aus der Bar. Wieder fühlte ich mich wie das Hündchen mit dem Magneten, aber mir wars egal. Sollte sie doch mit mir machen, was sie wollte ... ich wäre ihr widerspruchslos bis ans Ende der Welt gefolgt und hätte ihr die Füße geleckt, sofern sie es verlangt hätte.

Doch meine überschwänglichen Gedanken wurden durchbrochen von der Kraft des Alkohols. An der frischen Luft stieg mein Rauschzustand schlagartig ins Endlose. Ich hatte keine Ahnung mehr, wo wir waren und warum und überhaupt. Irgendwo vor uns lag der Strand, so weit konnte ich mich noch orientieren. Ich konnte das Meeresrauschen hören und sog gierig die salzige Luft in meine Nasenlöcher ein, als würde ich davon nüchterner werden. Es funktionierte nicht.

Aber auch Anina schien schon ordentlich Schlagseite zu haben. Sie zog mich mit sich und lallte etwas, das wie »Toilette« klang. Das verstand ich gerade noch. Und da war ich doch glatt dabei, denn ich verspürte auch schon einen ziemlich unangenehmen Druck auf meiner Blase. Gesagt, getan – torkelnd ging es ab zu den Toiletten am Strand. Ich schnappte mir die Kabine neben Anina, damit ich nahe genug an ihr dran war, um sie vor einem eventuellen Desertieren abhalten zu können – diese Zweifel hatte ich nämlich immer noch im Kopf, denn mein Vernunftzentrum stellte mir ständig die Frage, was denn diese Frau ernsthaft mit einem wie mir vorhaben könnte.

Hach, wie erlösend, endlich die Jeans runterzuziehen und einfach laufen lassen zu können (was sich in Anbetracht meiner immer noch vorhandenen Latte als etwas schwierig und schmerzhaft gestaltete, aber es ging gerade noch so). Breitbeinig stand ich da, genoss das Gefühl, Druck abzulassen, und entspannte mich.

Mein Pinkelstrahl brach abrupt ab, als ich die Geräusche aus der Nebenkabine vernahm.

Was war das bitte? Wie ein Sturmgewitter mischten sich dort Kack- mit Furzgeräuschen. Anina? Anina! Das wollte ich nun gar nicht glauben … aber es war die Kabine links von mir, kein Zweifel, da saß sie drin. Ekelgefühle stiegen in mir hoch. Noch schlimmer wurde es, als ich hörte, dass sie sich über ihr Kackkonzert sogar aufs Königlichste zu amüsieren schien. Das durfte doch wohl nicht wahr sein? Verdammt. Solche Geräusche brachte nicht mal ich zustande, wenn ich am Vortag tonnenweise Chili gegessen hatte. Ihr glockenhelles Lachen wirkte nun nicht mehr anziehend auf mich, sondern höchst abstoßend. Schlagartig war ich wieder nüchtern. Würgen stieg in mir hoch.

Aber es war noch nicht genug: Ein dumpfes, verräterisches »Plopp«, gefolgt von ihrem hysterisch hellen Gelächter, gab mir endgültig den Rest. Aaaaah! Ich musste fast kotzen und hatte nur noch einen Gedanken im Kopf: Flucht! Wie von der Tarantel gestochen, riss ich meine Hose hoch, ohne den Reißverschluss zuzuziehen, hielt sie mit den Händen fest, knallte die Tür des WCs auf, stolperte stöhnend in den feuchten Sand, konnte mich zum Glück wieder aufrappeln und suchte panikartig das Weite.

Ich hatte Probleme, im Sand zu laufen, und stürzte mehrere Male (anscheinend war ich doch noch nicht so nüchtern wie gedacht), aber ich wollte nur noch weg, und das auf schnellstem Wege. Mittlerweile hatte auch Anina von meiner Flucht Notiz genommen, denn im Hintergrund vernahm ich ihre verzweifelten Rufe. Aber ich verstand kein Wort mehr, ich wollte auch nichts mehr verstehen und nichts mehr hören. Diese Kackophonie war zu viel für meine Nerven gewesen … Meine einstige Traumfrau war zu einem kackenden Monster mutiert, und kein Fick der Welt konnte so gut sein, das jemals wieder aufzuwiegen. Kein einziger!

Keuchend und mit einem Puls von 200 Sachen kam ich in meinem Hotel an und verriegelte in meiner Angst trotz der 35 Grad die Balkontür. Sogar einen Sessel stellte ich davor. Sicher ist sicher.

Den ganzen restlichen Urlaub lang machte ich einen weiten Bogen um die Bar, in der ich Anina kennengelernt hatte. Ich verließ das Hotel nur mehr in den nötigsten Fällen und verbrachte sogar einige Abende mit einer labbrigen Pizza Diavolo in meinem Mini-Zimmer vor dem Mini-Fernseher (zum Glück gab es deutschsprachige Programme!). Da ich mich nicht mehr erinnern konnte, ob ich ihr in meiner anfänglichen Begeisterung meine Visitenkarte zugesteckt hatte, ließ ich bei der ersten Gelegenheit meine Handynummer ändern. Ziemlich paranoid, ich weiß. Aber beim Gedanken an sie überkommt mich immer noch Ekel, gemischt mit nackter Angst.

Tja, die Geschichte ist nun bereits drei Jahre her. Ich bin zwar immer noch Single, aber Frauen, die rülpsen, sind seitdem für mich tabu – schließlich kann man nie wissen, was einen dabei noch so alles erwartet. Denn, wie Anina mit Bravour bewiesen hat: Auch eine Frau mit perfektem Aussehen kann sich als ziemliches Ferkel herausstellen! Leider ...

29. KAPITEL

»Maneater«- Alarm

Lorenz (41), Architekt, München,
über
Dora (40), derzeitiger Beruf und Wohnort unbekannt

She's a maneater« – ich glaube, da gibts sogar einen gleichnamigen Song. Oh ja, und auch ich könnte ein Liedchen davon singen, wie das so ist, auf eine »Männerfresserin« zu treffen. Denn ich habe es am eigenen Leib erfahren.

Blicken wir mal ein paar Jährchen zurück. Es war mitten in meiner Studienzeit. Eine Zeit voller Partys, Vorlesungen, Skizzen und schwarzer Rollkragenpullis. Richtig geraten – ich habe Architektur studiert. Und Dora war ebenfalls in meinem Studiengang. Sie trug allerdings keine schwarzen Rollkragenpullis (das war der männlichen Brigade vorbehalten).

Dora – eine blonde Prinzessin aus dem Osten, deren feminine Attribute sie dermaßen offenherzig zur Schau trug, dass sich kaum ein Mann ihr entziehen konnte. Wenn sie den Vorlesungssaal betrat, ging die Sonne auf. Ob man wollte oder nicht – sie, und allem voran ihre im Verhältnis zu ihrem zarten Körperbau immensen Brüste – zogen die lechzenden Blicke wie ein Magnet auf sich. Sie war ein Alphaweib, die jedoch wie auf Abruf in ein mädchenhaft-charmantes, leicht unbeholfenes, den männlichen Beschützerinstinkt weckendes Auftreten verfallen konnte. Diesen raffinierten Mix nutzte sie auch unverfroren zu ihrem Vorteil. Ob es nun die Mitschrift der letzten zehn Vorlesungen, der vorabendliche Beistand vor einer mündlichen Prüfung oder die Substitution ihres nicht vorhandenen Wissens bei einer schriftlichen Klausur war – wir Jungs waren machtlos. Und gaben ihr bereitwillig, was sie wollte, ohne zu zögern, in der Hoffnung, man würde das Rennen machen und Doras Interesse wecken.

> Sie war ein Alphaweib, die jedoch wie auf Abruf in ein mädchenhaft-charmantes, leicht unbeholfenes, den männlichen Beschützerinstinkt weckendes Auftreten verfallen konnte.

Leider war ihr primäres Interesse einem Glückspilz vorbehalten: Oliver, einem Kumpel von mir, damals ebenfalls Architekt in spe. Schon immer hatte sie ein Auge auf ihn geworfen gehabt und es war auch schon mehrmals zum Äußersten zwischen den beiden gekommen. Sagen wir es ungeschönt – sie führten eine Fickfreundschaft. Dora sah es wohl eher als »normale« Beziehung mit Unterbrechungen. Oliver aber war im Gegensatz dazu sehr bedacht auf seine Freiheit und bestand auf seinem Singlestatus.

In Bezug auf Dora wusste ich zu dieser Zeit noch vieles nicht – und hätte ich es gewusst, hätte ich die Finger von dieser Frau gelassen. Aber stattdessen bin ich, grün hinter den Ohren, wie ich damals noch war, volle Kraft voraus ins offene Messer gerannt. Und ich fühlte mich einfach nur in meiner unwiderstehlichen Männlichkeit bestätigt, als ich merkte, dass die heiß umschwärmte Dora Interesse an mir hegte. Es passierte auf einer feuchtfröhlichen Zusammenkunft in meiner Wohnung, bei der im Laufe des Abends bereits viel Alkohol geflossen war. Dora hatte wieder einmal alle Aufmerksamkeit auf sich gezogen, als sie zu später Stunde plötzlich ihre blanken Brüste zur Schau getragen hatte – so, als wäre es das Selbstverständlichste der Welt, einfach nur mit einer schwarzen, engen Hose bekleidet durch die Wohnung zu spazieren, dabei wimpernklimpernd Zigaretten zu schnorren und die Augen der männlichen Fraktion zur Größe von Billardkugeln aufquellen zu lassen. Die Mädels bemühten sich, Doras Blöße zu ignorieren, und tuschelten heimlich, wie immer. Denn für die weiblichen Studienkolleginnen war sie seit jeher ein rotes Tuch gewesen – klar, sie stach die

In Bezug auf Dora wusste ich zu dieser Zeit noch vieles nicht – und hätte ich es gewusst, hätte ich die Finger von dieser Frau gelassen.

Konkurrenz schamlos aus. Schamgefühl war Dora sowieso gänzlich unbekannt. Hatte sie auch nicht, als sie sich, noch immer oben ohne, mit einer Bierflasche in der Hand auf meinen Schoß setzte und die Arme um mich schlang.

»Schätzchen, du reizt mich heute.« So war sie. Direkt, ohne Umwege.

»Oh. Na das finde ich jetzt aber ziemlich gut.«

Etwas Schlaueres fiel mir darauf nicht ein. Schlagfertigkeit, wo warst du in diesem Moment? Aber in Anbetracht ihrer spitzen Nippel, die direkt vor meiner Nase herumwackelten, fiel mir das Denken eher schwer. Vielmehr begann mein Gehirn, sich in Richtung Lendengegend zu verflüssigen.

»Was ist eigentlich mit Oliver?«, fragte ich dann doch in einem kurzen Anflug von Vernunft.

»Ach, der. Wir sind nicht mehr zusammen. Schon lange nicht mehr.«

»Klingt gut«, meinte ich zufrieden und fühlte mich durchströmt von hoffnungsvoller Freude. Dora! Dora-und-Lorenz, Dora-und-Lorenz! Ich gebe zu, ich hätte vielleicht einen Gedanken daran verschwenden sollen, ob der männliche Ehrenkodex in moralischer Hinsicht eine Liaison mit der »Ex« eines Freundes als verwerflich betiteln würde – ließ es aber sein. Denn ich hatte die beiden wirklich schon seit Monaten nicht mehr zusammen gesehen und ich wusste ja von meinem Kumpel, dass sich sein Interesse an Dora stets nur auf sexueller Ebene bewegt hatte. Für ihn war sie ein Fuckbuddy gewesen, mehr nicht. Selber schuld also, wenn jetzt ein anderer zum Zug kam!

Aber in Anbetracht ihrer spitzen Nippel, die direkt vor meiner Nase herumwackelten, fiel mir das Denken eher schwer. Vielmehr begann mein Gehirn, sich in Richtung Lendengegend zu verflüssigen.

Deshalb war Oliver auch der Erste, dem ich von Dora und mir erzählte. Er gratulierte mir sogar zu meinem Fang und wünschte mir viel Glück. Was mich damals schon stutzig hätte machen sollen, war die Tatsache, dass er trotzdem ständig nachbohrte, ob Dora eigentlich noch oft von ihm erzählte, und er detailliert nach unseren sexuellen Erlebnissen fragte. Mehr als ein »Und, wie isses so in der Kiste mit ihr?« und ein grunzendes »Ja, die geht ganz schön ab. Passt alles« war ich in puncto männlicher Kommunikation zu diesem Zeitpunkt nicht gewohnt. Deshalb zog ich es vor, geheimnisvoll zu grinsen und ihn eben mit dem bewährten »Passt alles« abzuspeisen. Er tat schmollend, gab aber schließlich auf. Es ging ihn ja auch wirklich nichts an, was sich in unseren Betten abspielte. Er wusste ohnehin darüber Bescheid, was Dora draufhatte.

Die erste Phase der kurzen Zeit mit ihr kann ich auch im Nachhinein durchaus als schön bezeichnen. Ich hegte bereits den Gedanken, dass das durchaus etwas Ernstes werden könnte mit uns. Nur leider blieb das nicht sehr lange so. Denn immer öfter beobachtete ich, wie Dora sich, wenn wir zusammen waren, zum Telefonieren in einen anderen Raum verzog und die Tür schloss. Oder ständig in ihr Handy tippte, während wir unterwegs waren – das war noch ziemlich ungewöhnlich, da die Ära der Mobiltelefone damals noch in ihren Anfängen steckte. Ich spürte Unbehagen – man könnte es auch ein schlechtes Bauchgefühl nennen. Intuition! Ja, so was können auch Männer haben! Vorher hatte sie sich nämlich nie so heimlichtuerisch verhalten. Aber mein ständiges Nachfragen stieß bei der Alphaprinzessin auf taube Ohren. »Was geht dich das an? Ich brauche meine Privatsphäre – akzeptier es oder geh, wenn dir das lieber ist.« Ich versuchte, meine misstrauischen Gedanken auf Sparflamme zu halten.

Aber mit der Zeit wurde es immer schwieriger.

Zwei- oder dreimal war es nämlich mittlerweile schon vorgekommen, dass sie mitten in einem romantischen Abend plötzlich aufgesprungen war und mich mit einem hektischen »Ich muss jetzt weg!« abgespeist hatte. Mehr Infos gab sie mir nicht, schnappte sich ihre Sachen und verschwand. So sehr ich auch nachbohrte, was denn passiert sei, ich bekam niemals eine Antwort von ihr. Ich meine, bei wem würden da nicht die Alarmglocken schrillen? Aber selbst Oliver beschwichtigte mich, als ich ihm von meinen Sorgen erzählte. »Was soll schon sein? Die hat einfach viel um die Ohren. War schon immer so bei Dora. Die ist eben nicht so eine Klammertante wie die meisten Mädels. Sei doch froh drüber.«

Schön und gut – aber irgendwann hätte sogar der naivste Trottel Lunte gerochen. Da war etwas faul bei uns – verdammt faul sogar.

Wir waren bei Dora zu Hause. Nach einer ausschweifenden Kissenschlacht mit Extras war meine Freundin – als das hatte ich sie damals durchaus bereits angesehen – unter die Dusche gesprungen. Ich saß vor dem Fernseher und genoss die post-koitale Entspannung, die meinen Körper durchström-te. Ich konnte wirklich froh sein, eine so tolle Frau wie Dora abbekommen zu ha-ben, Oliver hatte recht. Ich solle mich nicht so aufregen und ihr stattdessen einfach vertrauen. Doch meine Entspannung hielt nur kurz an. Denn plötzlich kam Dora in Windeseile nackt aus dem Badezimmer geschossen und hetzte panisch durchs Wohnzimmer.

»Du musst jetzt gehen! Sofort!«
Mit schreckgeweiteten Augen und aufgerissenem Mund sah sie mich an. Selbst da sah sie noch begehrenswert aus. Mir zog es den Magen zusammen.

»Dora, was ist?«

»Du musst jetzt gehen! Sofort!« Mit schreckgeweiteten Augen und aufgerissenem Mund sah sie mich an. Selbst da sah sie noch begehrenswert aus. Mir zog es den Magen zusammen.

»Hau ab, Lorenz, hau ab!«

»Wie, was? Spinnst du? Sicher nicht!«

Aber sie ließ sich nicht beirren. Meine Kleider raffte sie zu-sammen und warf sie auf die Couch. »Anziehen! Mach, dass du wegkommst!«

»Warum? Sag doch was!«

»Frag lieber nicht so blöd – verschwinde einfach!«

Und so ging ich. Den ganzen Heimweg und die ganze darauf folgende Nacht, die ich grübelnd und mich von links nach rechts wälzend wach gelegen hatte, den ganzen nächsten Sonntag lang beschäftigte ich mich mit der Frage nach dem Warum. Warum hatte sie mich rausgeschmissen, warum war diese Frau so herzlos, warum hatte sie mir signalisiert, dass sie auf mich stand, wenn sie mich dann so fallen ließ?

Die Antwort lag bereits am folgenden Abend wie auf dem Präsentierteller vor mir: Dora und Oliver, die in trauter Zweisamkeit an der Bar unseres Klublokals saßen und eng umschlungen knutschten. Mir fiel es wie Schuppen von den Augen. So vertraut wirkten die beiden, als hätten sie nie etwas anderes getan. Traurig, aber wahr. Noch trauriger war, dass sie mich beide freudig begrüßten, als sie mich erblickt hatten, wie ich da in meiner belämmerten Schockstarre stand und meine Augen nicht von ihnen wenden konnte. Nein, ich wurde nicht einmal wütend, so geschockt war ich. Das Szenario ist noch heute fest in meinem Kopf eingebrannt. Auch der Song, der gerade lief, ist mir im Gedächtnis geblieben. Und meine Reaktion: Wie selbstverständlich schaltete mein Hirn in den Survival-Modus – der mich auch heute noch verlässlich aus prekären Situationen rettet –, ließ mich ein unbefangenes Grinsen aufsetzen und meine Lippen ein freudiges »Hallo allerseits!« formen. So, als wäre es das Normalste der Welt, die am Vorabend noch als Freundin geglaubte Frau knutschend mit einem der besten Freunde vorzufinden und das kommentarlos hinzunehmen. Wie ich den weiteren Abend überlebt habe, ohne Amok zu laufen, kann ich gar nicht mehr genau rekonstruieren – aber wie gesagt, der Survival-Modus ...

Vielleicht können es nur wenige verstehen, aber ich war auch danach noch mit Oliver befreundet. Ich hab mir einfach gedacht, was solls, er hat es ohne böse Absicht getan. Da bin ich mir auch ziemlich sicher, wir haben noch viel darüber geredet. Was wahrscheinlich niemand verstehen kann, ist die Tatsache, dass ich auch mit Dora noch weiterhin befreundet war. Besänftigt hat mich wahrscheinlich, dass die »Beziehung« zwischen Oliver und Dora weiterhin – zumindest nach seiner Darstellung – nur auf sexueller Basis bestand und immer wieder von mehr oder weniger langen Pausen unterbrochen wurde. Die Dora frisch-fröhlich dazu nutzte, sich einen Notnagel aufzureißen, was Oliver wiederum wieder auf den Plan rief. »Lorenz, nimms mir nicht übel, dass ich dich nicht gleich eingeweiht habe – aber das ist schon immer so gelaufen zwischen uns«, erklärte er mir einmal bei einem Bier. »Ich brauch meine Freiheit, und Dora braucht andere Männer, die sie vernaschen kann. Blöd, dass es dich dabei getroffen hat, aber ich hoffe, du verzeihst. Ist halt ein ganz einfaches Abkommen zwischen Dora und mir – ein ewiges Hin und Her.«

Ob Dora das auch so gesehen hat? Nicht ganz, aber auch sie hat aus dem Nähkästchen geplaudert: »Weißt du, ich würde Oliver zwar gerne ganz für mich haben, aber solange er das nicht will, nutze ich unsere Pausen und wildere durch die Gegend … ich fresse die Männer förmlich. Ersatzmänner sind das dann. Ich brauch das – ich weiß schon, dass es nicht ganz fair ist, es war auch unfair dir gegenüber. Aber es fühlt sich einfach gut an, und noch besser fühlt es sich an, wenn Oliver dann wieder eifersüchtig bei mir angekrochen kommt. Ach, ich bin einfach ein weibliches Arschloch, Lorenz – da ist nichts zu machen … tut mir leid, wenn ich dich verletzt habe!«

Ich habe ihr verziehen – schließlich ist das alles doch so krank, dass es schon fast wieder witzig ist, nicht wahr? Tja, und wenn die beiden nicht gestorben sind, dann treiben sie ihr Katz-und-Maus-Spielchen bestimmt noch heute. Ehrlich gesagt bin ich froh, dass ich nicht noch stärker in die Fänge der »Maneaterin« Dora geraten bin. Mit Oliver tauschen? Nein, danke, im Nachhinein lehne ich dankend ab.

30. KAPITEL

Wenn man »Blasen« zu wörtlich nimmt ...

Romeo (31), Grafiker, Lienz,
über
Claudia (ca. 28), Beruf unbekannt, Lienz

Dieser Abend würde unser Leben verändern. Anlässlich von Jonas' Geburtstag war endlich wieder mal die ganze Jungs-runde versammelt. Alle Anfang zwanzig, die Haare mit jeweils einer Familientube Gel nach hinten gepappt, eingehüllt in verschiedenste Aftershaves, die, gemeinsam mit einem Überschuss an Testosteron, eine männliche Duftwolke rund um uns bildeten, betraten wir unser damaliges Stammlokal, Schulter an Schulter. Es war nicht zu übersehen: Die Hirsche waren auf der Pirsch. Unser Jagdtrieb stand uns ins Gesicht geschrieben. Gemeinsam waren wir stark – und unwiderstehlich.

»Heute geben wir Gas«, raunte mir Jonas verschwörerisch zu. »Alles, was nicht bei drei auf den Bäumen ist, ist heute dran.« Ich nickte und hob zur Bestätigung meinen Daumen in die Höhe. Zugegeben, diesen Gedanken hegten wir damals jedes Wochen-ende aufs Neue. Außer, dass sich hin und wieder einmal eine Knutscherei ergab, einer von uns ein Mädel abschleppte oder eine Telefonnummer absahnte, passierte jedoch meist nicht viel – aber wie Männer in ihrer Sturm-und-Drang-Zeit nun mal sind, gaben wir die Hoffnung niemals auf, hatten stets alle Antennen auf Empfang geschaltet.

Als ich meinen Blick durch das Lokal schweifen ließ, bekam meine Motivation allerdings einen leichten Dämpfer. Es herrsch-te mal wieder akuter Männerüberschuss. Vielleicht sollten wir uns als Jagdrevier doch lieber eine schicke Disco aussuchen statt unserer Stammkneipe, ein verrauchter Pub, in dem tagein, tagaus Bier in rauen Mengen getrunken und Darts gespielt wurde. Es sah aus wie an jedem Wochenende, das Murmeltier lässt grüßen: Von den Barhockern blitzten uns die Maurer-Dekolletés der alt-eingesessenen Jungs entgegen, jeder hatte seinen Platz und nutzte die Abende, um seinem Zuhause mit der nörgelnden Ehefrau zu entfliehen. Die Biker-Crew saß links hinten in ihrer Ecke wie immer, umgeben von einer Fülle an Flaschen und Aschenbechern, aus denen es qualmte. In der rechten Ecke die Musiker: fünf

Jungs mit fettigen, strähnigen Haaren, Punkrock-Shirts und zerfledderten Chucks, Zigarillos rauchend und debattierend – wahrscheinlich über ihre neusten Weltschmerz-Songkreationen. Zwei mittelmäßig aussehende Groupies standen in ihrer Mitte und hingen an ihren Lippen. Ich hasste diese Kurt-Cobain-Verschnitte, denn meistens waren sie es, die uns mit ihren musikalischen Fachsimpeleien die guten Mädels wegschnappten. Sandy, die Kellnerin, konnte die frauentechnische Flaute an diesem Abend auch nicht wettmachen. Sie, das Urgestein des Lokals, arbeitete hier schon – so wurde es zumindest erzählt – »seit immer halt«. Die testosterongeladene Umgebung hatte sie offenbar schon ziemlich vermännlicht. Jetzt hatte sie mich erblickt.

»Alter, was darfs sein?«, fragte sie mich mit ihrer tiefen, rauen Stimme. »Eine Runde Bier für mich und die Jungs.«

»Geht klar.«

Na dann eben heute Abend keine Frauen, dachte ich und prostete den Jungs zu. Auch schön. Aaah, wie entspannend doch der erste Schluck eines kalten, frischen Bieres sein konnte.

Aber oh-la-la, was durften meine Augen da erblicken? Die Toilettentür schwang auf und ein zierliches Persönchen, gekrönt von einer blonden, glänzenden Mähne, ein breites Lächeln im Gesicht, tänzelte heraus und brachte den verqualmten Raum zum Erstrahlen. Ratz-fatz meldete sich besagter Jagdtrieb zurück und ich starrte den blonden Engel an. Wie hatte sich so ein süßes Mädel denn *hierher* verirrt? Egal, sie war da und das war gut. Thomas zu meiner Rechten musste meinen Blick bemerkt haben, denn er rempelte mich an: »Na hallo, die Schnitte ist wohl genau dein Fall, was? Pass auf, dass dir nicht gleich die Augen rausfallen!« Aber ich war nicht der Einzige, dem die zierliche Schönheit aufgefallen war. Ein Raunen ging durch unsere Runde und alle Blicke waren auf sie gerichtet. Jetzt war eines klar: Es würde nur noch darum gehen, wer von uns dieses kleine Juwel an diesem Abend nach Hause brachte – oder noch besser, sie mit nach Hause nahm. Auf in den Ring – das Spiel konnte beginnen! Ich hatte Glück, denn Sandy stand direkt hinter mir. Meine Chance!

»Du, hör zu, bitte bring der niedlichen Blonden da drüben einen Drink von mir. Am besten so was wie eine Cola-Rum oder so, was Süßes jedenfalls. Und bitte sag ihr, dass er von mir kommt.«

»Geht klar, Alter.«

Kurze Zeit später bekam mein Objekt der Begierde ihren Drink in die Hand gedrückt, Sandy deutete auf mich und erklärte irgendwas. Die Blondine sah zu mir rüber, prostete mir schüchtern zu und – Bingo – lächelte mich an. Welch aufreizende Lippen sie doch hatte ... meine Gedanken schweiften ab und mein Kopfkino begann zu laufen. Ruhig, Brauner, jetzt hieß es Contenance bewahren. Grinsend prostete ich zurück.

> »Du, hör zu, bitte bring der niedlichen Blonden da drüben einen Drink von mir. Am besten so was wie eine Cola-Rum oder so, was Süßes jedenfalls. Und bitte sag ihr, dass er von mir kommt.«

»He, was soll das? Gleiches Recht für alle!«, kam es empört von Jonas, der begierig in ihre Richtung guckte. »Außerdem hab ich Geburtstag!«

»Tja, Pech, mein Lieber. Hättest ja schneller sein können. Jetzt bin ich am Zug«, entgegnete ich triumphierend, prostete auch Jonas zu und machte mich auf den Weg zu dem Mädel, die eifersüchtigen Blicke der Jungs im Rücken.

Diese Lippen. So voll, so perfekt gerundet, so rosafarben, so geil. Ich konnte meine Gedanken kaum steuern, während ich mit Claudia sprach. So hieß sie nämlich. Claudia erzählte, dass sie 16 war und noch die Schule besuchte. Himmelherrgott, so jung! Diese Tatsache bereitete mir schon ein wenig Bauchweh, aber in Anbetracht dessen, dass sie mindestens wie 18 aussah, beschloss ich, mir diesen Abend nicht durch Nebensächlichkeiten wie diese verderben zu lassen. Denn sie war nett und wirkte ganz intelligent für ihr zartes Alter. Ich konnte mir durchaus mehr mit ihr vorstellen als einen banalen One-Night-Stand. Wir unterhielten uns angeregt und begossen den Abend – ich mit Bier, sie mit Cola-Rum. Ich vermied es, sie meiner Runde vorzustellen, aus Angst, dass einer der Jungs mir meine Beute wegschnappen könnte.

So kam es, dass Jonas sich nach einigen Stunden gemeinsam mit den anderen zum Aufbruch bereit machte. Mit vom Alkohol geröteten Augen und leichter Schlagseite torkelte er auf mich und Claudia zu. »Kommt ihr beiden Hübschen auch mit? Wir fahrn ins Tollwerk, bissl weiterfeiern«, lallte er betrunken und stierte Claudia ungeniert in den – zugegeben anbetungswürdigen – Ausschnitt. So nicht, mein Freund, dachte ich und stellte mich beschützend vor meine Eroberung.

»Was 'n?«, empörte er sich. »Willst die Kleine wohl ganz für dich alleine haben, hm?« Ich schob ihn ein Stück von Claudia weg und raunte ihm ins Ohr: »Ja, will ich. Die gehört mir! Kannst dir ja im Tollwerk was aufreißen ... sofern das in deinem Zustand noch geht«, fügte ich hinzu und erntete einen aggressiven Blick von Jonas. »Arsch!«, entgegnete er und machte einen Abgang. Thomas, Rick und Co. zogen ihn in ihre Mitte und stierten mich böse an. Mann, so ein Zickenterror – und das unter Typen! Ich schüttelte seufzend den Kopf, hob eine Hand zum Gruß, wendete mich wieder Claudia zu und legte ihr den Arm um die Schulter, was ihr sichtlich zu gefallen schien. Sollten sie doch woanders jagen ...

Zwei Stunden später. »Magst du noch was trinken oder soll ich dich nach Hause bringen?«

»Ach ... ich bin noch gar nicht so müde. Aber mir würde da was anderes vorschweben ...« Gut, das war eine eindeutige Aufforderung. Langsam bewegte ich meinen Kopf zu ihrem ...

die Lippen immer näher … Sie schmeckte nach Rum, was sich mit meinem Biergeschmack nur schlecht vertrug, aber es war mir egal. Wir knutschten, das fühlte sich einfach wunderbar an und ich genoss es in vollen Zügen, ließ all meine Kusskünste spielen.

»Ich muss morgen in der Früh zu Hause sein«, hauchte sie, als wir einmal kurz voneinander abließen. »Ich wohn ja noch bei meinen Eltern, die erlauben mir nicht, woanders zu schlafen.« Auweia. Das holte mich wieder auf den Boden der Tatsachen zurück. Sie war ja erst 16! Konnte ich da etwa noch als Kinderschänder durchgehen?

»Aber wir könnten zu dir ins Auto …«, unterbrach sie meine Gedankenwirbel und sah mich verschwörerisch an.

»Echt, meinst du? Aber fahren sollte ich nicht mehr in meinem Zustand«, gab ich mich ganz erwachsen und vernünftig.

»Ich mein ja auch nicht fahren … wir können ja alles Mögliche andere anstellen …«

Das ließ ich mir nicht zweimal sagen. »Sandy, zahlen bitte!«

Es war kalt und auf dem Weg zu meinem Wagen kuschelte Claudia sich in meine Arme. Gebieterisch drückte ich sie an mich und grinste vor mich hin, in kribbeliger Erwartung auf das, was jetzt kommen würde. Wir stiegen ein, ich drehte die Heizung auf Anschlag und machte Musik an. U2 schien mir eine geeignete Hintergrundbeschallung – nicht zu romantisch, aber auch nicht zu heavy. Wir begannen zu knutschen wie die Wilden, und mit steigender Innentemperatur fielen nach und nach die Hüllen, bis ich nur noch in Unterhose und Claudia nur noch in ihrem knappen Top und im String dasaß.

»Du siehst rattenscharf aus«, raunte ich und zog sie an mich. »Ich glaube, ich kann mich nicht mehr beherrschen … sollen wir vögeln?«

Eine Sekunde. Zwei Sekunden. Drei Sekunden. Keine Antwort. Mist, ich war zu weit gegangen. Wie konnte ich auch nur so direkt sein? Ich Trottel!

»Hör mal ... also ich ... weißt du, ich hab noch nie ... also du weißt schon ... Sex ...«

Au Mann. Sie war noch Jungfrau! Verdammt, damit hatte ich jetzt nicht gerechnet. Obwohl, mit 16 war das ja auch nicht so abwegig. Aaah, wohin sollte ich jetzt mit meiner Geilheit? Tote Fische, tote Fische, tote Fische ... Warum konnte ich denn nicht nachdenken, bevor ich den Mund aufmachte? Jetzt hatte ich alles versaut.

»Ach Claudia, das tut mir leid. Verzeih mir! Das wollte ich nicht ... ich hab gedacht ...«

»Macht doch nix. Kein Drama, echt.«

»Wirklich?«

»Nö. Wir können ja von hinten vögeln.«

> »Hör mal ... also ich ... weißt du, ich hab noch nie ... also du weißt schon ... Sex ...«

Ich war perplex. »Wie, von hinten?« Meinte sie das, was ich dachte?

»Na, Analsex. Da bleib ich gewissermaßen doch Jungfrau dabei und schwanger werden kann ich davon auch nicht! Ist doch prima!«

Uuuuuh. So abgeklärt, wie sich das anhörte, war es nicht das erste Mal, dass sie sich in so einer Situation befand.

»Also, was ist?«

Analsex hatte noch nie zu meinen sexualtechnischen Favoriten gehört. Viele meiner Artgenossen mögen mich deswegen für irre halten, aber ich kann der Sache mit dem »Hintertürchen« einfach nichts abgewinnen. Ich stehe auf Muschis, nicht auf Ärsche. So bin ich nun mal. Die Situation wurde mir etwas unangenehm. Wie konnte ich mich jetzt aus der Affäre ziehen, ohne sie vor den Kopf zu stoßen?

»Nein, ehrlich gesagt ist das nicht so mein Ding. Sei mir nicht böse, aber ...«

»Na dann blas ich dir eben einen! Wie wäre das?«

Ich war verblüfft. Wie viele Kapazunder würde sie wohl noch aus der Tasche ziehen? War das nur der Alkohol oder war sie immer so drauf? Ich überlegte, während mein Blick auf ihre maximalerotischen Lippen schweifte. Nun, ich gebe zu, ich bin auch nur ein Mann …

»Wow, also das wäre … also, das wäre … megageil!«

»Na dann … runter mit dem Höschen!« Ihr erwartungsvoller Blick ruhte auf mir und mich dünkte, dass sie es ernst meinte. Nun gut, dachte ich – so ein Angebot bekommt man(n) schließlich nicht jeden Tag – und tat, wie mir befohlen.

»Hm, ganz netter Schwanz eigentlich.«

Hä? Hatte ich da eben richtig gehört? Das war doch die Höhe!

»Hast du denn schon so viele gesehen oder wie?«

»Na ja, ein paar schon. Und du liegst im guten Mittelfeld, wenn ich das mal so beurteilen darf.«

Puh, da hatte ich ja noch mal Glück gehabt. Wäre ich drunter gelegen, ich weiß nicht, ob ich ihn überhaupt noch hochgekriegt hätte! So eine Unverfrorenheit hatte ich seitens eines Mädels noch nie erlebt. Ich beschloss, mein Hirn auf »Off« zu schalten und mich einfach gehen zu lassen. Immerhin würde das Ganze eine gute Stammtisch-Anekdote abgeben.

»Hinlegen!«

»Zu Befehl, Frau Kommandantin!«

Ein seltsames Spielchen, bei dem ich aber gerne mit von der Partie war. Ich machte es mir bequem und wurde immer geiler bei der Vorstellung, ihre perfekten Lippen würden gleich meinen Schwanz umschließen. »Los, Baby, du kannst loslegen!«

Und sie tat es. Nur leider nicht in der Art und Weise, die ich mir erhofft hatte. Ich wartete ab, eine, zwei, drei, ich weiß nicht wie viele Minuten, und lauschte den bizarren Geräuschen, die aus meiner Lendengegend ertönten. Prust, trööt, prust, trööt! Ich konnte mir nichts vormachen, diese Situation stimmte hinten und vorne nicht.

»Auaaa! Was machst du da?«, brüllte ich und entzog mich ihr grob.

»Wie, was ich da mache? Ich *blase*!«, schnaufte sie.

»Ja, im wahrsten Sinne des Wortes! Spinnst du? Ich bin doch keine Trompete!«

Verwirrt starrte sie mich an, mit hochrotem Kopf und zerstrubbelten Haaren. Ihre Lippen waren nun nicht mehr anbetungswürdig, sondern angsteinflößend. Sie hatte volle Kanne in meinen Schwanz hineingeblasen, mit aller Kraft, die sie aufbringen konnte. Schützend legte ich die Hände vor mein Heiligstes.

»Na, dann sag mir halt, wie dus gerne hättest! Lass mich weitermachen!«

»Sicher nicht! Ich bring dich jetzt nach Hause.«

»Du Idiot, du denkst wohl, dass ich mit dir mitfahre? Du bist doch besoffen!«

Damit hatte sie nicht unrecht. Der Abend endete damit, dass wir gemeinsam in der Kälte standen, betreten zu Boden starrend und auf ein Taxi wartend. Leider mussten wir gemeinsam fahren, da unser mühsam zusammengekratztes Geld nur noch für eine Taxe reichte. Claudia stieg zuerst aus, vor dem Haus ihrer Eltern, wortlos und ohne mich auch nur noch eines Blickes zu würdigen. Ich konnte es ihr nicht verdenken, war aber auch erleichtert. Ich hätte nicht gewusst, was ich noch sagen sollte.

> »Wie, was ich da mache? Ich blase!«, schnaufte sie. »Ja, im wahrsten Sinne des Wortes! Spinnst du? Ich bin doch keine Trompete!«

Mir tat noch drei Tage lang der Schwanz weh und es dauerte einige Wochen, bis ich mich wieder bereit für sexuelle Abenteuer fühlte, so eingeschüchtert hatte mich diese Harakiri-Aktion. Als ich die Story bei meinen Jungs zum Besten gab, erntete ich schadenfrohes Gelächter à la »Selbst schuld, wärst du doch gleich mitgekommen!« bzw. »Wie froh bin ich, dass du die Kleine abgezogen hast und nicht ich!«.

War klar. Aber zum Glück tauchte Claudia nie wieder in der Stammkneipe auf und ersparte uns beiden somit einen Haufen Peinlichkeiten.

31. KAPITEL

Wer zu spät kommt ...

*Tom (38), Künstler, Bregenz,
über
Nadja (35), Sachbearbeiterin, Bregenz*

Das ist ja endlich mal eine echt Nette, dachte ich, als ich Nadja damals auf einem Konzert kennengelernt habe. Eine, mit der man reden kann. Richtig reden – nicht nur das ganze oberflächliche Small-Talk-Geplänkel, nein, richtig reden über Gott und die Welt. Es fühlte sich an, als würden wir uns schon Jahre kennen. Seelenverwandtschaft? Solls geben. Zu schade, dass ich gleich darauf in die USA musste. Für drei Wochen. Ich meine, nicht, dass ein USA-Urlaub nichts Feines wäre – im Gegenteil! Aber ich hätte auch nichts gegen die Gelegenheit gehabt, an unser Kennenlernen gleich ein paar Dates mit Nadja dranzuhängen. So tauschten wir aber wenigstens Nummern aus und versprachen uns, in Kontakt zu bleiben. Was wir auch taten: Während meines Übersee-Aufenthaltes telefonierten wir täglich und das meist ziemlich ausgiebig. Die Rechnung bekam ich dann erst zu Hause präsentiert – mein Handyanbieter machte mich gleich mal um satte 400 Euro leichter! Aber ich darf nicht klagen, selber schuld – außerdem war Nadja mir diese Investition wert. Als sie mich nach meiner Rückkehr vom Flughafen abholte, hatte ich Herzklopfen wie ein Teenie. Dieses Lächeln, diese Augen – was für eine großartige Frau! Das darauffolgende Wochenende verbrachten wir gemeinsam. Und ich verliebte mich Hals über Kopf in Nadja, die meine lang gesuchte Seelenverwandte zu sein schien.

Als sie mich anhaute, ihr bei der Suche nach einer Unterkunft zu helfen, war ich natürlich sofort mit dabei. Wenige Wochen vor unserem Zusammentreffen hatte sie ihren Ex zum Mond geschossen. (Oder er sie? So genau weiß ich es ehrlich gesagt nicht, ist aber auch »g'hupft, wie g'hatscht«, wie man in Österreich so schön sagt.) Sie hatte zwar schon eine neue Wohnung, aber es gab irgendwelchen Trouble mit dem Vermieter bezüglich des Mietvertrages. Dieser war also geplatzt, und so konnte Nadja nicht einziehen. »Und da brauch ich jetzt jemanden, der mir zur Seite steht ... eine Schulter zum Anlehnen ... also *dich*!«, schwärmte sie mich an. Die Arme, dachte ich, hat nicht mal eine Bleibe! Mein Beschützerinstinkt lief auf Hochtouren. Hintergedanken hatte ich natürlich auch, schließlich war ich verknallt. Meine Bude eignete sich platzbedingt eigentlich nicht für mehr als eine Person, aber eine Zeit lang würde es schon gehen. Wie lange konnte es schon dauern, bis sie eine kleine Mietwohnung gefunden hatte? Zwei, drei Wochen? Egal, die Aussicht, mir ein paar Tage lang mit Nadja ein Bett zu teilen (eine Couch gab es in meiner Einzimmerwohnung nicht), zog in jedem Fall mehr. Ich ging fest davon aus, dass die zusammenwohnbedingte Nähe aus uns endlich ein Paar machen würde. Darum schlug ich ihr vor: »Zieh bei mir ein, bis du was gefunden hast. Ich hab dich nämlich ganz gerne neben mir.«

Vier Monate später dünkte mich, dass ich mich in der Pärchen-Sache getäuscht hatte. Seitens meiner Mitbewohnerin kamen keine Signale, die darauf hindeuteten, dass sie ernsthaft etwas von mir wollte. Das, was wir lebten, lief eher unter »WG mit sporadischem Beischlaf«. Was an sich nichts Schlimmes ist, man kann so was schon auch genießen, keine Frage. Sofern gewisse Regeln eingehalten werden. Aber auf diese schien Nadja zu pfeifen. Ständig heulte sie mir die Ohren voll, dass der Arbeitskollege, in den sie sich unsterblich verliebt hatte, sie geflissentlich ignorierte. Jeden Tag dasselbe Gejammere! Und ich durfte als Tröster herhalten, mit dem sie, wenn ihr gerade

> Mein Beschützerinstinkt lief auf Hochtouren. Hintergedanken hatte ich natürlich auch, schließlich war ich verknallt.

danach war, ins Bett hüpfte! Unsere anfangs so lebhaften Gespräche machten immer mehr einer kommunikationstechnischen Frustriertheit Platz. Außerdem wohnte sie gratis bei mir, belegte sämtliche Badezimmer-, Küchen- und Kleiderschränke mit ihrem femininen Kram und machte nicht einmal irgendwelche Anstalten, sich um eine eigene Bleibe zu kümmern. Nutzte sie mich etwa aus? Ja, eindeutig! Ich meine, ich bin doch nicht Mutter Theresas Zwillingsbruder ... was zu viel ist, ist zu viel, aber echt. Lange genug hatte ich als ihr guter Depp fungiert. Das musste auch mal ein Ende haben.

Und so beschloss ich, auf den Tisch zu hauen und meinen Unmut anzusprechen. »Nadja, ich mag dich wirklich gern, aber so gehts nicht weiter. Ich will mir deine Geschichten von Peter nicht mehr anhören. Es ist mir egal, was er wie und wann und wo sagt und ob du in ihn verliebt bist! Und als Notnagel will ich auch nicht mehr herhalten. Außerdem steigen wir uns hier ständig auf die Füße, der Platz reicht einfach nicht für zwei Personen. Ich möchte, dass du dir endlich eine eigene Wohnung suchst, und zwar sofort. Ich helfe dir auch beim Umzug. O.k.?«

> Sogar ich als Mann vermied es tunlichst, mich dort des Nachts alleine herumzutreiben, wimmelte es doch dort von zwielichtigen Gestalten, und auch der Schwerverbrecher-Knast war gleich um die Ecke.

Betretenes Schweigen. Als sich ihre Augen langsam mit Tränen füllten, fiel es mir verdammt schwer, hart zu bleiben und sie nicht gleich in den Arm zu nehmen und beschwichtigende Worte à la »War doch nicht so gemeint, bleib doch hier, ich will dich nicht rausschmeißen« zu murmeln. Aber ich riss mich am Riemen und schwieg bedächtig. Schlussendlich hauchte sie ein trauriges »In Ordnung ...« und ging ihrer Wege.

Zwei Tage danach kam sie freudestrahlend angerannt, um mir zu erzählen, sie hätte eine Wohnung gefunden. 45 Quadratmeter, günstig, ruhige Lage. Als sie mir die Adresse sagte, wurde mir etwas mulmig. Nicht gerade eine koschere Wohngegend, schon gar nicht für eine Frau! Sogar ich als Mann vermied es tunlichst, mich dort des Nachts alleine herumzutreiben, wimmelte es doch dort von zwielichtigen Gestalten, und auch der Schwerverbrecher-Knast war gleich um die Ecke. Aber da ich ihre Freude nicht trüben wollte, willigte ich ein, noch am selben Tag ihr neues Reich in Augenschein zu nehmen.

»Es gibt ein bissel was zu renovieren«, erklärte sie, als wir das nach Zwiebeln und Rauch stinkende, dunkle Treppenhaus hinaufhetzten. »Aber nicht schlimm. Wenn du mir helfen könntest, wäre das in ein, zwei Tagen geschafft.«

Daran begann ich jedoch bereits zu zweifeln, als ich im Flur der Wohnung stand. Das durfte doch nicht wahr sein – diese Bruchbude war ein Fall für den Denkmalschutz! Die Ziegel, die durch die einst einmal weiß getünchten Wände bröckelten, waren noch das kleinste Problem. Am Boden reihten sich Staubwürste in der Dimension von Giftschlangen an kleine, dunkle Würstchen, die ich als Mäusedreck identifizierte. Die an sämtlichen Stellen der Räume hängenden Spinnennetze machten den Eindruck, gleich würde das eiskalte Händchen von der Addams Family um die Ecke biegen und zum Gruße winken. Und die unheimlichen Windgeräusche, die durch die undichten Fenster hereinzogen, wetteiferten mit den stetigen Tropfgeräuschen der verkalkten Wasserhähne. Ein muffiger Geruch der Verwesung machte den verwahrlosten Eindruck des Horror-Domizils komplett. Hier konnte Nadja doch kaum ernsthaft einziehen wollen! Wo doch Frauen so auf Sauberkeit und Gemütlichkeit bedacht sind!

»Nadja, ich glaube, das ist keine gute Idee. Ich hoffe, du hast den Mietvertrag noch nicht unterschrieben? Wir suchen dir doch besser etwas anderes. Ich bezweifle nämlich, dass sich aus dieser Wohnung noch etwas machen lässt ...«

»Sicher habe ich schon unterschrieben! Du hast doch gesagt, ich soll mir sofort was suchen. Und das hab ich gemacht. Du glaubst ja gar nicht, wie schwierig so eine Wohnungssuche ist. Etwas Besseres hab ich nicht gefunden in meiner Preisklasse.«

Oh Mann. Zu spät. Ich Depp hatte noch versprochen, ihr zu helfen ... da musste ich wohl dem guten alten Indianer-Ehrenwort gerecht werden. Obwohl ich noch nie ein passionierter Heimwerker war – eher ein Typ mit zwei linken Händen. Aber da gibt es leider auch noch den männlichen Ehrgeiz, der es einem verbietet, mit einem »Ich glaub, das krieg ich nicht hin« das Feld zu räumen … nein, so was geht gaaar nicht.

»Na gut, dann schauen wir, was wir machen können. Da kommt ein ganz schönes Stück Arbeit auf uns zu«, seufzte ich also und machte mich schon mal auf den Weg zum Baumarkt. Wie heißt es nicht so schön im Werbeslogan eines entsprechenden Großmarktes: »Das Projekt zählt.«

»Jetzt hast du ihr bewiesen, was für ein patenter Typ du bist, Tom! Jetzt, wo sie weiß, was du alles drauf hast …«

Obwohl Nadja mir anfangs noch Hilfe zugesagt hatte, war sie in den Tagen des Umzugs und der Renovierarbeiten plötzlich »mit einem Riesenhaufen Arbeit« eingedeckt. Es blieb also alles an mir hängen. Und wenn ich sage »alles«, dann meine ich auch alles: Ich putzte, desinfizierte, schliff, malte, hämmerte, bohrte, schraubte und montierte wie ein Weltmeister. Es dauerte Wochen, bis sich in Nadjas vier Wänden so etwas wie Wohnlichkeit breitmachte. Aber schlussendlich hatte ich es doch geschafft. Trotz der zwei linken Hände! Aus der einstigen Bruchbude war ein ansehnliches kleines Domizil geworden. Ich war stolz auf mich – und auch Nadja schien bezüglich meiner Leistung ebenso dankbar wie beeindruckt zu sein. Als wir bei einem Glas Rotwein auf das vollendete Werk anstießen, leuchteten ihre Augen und sie stellte sich auf die Zehenspitzen, um … mich zu küssen! Mein Herz flatterte, und sofort meldete sich meine auf Eis gelegte Verliebtheit wieder zu Wort. »Jetzt hast du ihr bewiesen, was für ein patenter Typ du bist, Tom! Jetzt, wo sie weiß, was du alles drauf hast …«, dachte ich. Und so schien es auch wirklich zu sein. Offenbar hatte meine Unbeholfenheit im Umgang mit Asbestrückständen, Rattenskeletten und Bauschutt ihr Herz erweicht. Denn Nadja begann, ernsthaft über eine Beziehung mit mir nachzudenken. Mich machte das sehr glücklich, und natürlich ließ ich mich auf das Experiment ein. Meine Bemühungen hatten endlich gefruchtet!

Dass das Ganze nicht so ungetrübt werden würde, wie anfangs erwartet, zeigte sich schon nach kurzer Zeit. Kaum waren wir so etwas wie ein Paar geworden, begann auch schon die Meckerei. Nadja betonte immer wieder, wie verhasst ihr Unpünktlichkeit sei. Bei den anderen, wohlgemerkt, denn sie selbst nahm es mit der Uhrzeit nicht so genau. Wenn ich vorhatte, mit einem Kumpel auf ein Bier zu gehen, und ihr sagte, ich würde so gegen Mitternacht nach Hause kommen – ich verbrachte damals viel Zeit bei ihr in der neuen Wohnung, dann erwartete sie auch, dass ich um Punkt zwölf auf der Matte stand. Eine Viertelstunde Verspätung zog ein Donnerwetter mit sich, das sich gewaschen hatte. Da half es auch nichts, wenn ich ihr per Anruf oder SMS Bescheid gab, dass es ein bisschen später werden würde. Nein, da kannte Nadja nichts. Ausgemacht ist ausgemacht – und später kommen gilt nicht! Schon gar nicht in einer Beziehung! Nicht, dass sie eifersüchtig gewesen wäre, es ging ihr rein ums Prinzip. »Wieso kannst du dich nicht einfach an dein Wort halten? Was ist daran so schwer?«, war das Einzige, was sie sagte, wenn ich einzulenken versuchte und erklärte, dass es eben schon einmal passieren könnte, dass man hängen blieb, wenn es gerade lustig war.

So machte mir das alles keinen Spaß mehr. Ich denke, es ist auch nachvollziehbar, dass sich sogar die größte Verliebtheit auf Rückzug begibt, wenn es nur noch um I-Tüpfelchen-Reiterei geht und jede kleinste Abweichung von beziehungsbezogenen »Terminvereinbarungen« Stress verursacht. Ich wurde trotzig, pfiff immer mehr auf die Forderungen meiner Freundin und machte es mir zur Gewohnheit, absichtlich zu spät nach Hause zu kommen, um sie zu ärgern. Es war ohnehin egal, ob ich nun fünf Minuten oder zwei Stunden später als vereinbart kam – eine Szene würde sie mir sowieso machen, wozu also noch auf die Uhr schauen? Eben!

Eines Abends reichte es dann aber endgültig. Ich war auf einer Firmenfeier, die ziemlich lustig und ziemlich flüssig gewesen war, und fuhr um etwa zwei Uhr mit dem Taxi nach Hause. Kaum ging ich zur Tür hinein, stand sie auch schon da, die Hände in die Hüften gestemmt, die Stirn in Falten gelegt, in den Augen ein angriffslustiges Blitzen. Und sie beschimpfte mich, ohne auch nur ein »Hallo« meinerseits abzuwarten. »Was bildest du dir eigentlich ein? Wie komme ich dazu, stundenlang hier zu warten, nachdem du gesagt hast, es wird maximal ein Uhr? Du hast doch nicht die geringste Ahnung, was sich gehört! Erklär mir das jetzt bitte!«

Ganz ruhig machte ich mich daran, meine Schuhe wieder anzuziehen. »Ich hab dir gar nichts zu erklären, Nadja. Außer, dass ich das so nicht mehr mitmache und dass ich jetzt gehen werde.«

»Ja, toll! Wenn du jetzt gehst, dann kannst du deinen Schlüssel auch gleich dalassen!«

»Der liegt bereits am Schuhkasten. Servus, machs gut.« Und mit diesen Worten drehte ich mich um und schloss die Tür, hinter der ich eine wütend zeternde Nadja zurückließ.

Zum zweiten Mal an diesem Abend bestellte ich ein Taxi, das mich in meine eigenen, von Terminvereinbarungen und meckernden Freundinnen befreiten vier Wände bringen sollte. Plötzlich piepste mein Handy. Eine SMS – von Nadja. »Dabei wollte ich dich dieses Wochenende meinen Eltern als neuen Freund vorstellen.« Tja, es tat mir zwar leid, aber ich dachte nur: Wer zu spät kommt ... Darauf geantwortet habe ich nie.

32. KAPITEL

Mit dem Hund gekommen

Martin (40), Techniker, Graz,
über
Tamara (34), Lebenskünstlerin, Graz

Soso, dachte ich ein wenig belustigt, als Tamara mir bei unserem ersten Date im Straßencafé erzählte, dass Blacky ihr »absolutes Ein und Alles« sei. Ich wandte meinen Blick nach unten zu Blacky, der mich mit dem typisch treuherzigen »Gib mir was zu fressen oder ich krepiere gleich«-Hundeblick bedachte. Seine Zunge hing aufgrund der gefühlten 40 Grad zur Gänze aus seinem Maul, lang und rosafarben im Rhythmus seiner eifrigen Hechelbewegungen vor sich hin baumelnd. Kein schöner Anblick. Blacky war eine Promenadenmischung aus Dackel, Labrador, Collie, Dogge, Pudel … und ich weiß nicht, wer da noch alles in seinem imaginären Stammbaum mitgemischt hatte. Nett, aber wirklich nicht schön. Wie Tamara. Nicht umsonst heißt es »Wie der Hund, so das Herrchen«. Oder Frauchen, in diesem Fall.

»Er ist so anhänglich, weißt du?«, berichtete sie weiter. »Wenn er nicht mit mir in einem Bett schlafen kann, jault er die ganze Nacht dermaßen, dass es mir das Herz zerreißen würde. Deshalb …«

»… schläft er mit dir in einem Bett?«, unterbrach ich sie, leicht angeekelt ob der Vorstellung der schwarzen Hundehaare, die da ja wohl zwangsläufig überall auf Polstern und Decken kleben mussten.

»Ja, natürlich! Ist doch nichts dabei. Die paar Haare … er ist mein bester Freund, weißt du?«

Ja, weiß ich mittlerweile schon.

»Und ich mag seine Wärme neben mir. Das ist sooo angenehm, hmmmh …«

»Soso. Hm.« Das war natürlich nicht das, was ich mir von diesem Treffen erhofft hatte. Erstens war Tamara nicht die Hübscheste, kurze Beine, etwas dicklich, grau-braune Öko-Klamotten, strähnige Haare, die unbedingt die professionelle Hand eines Friseurs nötig gehabt hätten. Aber ich war schon seit zwei Jahren Single und hatte es mittlerweile satt. Ich hatte es satt, der einzige

Single in meinem Freundeskreis zu sein. Stets Absagen von den Kumpels zu kassieren, weil alle ständig mit ihren Schatzis essen gingen, ins Kino gingen oder »einen ruhigen Abend geplant hatten«, war ganz schön frustrierend. Deshalb war ich sehr erpicht darauf, auch einen Facebook-Beziehungsstatus »vergeben« vorweisen zu können. Die Online-Partnerbörse, über die ich Tamara kennengelernt hatte und für die ich vierteljährlich ein Vermögen löhnte, hatte außerdem nicht wirklich viele Rassepferde anzubieten – beziehungsweise keine, die sich für mich interessierten.

Da schraubt man dann schon mal die Ansprüche nach unten. Manchmal sogar bedenklich weit nach unten …

> Und so beschloss ich, der Ökotante mit der anhänglichen Töle eine Chance zu geben.

Aber Tamara war ja, abgesehen von ihrem Erscheinungsbild und dem Spleen mit ihrem Hund, ganz nett – redete ich mir ein. Alles andere würde sich ergeben. Sogar eine Gemeinsamkeit hatten wir gefunden: Wir beide mochten Independent-Filme und gingen gern ins Kino. Das war doch schon mal eine Basis! Und so beschloss ich, der Ökotante mit der anhänglichen Töle eine Chance zu geben. Wir verabredeten uns für einen Spaziergang (zu dritt, na klar) für den nächsten Tag im Park.

Als ich auf der Parkbank wartend einen Frucht-Smoothie vertilgte und ein »Bamm …bamm …bamm, bamm, bamm« von hinten vernahm, zu dem sich ein lästiges Kläffen gesellte, ahnte ich Schreckliches. Surprise, Surprise: Die Urheber waren Tamara und Blacky. Das »Bamm, bamm« kam von ihren Schuhen. Holzpantoffeln!!!

»Ähm … schöne Schuhe!«, versuchte ich es mit einem verzweifelten Kompliment und setzte mein überzeugendstes Lächeln auf.

»Dankeschön«, strahlte sie und drückte mir zu meiner Verwunderung einen dicken Schmatz auf den Mund. Wenigstens schmeckte sie gut. Pfefferminz oder so.

Blackys Begrüßung jedoch war weniger angenehm. Er sprang wild an mir hoch und verdreckte mir dabei gleich mal mein sorgsam gewähltes Outfit aus hellen Jeans und weißem Shirt.

Sehr schön. Scheißköter.

»Hihihiii, das macht er nicht immer! Aber er freut sich offensichtlich, dich zu sehen. Hihiii!«

Na dann! »Tja. Ich freue mich ... gleichfalls«, log ich ungeniert. Ich wollte die Verabredung nicht gleich am Anfang versauen und machte deshalb gute Miene zum bösen Spiel.

Wir spielten also Stöckchen werfen mit Blacky und unterhielten uns im Gehen. Tamara war lustig und lachte viel, das gefiel mir. Das »Bamm, bamm« der Pantoffeln und ihren bäuerlichen Gang versuchte ich so gut wie möglich auszublenden. Meine Laune besserte sich zusehends.

»Hast du Lust, noch mit zu mir zu kommen? Wir könnten einen Kaffee trinken und einen Dinkelkuchen essen«, schlug sie vor, nachdem wir zwei Stunden lang das Stöckchen geworfen hatten. Ich war vollkommen erschöpft. Blacky sah noch nicht müde aus.

»Unbedingt! Also – sehr gerne, meine ich natürlich!« Dinkelkuchen. Oh ja, das passte zu ihr. Ein fettes Steak mit Pommes hätte mich dann doch wohl sehr überrascht.

Tamaras Wohnung war – wie erwartet – genau wie sie. Beige, braun, grau, etwas ungepflegt, aber doch irgendwie gemütlich. Leider roch es ziemlich penetrant nach Opium-Räucherdingsbums. Nach zehn Minuten hatte ich Kopfschmerzen und fühlte mich benebelt. Was es mir aber bedeutend leichter machte, den schwachen Geruch nach Hundefutter zu ignorieren, der sich immer wieder schwallmäßig in den Opium-Dampf mischte. Und all die Hundehaare! Ein Glück, dass sie keine weißen Möbel hatte. Schon der Anblick der Tausenden schwarzen gekringelten Haare auf der Couch, den Vorhängen, dem Boden und – sogar auf dem Küchentisch! – rief leichten Brechreiz in mir hervor. So wie der steinharte, trockene Dinkelkuchen, den ich tapfer mithilfe des nach Brackwasser schmeckenden Malzkaffees hinunterwürgte. Alles bio, versteht sich.

Ich erfuhr, dass Tamara täglich etwa zwei Stunden mit Blacky über Gott und die Welt quatschte, weil er die Ansprache ja so dringend brauche und weil er sowieso jedes Wort verstehe. Ins Büro – sie half hin und wieder bei einem unabhängigen Öko-Magazin namens »Bio-Logisch!« aus (oh Wunder!) – kam Blacky natürlich täglich mit und hätte dort seinen ganz persönlichen Platz unter ihrem Schreibtisch, mit Wolldecke. Die Kollegen störe das nicht, die hätten selbst alle Hunde, und da wäre er gut aufgehoben, denn alleine zu Hause wolle sie ihn auf keinen Fall lassen, wegen der fehlenden Ansprache nämlich.

> Schon der Anblick der Tausenden schwarzen gekringelten Haare auf der Couch, den Vorhängen, dem Boden und – sogar auf dem Küchentisch! – rief leichten Brechreiz in mir hervor.

Außerdem würde Blacky sie jeden Morgen mit einem »Bussi« wecken (»Hunde haben ja eine innere Uhr, die funktioniert auf die Minute genau!«) und natürlich gäbe es auch einen Gutenachtkuss. Wegen der Bindung zwischen Mensch und Hund, die müsse schließlich gepflegt werden, so wie normale Beziehungen das schließlich auch bräuchten. Uaaaaaaaaah!

»Ach du meine Güte! Ich Rabenmutter! Blacky muss doch auch noch was essen. Er hat doch sicher Hunger, oder, mein armes Schatzi-Watzi, hm?«, säuselte Tamara und machte sich daran, Blacky zu bedienen. Er hatte eine Schüssel mit eingraviertem Namen und bekam kohlensäurefreies Wasser aus der Flasche zum sauteuren Bio-Hundefraß gereicht. »Leitungswasser will ich ihm nicht geben, wegen der Schwermetalle und dem vielen Kalk, weißt du?«

Ich nickte nur mehr automatisch. Meine Meinung war hier nicht wirklich gefragt.

»Und ganz besonders gern mag er Nutella. Die esse ich aber selber nicht.«

»Wieso denn das?«, rief ich erschrocken aus. In diesem Moment wäre ich gestorben für einen Löffel der süßen Haselnusscreme, die ich so sehr liebte.

»Na, wegen der ganzen Zusatzstoffe und dem vielen Zucker natürlich. Für Blacky ist das auch nicht so gesund, aber es ist ja sein einziges Laster, und es macht ihn so glücklich, weißt du?«

Jaaaaa, weiß ich!

So oder so, ob man es glaubt oder nicht: Tamara und ich kamen zusammen und endlich konnte ich meinen Facebook-Status dem meiner Kumpels angleichen. Endlich hatte auch ich abends keine Zeit mehr. Ich war zwar nicht glücklich, aber zumindest zufrieden. Und vergeben.

Wir verstanden uns eigentlich nicht schlecht. Außerdem waren die beziehungstechnischen Bequemlichkeiten wie regelmäßiger Sex und nicht einsam einzuschlafen und aufzuwachen durchaus wertvolle Annehmlichkeiten, für die ich gerne Opfer brachte.

Ich entwickelte eine immense Toleranz, die ich zuvor nicht von mir gekannt hatte: gegenüber ihrem Öko-Style und der nicht vorhandenen Frisur und dem dauernden »Hihii« und »... weißt du?«, ihren wild wuchernden Scham- und Achselhaaren, dem dauernden Bio-Fraß, den sie mir vorsetzte, und dem Wohnungs-Sauhaufen. Ich beschloss, das in der Summe irgendwie »independent« und somit für gut zu befinden. Aber nicht nur das: Meine Toleranz weitete sich aus auf ihr Faible für Blacky, die dauernde Knuddlerei mit ihm, seinen eigenen und den Gestank seines Futters (schwer zu beurteilen, was schlimmer war), die Millionen an Hundehaaren auf Tisch, Couch und im Bett. Mit der Zeit begann ich sogar, die Töle ein wenig lieb zu gewinnen, und konnte gut mit ihr leben. Bis auf die schlabbrigen »Bussis«, die Tamara und Blacky morgens und abends austauschten, bei denen ich mich vor Ekel wegdrehte und nach denen ich sie zwang, sich das Gesicht mit feuchten Reinigungstüchern abzuwischen, die wir auf ihrem Nachtkästchen deponierten.

Noch ein paar Kompromisse wurden beschlossen, um das Zusammenleben für mich angenehmer zu gestalten. Für Blacky gab es keine Nutella mehr, da er davon Durchfall bekam – einziges Laster hin oder her, den Dünnpfiff hielt ich für untragbar. Ich hingegen durfte Nutella essen, so viel ich wollte, ohne dass Tamara aufmuckte und mir stundenlange Vorträge über nicht vorhandene Nährwerte und die negativen Auswirkungen von Industriezucker auf den menschlichen Stoffwechsel hielt. Ha! Und – noch viel wichtiger: Beim Sex musste Blacky draußen bleiben. Sprich, die Tür zum Schlafzimmer war geschlossen und Blacky blieb im Wohnzimmer.

Mit dem Effekt, dass er dort ein unerträglich lautes Protestjaulen von sich gab und ich mich anstrengen musste, ihn zu übertönen. So stöhn-

> So stöhnte ich neuerdings während des Koitus in der Lautstärke eines brünftigen Hirsches, als gäbe es kein Morgen mehr.

te ich neuerdings während des Koitus in der Lautstärke eines brünftigen Hirsches, als gäbe es kein Morgen mehr. Auch Tamara konnte irgendwann ihr schlechtes Gewissen gegenüber dem stiefmütterlich ausgesperrten Blacky ablegen – sie fand Gefallen an meinem wilden Röhren, und ich fühlte mich männlich wie noch nie.

Aufgrund der Tatsache, dass die langjährige Freundin meines Mitbewohners Heinz mich mehr oder weniger rausschmiss, weil sie zu ihm ziehen wollte, ergab es sich, dass ich eine neue Bleibe brauchte. Mit meinem gesamten Hab und Gut sowie einem enormen Vorrat an Putzutensilien und Hygienesprays bewaffnet zog ich nach einem halben Jahr bei Tamara ein. Erste Aktion: Großputz! Ob sie nun alle von Blacky oder zum Teil auch von Tamara stammten, wollte ich gar nicht so genau wissen – aber es waren Haare im Ausmaß der Jahresproduktion einer ganzen

Schafherde, die ich nach unten in den Mülleimer transportierte. Nach der Putzaktion fühlte ich mich kurzzeitig so sauber und frisch wie die gesamte Wohnung. Unglücklicherweise war das Dilemma nach zwei Tagen wieder dasselbe. »Tamara! Das kann doch wohl nicht wahr sein! Wieso produziert dieser Kläffer so viel Dreck? Ich kann gar nicht so schnell putzen, wie der ganze Hundedreck wieder da ist!«

»Schatzi-Watzi, ich weiß gar nicht, was du meinst? Jetzt haben wir dem armen Wuffi schon seine Nutella verboten, was willst du dich denn noch mehr über ihn aufregen? Das tut ihm doch voll weh, wenn du so schlecht über ihn redest. Die Haare sind doch was ganz Natürliches, das ist doch nichts Ekelhaftes, wirklich, aber auch schon gar nicht! Warum bist du so gemein? Blacky ist ein Familienmitglied, und Hunde haben nun mal mehr Haare als Menschen. Außerdem wechseln die das Fellkleid öfter, weißt du.«

»Ja, weiß ich. Aber ich …«

»Nix aber. Reg dich nicht so auf, das ist schlecht für dich. Da produzierst du ganz viele Stresshormone. Und das projizierst du dann auf mich und auf Blacky auch, weißt du? Das mögen wir gar nicht so gern.«

Bei Tamara stieß ich in puncto Mithilfe also auf taube Ohren, da sie augenscheinlich blind für jede Art von Schmutz und frei von jeglichem Sinn für Hygienemaßnahmen war. Es war nicht einfach. Aber ich wollte es mir mit ihr auch nicht verscherzen. So resignierte ich irgendwann, fand mich mit der Sachlage ab und beschränkte meine Putzmarathons auf einmal monatlich.

Bei Tamara stieß ich in puncto Mithilfe also auf taube Ohren, da sie augenscheinlich blind für jede Art von Schmutz und frei von jeglichem Sinn für Hygienemaßnahmen war.

Eines Abends war ich mit meinen Jungs im Kino – ein Actionfilm, den sich Tamara nicht ansehen wollte, darum war sie zu Hause geblieben. Weil alle müde waren und am nächsten Tag früh raus mussten, beschlossen wir, statt eines Absackers doch lieber gleich nach Hause zu gehen. Ich freute mich auf einen kuscheligen Abend vor dem Fernseher mit Tamara (und notgedrungen auch Blacky), war gut gelaunt und pfiff fröhlich ein Liedchen, als ich die Treppe zu unserer Wohnung hinaufging. Ich schloss die Tür auf und trat mit einem fröhlichen »Hallo Schaaahaaatz!« ins Warme. Und bekam keine Antwort. Tamara musste aber zu Hause sein, überall brannte Licht und sie hätte etwas gesagt, falls sie doch noch ausgegangen wäre. Verwundert rief ich noch mal: »Schahaaatz? Bist du da? Blacky?« Wieder keine Reaktion.

Das Schlafzimmer war ebenso leer wie das Wohnzimmer und das Arbeitszimmer. Gähnende Leere auch im Bad. Plötzlich glaubte ich, aus der Küche ein leises Stöhnen zu vernehmen. Ich hatte mich nicht getäuscht. Bei jedem Schritt, den ich mich der Küche näherte, wurde das Stöhnen lauter. Dazu gesellte sich ein Schmatzen. Oh Gott, hoffentlich ist nichts passiert, schoss es mir noch durch den Kopf, als ich losstürmte.

Ich hätte auf einen Absacker gehen sollen. Oh ja. Oder mehrere. Denn der Anblick, der sich mir in der Küche bot, brannte sich unwiderruflich in mein Gedächtnis ein. Da stand Tamara, den Kopf nach hinten gebeugt. Ihre graubraune Hose hing heruntergelassen nur noch an einem Fuß, die Beine hatte sie weit gespreizt. Ihr Shirt war nach oben geschoben. Sie stöhnte laut. Zwischen ihren Beinen ein schwarzes Fellbündel. Der Urheber der Schmatzgeräusche: Blacky. Am Tresen neben Tamara stand ein geöffnetes Nutellaglas, in dem ein Löffel steckte. *Mein* Nutellaglas.

Meine Reaktion war vielleicht peinlich, aber für mich trotzdem angemessen: Ich stürmte aus der Wohnung, um mir weitere optische Details zu ersparen, musste würgen, bekam Gänsehaut am ganzen Körper und begann zu heulen. Dann schrie ich wie am Spieß, etwa zehn Minuten lang, lief haareraufend durch die

Straßen und wollte das alles einfach nur nicht mehr wahrhaben. Was ich mir in Sachen Courage noch heute hoch anrechne, ist, dass ich zurückkehrte. Und zwar noch am selben Abend. Tamara öffnete mir – ich glaube, sie war frisch geduscht und umgezogen – die Tür. Und sagte kein Wort. Sie konnte mir nicht mal mehr in die Augen schauen. Was besser so war, da es uns den Zenit der Peinlichkeiten mit Erklärungen ihrerseits ersparte.

Ich schnürte mir ein provisorisches Notpaket und läutete um Mitternacht bei meinem Ex-Mitbewohner, dessen Freundin zum Glück gerade auf Dienstreise war. Auf seine Fragen, warum ich so dringend Unterkunft bräuchte, konnte und wollte ich nicht antworten. Schweigend saß ich ihm gegenüber und bat nach dem ersten noch um zwei weitere Notfallbiere, die mich wenigstens – wenn auch von immer wiederkehrenden Gruselbildern aus Tamaras Küche unterbrochen – einigermaßen schlafen ließen. Das sorgsam geschmierte Nutellabrot, das Heinz mir am nächsten Morgen zum Kaffee anbot, hätte ich ihm allerdings liebend gerne ins Gesicht geklebt.

33. KAPITEL

Jagen und Sammeln

Theo (40), Consulter, Graz,
über
Magda (37), Sekretärin, Graz

Dass fast der gesamte Inhalt von Magdas Kleiderschrank aus dem Secondhand-Laden stammen sollte, konnte ich mir kaum vorstellen. Denn eigentlich war sie – zumindest meiner Meinung nach – immer sehr schick angezogen. Keine Spur von muffigem Aus-zweiter-Hand-Look, so wie ich ihn mir ursprünglich immer vorgestellt hatte. »Und den Rest nähe ich selbst«, verkündete sie stolz. Nun, mir sollte es recht sein – ich fand meine neue Flamme so oder so einfach göttlich. Eine Frau zum Heiraten, dachte ich mir schon damals. Das ist jetzt zehn Jahre her.

Als ich das erste Mal die Wohnung von Magda betrat, war ich allerdings schon ein wenig irritiert. Auf einem kleinen Tischchen neben der Garderobe lagen Stapel von Prospekten diverser Lebensmittelläden, bei denen mir – als ich sie genauer betrachtete – auffiel, dass bestimmte Seiten sowie Produkte mit farbigen Klebestrips markiert waren. Magdas kleine und etwas schäbige Küche war geprägt von Unmengen verschiedener Gegenstände: geschätzte 300 Joghurtbecher, säuberlich gewaschen und in Stapeln aufgereiht. Ein immenser Haufen alter Zeitungen, die in Summe rund einen Meter hoch vom Boden aufragten, daneben dasselbe mit Magazinen. Etwa fünfzig Milchflaschen, mindestens ebenso viele leergewaschene Marmeladengläser. Stapelweise leere Blumentöpfe und Schuhschachteln. Dazu verschiedene Boxen – eine mit Hunderten von Gummiringen, eine andere mit Aufklebern, eine mit Flaschenkorken.

»Dinge wegzuwerfen finde ich ganz schrecklich!«, erklärte sie mir. War diese Frau vielleicht ein »Messie«?

»Wozu brauchst du denn diese ganzen Sachen?«, fragte ich neugierig, nachdem ich mich an den Küchentisch gesetzt hatte und Magda mir Kaffee servierte.

»Ach, ich sammle alles Mögliche zusammen. Weißt du, ich verwende alles wieder – Recycling zu Hause, sozusagen. Dinge wegzuwerfen finde ich ganz schrecklich!«, erklärte sie mir.

War diese Frau vielleicht ein »Messie« – eine dieser Personen, die zwanghaft alles Mögliche zusammensammelten und ihre Wohnung komplett vermüllen ließen, bis alles stank und schimmelte und man keinen Platz mehr hatte, sich umzudrehen? Brrr … mich schüttelte es kurz bei diesem Gedanken und ich verwarf ihn sofort wieder. Ich sah mich um. Nein, dazu war es hier zu ordentlich. Alles war sauber, kein Körnchen Staub war zu sehen und es roch angenehm frisch nach Zitrone.

»Schmeckt der Kaffee?«

»Hm, ja, lecker … danke!« Nur seltsam, dass er in einem Ding serviert worden war, das ursprünglich ein Marmeladenglas gewesen sein musste …

»Ich verwende nämlich Servietten, die ich aus Lokalen mitnehme, als Kaffeefilter. So finden sie wenigstens eine Verwendung. Schmeckt aber nicht anders als mit normalen Filtern«, meinte Magda.

»Aber doch nicht etwa die gebrauchten Servietten?«

»Sicher!«

»Oh …« Angeekelt starrte ich in das Glas mit der bräunlichen Flüssigkeit vor mir.

»Natürlich nicht, du Depp! War ja nur ein Scherz«, grinste Magda und ich atmete erleichtert auf.

Neugierig geworden, wagte ich zu fragen: »Darf ich den Rest deiner Wohnung sehen?« Ich durfte. Magda, in ein dunkelblaues Kleid gehüllt (ich erinnere mich noch – es war selbst genäht), die dunkelblonden Haare zu einem hohen Zopf gebunden, führte mich von Zimmer zu Zimmer. Die Stapel wiederholten sich: im Schlafzimmer ein ganzes Regal voller säuberlich zusammengelegter Plastiktüten, daneben noch mehr Schachteln, Plastikflaschen, zwei große Kartons, gefüllt mit diesen Styroporwürstchen, die man in Verpackungen findet, wenn man sich etwas liefern lässt. »Wozu brauchst du die denn?«, konnte ich mir nicht verkneifen zu fragen.

»Ach, die sind ja so vielfältig! Damit kann man prima Christbaumschmuck basteln oder Geschenkverpackungen aufpeppen oder Polster füllen ...«

Bei dem Gedanken an einen mit Styroporwürstchen geschmückten Weihnachtsbaum musste ich mich schon wirklich zusammenreißen, um nicht laut loszulachen! Noch schlimmer die Vorstellung, auf einem Kissen zu liegen, bei dem man ständig die knirschenden Dinger unterm Ohr hatte ...

Mehr wollte ich gar nicht sehen. Stattdessen zog ich Magda an mich, öffnete den Reißverschluss des Kleides. Wir sanken aufs Bett und beschäftigten uns mit Dingen weitab von Kartons und Flaschen ... hm, das war um einiges besser!

Als wir danach wieder in der Küche waren, wollte ich mich – ganz gentlemanlike – etwas nützlich machen und wusch die zu Kaffeetassen entfremdeten Marmeladengläser fein säuberlich aus und trocknete sie ab. Dasselbe machte ich mit der Kaffeekanne, die – oh Wunder – eine ganz normale Kaffeekanne war, so wie man sie eben zu kaufen kriegt. Dann kam mir noch die Idee, gleich den Kaffeefilter, sprich die Serviette, zu entsorgen.

»Nein! Warte!«, tönte es plötzlich hysterisch hinter mir, als ich das matschige Ding in den Müll werfen wollte.

»Das kann man noch verwenden ... ich brauche den Kaffee!«

»Aber der ist doch schon hinüber!«, entgegnete ich verwirrt.

»Nein, ich brauche den Kaffeesatz, um damit ein Peeling zu machen. Kostet nichts und ist total wirksam!«

Schon wieder ein Bild in meinem Kopf: Magda, mit dunklem Kaffeematsch im Gesicht, aus dem nur noch Augen und Zähne herausleuchteten. Ich war ganz froh darüber, dass ich an diesem Tag abends arbeiten musste, da es mir weitere Überraschungen dieser Art ersparte. Ich war mir sicher, dass das nicht der letzte Recycling-Tick war, den ich an Magda noch kennenlernen sollte. Für diesen Tag wars aber genug.

In der Zeit, die folgte, erlebte ich noch so einige Wunder mit dieser Frau. Alleine das Einkaufen mit ihr war kein Standard-Vorgang wie bei anderen Paaren, sondern entpuppte sich als mega-spannend (und ein wenig anstrengend, wenn ich das mal so sagen darf). Es durfte nämlich nicht *irgendetwas* gekauft werden, das bemerkte ich schon, nachdem ich Magda zum ersten Mal zu mir nach Hause eingeladen hatte und für sie kochen wollte. Kein großartiges Mahl, denn ich war noch nie ein Zauberer am Herd – aber ich hatte vor, zum Ausgleich all meine Liebe in dieses Mahl zu stecken, und ging davon aus, sie würde dies zu schätzen wissen.

Fachmännisch betrachtete sie die Lebensmittel, die ich in Vorbereitung auf unser romantisches Abendessen bei Kerzenlicht bereitgelegt hatte: eine Packung Spaghetti, Tomatensoße, Parmesankäse, Basilikum, Rotwein. »Wo hast du denn diese Nudeln gekauft?«, fragte sie mich.

»Ach, ich hab alles im Feinkostladen unten an der Ecke besorgt. Man sagt ja, wenn man Lebensmittel mit guter Qualität verwendet, dann ...«

»Dieser teure Schuppen? Hast du denn noch nie was von Sparen gehört? Das ist doch total verschwenderisch ... Theo! Diese Woche gibts beim XY-Markt die Nudeln um 70 Cent das Kilo! Und du hast für diese Packung mindestens drei Euro bezahlt, stimmts?« Nein, eigentlich mehr. Aber das wollte ich ihr keinesfalls auf die Nase binden, so wie sie sich aufführte – wegen ein paar Cent Unterschied! Es war doch nicht mal *ihr* Geld!

Ich zog ihr einen Sessel zurecht, setzte sie an den Tisch und drückte ihr ein Glas Rotwein in die Hand. »Nur mal mit der Ruhe, meine Liebe. Jetzt geht es nur um uns und dieses Essen.

Wir werden das jetzt genießen, o.k.? Lass mich einfach machen und denk nicht ans Geld, o.k.?«

Ein schwieriges Unterfangen für Magda. Während des Essens, das – zu meinem Glück – von ihr gelobt wurde und von dem sie sogar Nachschlag erbat, bekam ich einen kostenlosen Vortrag über Sonderangebote und wie man zum erfolgreichen Schnäppchenjäger wird. Denn sie war die Schirmherrin der Schnäppchenjäger! Immer zu Wochenbeginn forstete sie die Prospekte aller ansässigen Lebensmittelläden durch und stellte Vergleiche an. Dann, wenn klar war, was wo und in welchen Mengen am billigsten gekauft werden würde, überlegte sie sich die ökonomischste Route zwischen diesen Läden und klapperte diese ab. Sie kalkulierte für alle Lebensmittel Durchschnittspreise pro Einheit, die das Vergleichen leichter machten, und stellte sogar Formeln auf, mit denen sie errechnete, welche Verpackungsgrößen – auch in Anbetracht von Haltbarkeit und Co. – für sie die sinnvollsten waren. Manche Dinge schieden jedoch von vorneherein aus – Tetrapaks zum Beispiel fanden niemals den Weg in Magdas Einkaufstüte, da man daraus weder etwas basteln noch sie sonst irgendwie weiterverwenden konnte. Dinge, die jede Menge Verpackungs-Schnickschnack enthielten, waren sowieso tabu … und so weiter und so fort. Sie konnte sich da so richtig reinsteigern, bekam beim Erzählen vor Aufregung einen hochroten Kopf und gestikulierte wild um sich herum, um die Tragkraft ihrer Botschaften zu verstärken.

> Niemals würde sie einen Fuß in einen H&M-Laden setzen, um sich neue Klamotten zu kaufen! Niemals! Wenn, dann nur secondhand oder selbst genäht.

Bei ihren Einkaufsprinzipien machte Magda keine Kompromisse – das galt ebenso für ihre Kleidung. Niemals würde sie einen Fuß in einen H&M-Laden setzen, um sich neue Klamotten zu kaufen! Niemals! Wenn, dann nur secondhand oder selbst genäht. Zu meiner großen Erleichterung galt dies nicht für Unterhosen, Socken und Schuhe. Da musste sie wohl, aber doch zögernd zugeben, dass sie diese neu kaufte. Uff … happy me, denn mit einer anderen Antwort hätte ich mich schwergetan. Ist halt doch nicht so sexy, wenn man sich vorstellt, dass die Unterhosen und Socken der Freundin davor schon von jemand anderem getragen wurden … igitt!

Solange wir noch unsere getrennten Wohnungen hatten, waren ihre Spleens auch kein wirklich großes Problem. Bei ihr zu Hause wusste ich, wie ich mich zu verhalten hatte, und tat dies, da ich schon immer großen Respekt vor ihr hatte und mir ihr Wohlbefinden wichtig war. Und in meiner damaligen hässlichen und winzigen Wohnung, die in meinem gesamten Freundeskreis als »das Loch« bekannt war, hingen wir ohnehin fast nie ab.

Kritisch wurde es eben erst, als wir heirateten und zusammenzogen. Die Hochzeit lief auf Magdas Wunsch hin in ganz kleinem Rahmen ab – das heißt, nur wir beide und die Trauzeugen. So brauchten wir uns wenigstens keine Gedanken über irgendwelchen ökologischen Krimskrams zu machen – und vielleicht hätte Magda ja sogar auf der Hochzeitstafel die edlen Weingläser durch Marmeladengläser ersetzt? Gut also, dass wir erst gar nicht in diese Situation gekommen waren!

Beim Siedeln in unsere gemeinsame Wohnung zogen dann erstmals wirklich dunkle Gewitterwolken über uns auf: Meine frischgebackene Ehefrau hatte all ihr Hab und Gut säuberlichst zusammengepackt – inklusive aller Joghurtbecher, Zeitungsstapel, Flaschen, Magazine und Co.

»Das meinst du jetzt nicht ernst?«

»Aber natürlich meine ich das ernst! Glaubst du, ich werfe all diese guten Sachen weg? Die können wir doch noch gebrauchen. Und Platz ist in der neuen Wohnung genug!«

»Ich streike! Ich hab doch nicht vor, wie auf einer Müllhalde zu leben!!!«

»Aha, so ist das. Aber es ist ja wohl nicht neu für dich, dass ich diese Dinge sammle? Wieso hast du mich denn überhaupt geheiratet? Ich streike auch. Nämlich, indem ich mich weigere, in diese neue Wohnung zu ziehen. Du kannst mich mal, Theo!«

Was Magda sagt, das meint sie auch so. Sie lässt sich in ihrer Meinung nicht beirren. Und da ich auch ein Sturkopf bin, versuchte ich erst mal nicht, sie umzustimmen.

Da saß ich nun – frisch verheiratet und ohne meine Angetraute, angefressen auf sie, auf mich, auf die ganze Welt. Bis auf meine wenigen Möbelstücke war die Wohnung leer. Ich verbrachte eine Woche lang mies gelaunt mit kistenweise Bier und Junkfood vor dem Fernseher. Mit jedem Tag vermisste ich Magda ein bisschen mehr, aber ich versuchte, dagegen anzukämpfen. Nein, ich würde keinesfalls klein beigeben! Sicher nicht!

> Aber unser Christbaum trägt leider manchmal wirklich Styroporwürstchen. Sieht beschissen aus, aber hey, man gewöhnt sich daran!

Nach acht Tagen gab ich mich geschlagen. Ich rief Magda an, die, wie sie zugab, sich riesig freute, dass ich mich meldete, und bat sie, doch bitte endlich einzuziehen – mit all ihren Stapeln im Schlepptau. Hauptsache, ich hatte sie wieder bei mir!

Wir sind jetzt seit acht Jahren verheiratet und haben einen Sohn. Es ist nicht so, dass nur Magda bei uns zu Hause die Hosen anhätte – nein, wir ergänzen uns ganz gut und leben sehr gleichberechtigt. Allerdings, in puncto Recycling stehe ich (und mittlerweile auch schon der kleine Lukas) volle Kanne unter Magdas Fuchtel – ihr Einkaufskonzept muss befolgt werden, auch ihre Prinzipien des Aufbewahrens und Wiederverwendens sind Gesetz … bei den Gläsern konnte ich mich jedoch durchsetzen, darauf bin ich stolz – wir haben jetzt normale Trink- und Weingläser. Aber unser Christbaum trägt leider manchmal wirklich Styroporwürstchen. Sieht beschissen aus, aber hey, man gewöhnt sich daran! Und, so heavy es auch klingen mag: Ich mach das alles freiwillig! Mittlerweile finde ich auch an gewissen Dingen Spaß, zum Beispiel daran, wenn ich wieder einen gebrauchten Joghurtbecher auswaschen und zu den anderen stapeln kann – dann weiß ich, dass ich Magda damit eine Freude mache. Und das genieße ich, denn Magda ist, auch mit oder gerade wegen all ihrer lustigen Macken, die wunderbarste Frau, die ich kenne – und wird es auch bleiben.

Und ganz zum Schluss - stellvertretend fürs Happy End: Ein riesengroßes DANKESCHÖN!

... *an meine Familie.* Ihr habt immer hinter mir gestanden und habt meine beruflichen Wege und Ideen stets unterstützt, auch, wenn diese mal ungewöhnlich waren. So ist die Weißkittel-tragende Gentechnikerin in spe zu einer Autorin mutiert – ihr habt mich einfach machen lassen und mir so vieles ermöglicht. Ohne euch wäre ich nicht da, wo ich jetzt bin! Es muss halt schon auch einmal gesagt werden: Schön, dass ich euch habe.

... *an meinen lieben Heli.* Du hast immer an mich geglaubt, sogar dann, wenn mich selbst der Mut verlassen hatte. Danke für deine Geduld, für deine Hilfe, wenn mal Not an der Frau war, für das Ertragen meiner Launen (oder sagen wir doch »Läunchen«? Hm?), für dein Vertrauen, für das Lachen mit dir, für deine Motivation und deine großartigen Ideen. Und nicht zuletzt für deine Liebe. Mein Glück, dass ich dich getroffen habe (anbei ein Dank an Ulli, sonst wärs vielleicht nicht passiert). Es muss gesagt werden: Heli, du bist die Liebe meines Lebens.

... *an meine Mädels.* Danke für viele aufschlussreiche Telefonate, für eure Unterstützung, für zahlreiche lustige Abende, schwachsinnsgeschwängerte Gespräche und so weiter. Wir sollten es in Zukunft wirklich öfters schaffen, uns zu treffen – und nicht nur drüber zu reden, dass wir das unbedingt tun sollten ... Wäre doch gelacht!

PS: Ach ja – danke, liebe Eva, dass du mir damals ein Buch aus der 33er-Reihe mit ins Krankenhaus gebracht hast. Ohne dich wäre ich nie auf die Idee gekommen ... bla, bla, lange Rede, kurzer Sinn ... Trommelwirbel ... Tataaa: Ohne dich würde es dieses Buch nicht geben! Hättest du dir auch nicht gedacht, oder? Tja ...

... *an den Schwarzkopf & Schwarzkopf Verlag.* Dafür, dass ihr meine Geschichten mögt und verlegt habt und immer so geduldig auf alle Fragen eines Autoren-Greenhorns wie mir geantwortet habt! Danke für die tollen Tage in Berlin und das hammermäßige Shooting – ich hatte sooo viel Spaß und hab mich total gefreut, euch kennenzulernen. Danke an meine Lektorinnen Uta Alder und Maren Konrad, an Nadja Schreiber, Jennifer Kroll und an alle anderen, die an diesem Buch beteiligt waren!

... *und nicht zuletzt an die 33 Protagonisten.* Ihr habt ganz wesentlich dazu beigetragen, dass dieses Buch überhaupt entstanden ist. Danke für euer Vertrauen und eure (manchmal schonungslose) Offenheit. Und diejenigen, die weniger offen waren: Verzeiht mir mein unerbittliches Bohren in euren intimsten Geheimnissen. Und überhaupt, Jungs, verzeiht mir bitte mein oft so ungläubig-misstrauisches Nachfragen zu euren Geschichten (»Waaas? Das kann doch nie und nimmer wirklich so passiert sein ... doch? Oh-mein-Gott ...«). So oder so: Ihr dürft mir gerne wieder etwas erzählen. Ich werde mich bemühen, beim nächsten Mal nicht so anstrengend zu sein – und ich werde versuchen, nicht zu lachen. Keine Miene werde ich verziehen ... Großes Indianer-Ehrenwort! (*prust* *fingerhintermrückenüberkreuz*)

DIE AUTORIN

Anja Egger, geboren 1980, studierte Molekularbiologie in Graz. Sie entschloss sich, dem Labor den Rücken zu kehren, und arbeitete bei Printmagazinen sowie als Herausgeberin und Chefredakteurin eines Studentenmagazins. Heute ist sie Redakteurin bei einer Zeitung in Graz. *Alle Frauen sind Freaks* ist ihr erstes Buch.

Anja Egger
ALLE FRAUEN SIND FREAKS
33 Männer berichten über wunderliche Eigenarten,
kuriose Spleens und schaurige weibliche Abgründe

ISBN 978-3-86265-123-8
© Schwarzkopf & Schwarzkopf Verlag GmbH, Berlin 2012

KATALOG
Wir senden Ihnen gern kostenlos unseren Katalog.
Schwarzkopf & Schwarzkopf Verlag GmbH
Kastanienallee 32, 10435 Berlin
Telefon: 030 – 44 33 63 00
Fax: 030 – 44 33 63 044

INTERNET | E-MAIL
www.schwarzkopf-schwarzkopf.de
info@schwarzkopf-schwarzkopf.de